THE MONEY GAME

This is a modern classic.
Paul A. Samuelson, First American
Nobel Prize Winner in Economics

巴菲特最早公開推薦，透析投資市場本質的永恆經典

Adam Smith 亞當·斯密

蘇鵬元———譯

"The best book there is about the stock market and all that goes with it." ———————— The New York Times Book Review

金錢遊戲

CONTENTS...

投資是否有「標準答案」？

Mr. Market市場先生／《商業周刊》專欄作家

先思考一個問題：

「你心目中的股市專家是什麼樣子？」

是精通各種財務報表、精通數學，還是擁有比一般人更多消息，對任何資訊都能快速做出正確判斷？

如果真的是這樣，數學教授、會計師、記者似乎都比一般人更有機會成為股市專家，但為什麼現實並不是這樣？

在市場中，人們總是渴望找到一個標準答案

你身邊一定有遇過兩種人，一種人總是在問現在該買什麼、某檔股票可不可以買，而另一種人總是自信過剩地告訴大家他買了什麼股票、對未來看法如何。其實大多數人在市場中並不是思考如何獲利，而是尋找安全感和參與感，比起自己研究的成果，大多數人往往更相信朋友告訴你的小道消息。畢竟

比起孤獨的感覺，和別人站在一起多少會比較「舒適」。

　　商學院的課程告訴你，假設所有人都是理性的。因此例如賽局理論、效率市場假說等等觀念，都建立在人是理性的基礎上，透過這些假設，我們總能夠找到一些最佳的解答。但如果人不是理性的呢？行為經濟學是一種解釋人為什麼不理性的學科，在最近幾年很流行，但在1976年作者寫書的那時代，大多數人還沒有意識到這件事，也許這就是本書能成為跨越數個市場景氣循環後，依然被列為經典的原因。

投資不是一門科學，而是一門藝術

　　投資沒有標準答案，事實上任何分析方法都可以提出正反兩面的想法，如果你想不到反面的意見，也許是你還不夠客觀，或是理解得不夠。

　　例如以基本面分析為例，財報數據能告訴我們一間公司是否真正賺錢、賺錢能力是否穩定、是否有潛在經營風險、股價相對現在獲利是昂貴還是便宜，透過這些判斷就能找到便宜、而且未來有機會繼續保持穩定獲利，甚至持續成長的股票。

　　聽起來很有道理對嗎？

　　但反面的想法是，財報的數字也並不是完全精準，畢竟公司經營階層和會計師都知道投資人喜歡看些什麼，財報造假的新聞從古至今也不在少數。就算正確，拿過去的財報數字去做未來預測，實際上跟技術分析沒什麼兩樣，甚至比技術分析的

邏輯假設更不牢靠——如果過去5年每年獲利都成長20％，憑什麼今年獲利會成長20％呢？

技術分析是透過看線圖來判斷價格、成交量變化，圖形顯示出的是群眾心理，告訴我們大多數的資金現在正在做哪些事情，而這些事情在歷史上會一再重演，因此線圖可能可以用來預測未來。但反面的說法則認為市場是隨機的，隨機漫步理論提出價格與過去並不相關，過去價格線圖不能預測未來。

哪種說法正確？過去市場先生曾經拿非常多的基本面、技術面的數據進行統計與回測驗證，來確認許多書上的投資方法是否有效。得到的結論是，有許多方法實際上是無效的，也有少部分有效，例如本書中提到的「找出一般投資人或散戶正在做的事情，然後反其道而行」就是一直有效的方法，但這些有效的策略也並非你想像中的「那麼有效」，過程常有大起大落，不見得保持穩定獲利，而且沒人能保證這些方法未來是否還持續有用。作者早在40年前就接觸程式選股，體認到方法之所以會失效，是因為當你設計出的策略成為市場中的一分子，它就成了影響你自己的因素，例如很可能你的操作標的會成為其他資金操盤人的狙擊對象。

這本書並不是在談論任何的投資方法

與一般投資理財書籍不同，本書不談任何具體的投資方法，而是把焦點放在整個投資市場的參與者，讓你把頭從投資的世界抬起來，看看周圍真實的模樣。

書中描繪了投資市場中形形色色的參與者，包含了手握巨額資金卻對未來迷茫的基金經理人、靠感覺操作的散戶、享受勝利快感的散戶、成功讓公司上市的身價上億創業家、看圖表的技術分析大師、股票經紀人、聽小道消息的投機客……，透過他們的對話，來理解投資市場的真實面貌，如果能從書中讓你多了解一點關於市場與金錢的真實狀況，我想那就很足夠了。如同書中最後所說，在了解這個市場以後，你可以選擇加入這個遊戲，或即使不參與，把時間花在其他事情上也同樣很有價值。

推薦序

金錢遊戲：你需要了解的人生賽局攻略

雷浩斯／財經作家、價值投資者

筆名亞當・斯密（Adam Smith）的喬治・古德曼（George Goodman）所寫的這本《金錢遊戲》（*The Money Game*），帶領我們回到5、60年前的美國股市歷史。

在1960年代末期的美國股市狂亂時代，老一輩投資人對1929年大崩盤的慘烈記憶猶存，因此對持續創下新高的股市心懷恐懼。新一代投資人則因為抱著初生之犢不畏虎的精神，勇猛果敢、前仆後繼地投入股市。

著名的操盤手蔡至勇在投機風潮的末期獨占鰲頭，市場上被稱作「漂亮50」（Nifty Fifty）的股票上漲到驚人的50倍本益比，過高的股價就像舞會上誘人的音樂和紅酒，吸引貪婪的投資人持續追高，這些人最終和前幾代投資人一樣受傷慘重。

奇妙的是，雖然這是過去的故事，但我們卻可以從中看到許多現在投資人的類似行為：對投機的妄想、對股市大戶的傳

言耳語和對電腦技術的期望。

只要更改幾個名詞，你就會發現：「隨著時間變化，股市並沒有多大的改變，因為人性不變。」

投資大眾總是投機，無論是散戶或者法人，大多對股票充滿激動的情緒和主觀偏見。他們往往想要快速地獲利，因此容易受到股市漲跌和他人觀點的影響。

當這些人聚集在股票市場時，就會幻化為班傑明・葛拉漢（Benjamin Graham）所說的市場先生。而投資的成功祕訣之一就是描繪出投資大眾的心理狀態，如果你能知道市場先生在想什麼，並且不受他的影響，你的投資就能做得很好。

本書另一個重要的角色是經濟學家約翰・凱因斯（John M. Keynes），凱因斯同時也是傳奇投資人，管理英國國王學院的切斯特基金（chest fund），在經歷大恐慌的時代，他18年來的報酬率來到驚人的年化13.2％。

績效優異的投資人，會知道如何在股市獲勝，他們知道如何避免自己的情緒受到他人影響，也知道要避開股價漲跌所帶來的心理刺激，如同本書內說的：「你手中的股票並不知道你擁有它，股價沒有記憶，而且昨天與明天無關。」

隨著時間過去，真正優秀的投資人會嶄露頭角、他們知道投資最重要的第一個重點是：「不要虧錢。」股神巴菲特則補充說：「投資第二條規則是：不要忘記第一條。」

不要虧錢最簡單的方法就是長期持有好公司，亞當・斯密在文中舉例的一個故事是，一個男子囑咐他的孩子：「永遠不

要賣出IBM」，他的孩子再囑咐孫子不要賣出IBM，透過這樣的長期持股讓這家族變成了有錢人。

　　1970年左右，還沒被稱為股神的巴菲特開車載著他在奧馬哈閒逛，如數家珍地告訴他內布拉斯加州家具店的各種財務數字。當時的亞當・斯密是否會想到，他筆下的故事在未來以另一種方式成真──過了多年之後，波克夏的投資人囑咐自己的子孫說：「不要賣出波克夏，第二條規則是不要忘記第一條。」金錢遊戲的歷史，會重現追高殺低的投機客，也會重現重視價值的投資人。

前言

為什麼是「金錢遊戲」？

從開始寫《金錢遊戲》初版到現在，已經過了10年。被譽為證券分析之父的一流學者班傑明・葛拉漢（Benjamin Graham），在其著作的開頭引用了羅馬詩人賀拉斯（Horace）的名言：「現在已然衰朽者，未來可能重放異彩；現在備受推崇者，未來卻可能陷入失敗。」[1] 這10年來的金錢遊戲玩家們，對這段話肯定心有戚戚焉。不管在哪個時代，這種事情都有可能發生。失敗的不只是一些玩家，就連當時在《金錢遊戲》裡提到的一些公司，現在也都步入馬鞍製造商與蒸汽火車的後塵。1960年代出版的每一本書，就像老舊的錫板攝影（tintype）一樣，讓人留下懷舊泛黃的印象。

就像大家說的，這一版的《金錢遊戲》跟初版一樣，沒有

1　譯注：葛拉漢在《證券分析》（*Security Analysis. Principles and Technique*）裡引用，原文為 Many shall come to honor that now are fallen, and many shall fall that are now in honor.

更動半個字。如果身為作者的我決定要修改，那麼確實有些內容需要更新。舉例來說，卡休斯‧克萊（Cassius Clay）現在已經改名為穆罕默德‧阿里（Muhammed Ali）[2]等等。但這本書還是跟之前一樣沒有改變。

首先，《金錢遊戲》的主要內容跟金錢沒有關係。這不是一本投資技術手冊，甚至無法被歸類在「個體經濟學」裡，那樣的書應該很快就會過時。可以說，《金錢遊戲》與「印象、真實、身分、焦慮和金錢有關」，這看起來似乎仍是正確的順序。我們過分關注的金錢是一種抽象概念與標誌，我們用它來創造一種非理性的遊戲，而且當我們意識到這一點時，就會把這個遊戲玩得更好，即使我們試圖用理性的角度來看待它。「這本在華爾街深受歡迎的新書認為，市場是非理性的。」《華爾街日報》（*The Wall Street Journal*）以驚奇的口吻寫下了這個標題。

一場非理性的遊戲

非理性？這場金錢遊戲裡的用語全都奠基於數字之上，數字可是理性的本質啊？這聽來確實有點古怪，即使會計準則委員會（accounting boards）[3]曾擔憂，所有能被數字語言創造出來的專業術語，都會使清楚的事物變得模糊。

2　譯注：美國著名的拳王，被譽為 20 世紀最偉大的運動員。他在越戰期間因為拒絕服役被判刑 5 年，並剝奪拳王資格，成為爭議人物。
3　譯注：這裡是指制定編制財報準則的單位。

但是，虛假的數字理性並不是唯一一個理性的代表，另一個代表是銀行家，他們給人的感覺是謹慎人士（Prudent Men），是資本管家。他們總是置身資金背後，常常用拉丁文來描述自己擁有謹慎與忠誠的美德；而新一代追求成長的美國專業基金經理人，完全沒有經濟蕭條時期的記憶，他們不把力氣花在謹慎管理基金上，而是努力讓基金規模成長，並在偶然間創造操盤績效的新紀錄，藉此將基金賣給更多的投資人。

　　亢奮的1960年代，看起來就像是自1930年代經濟大蕭條以來，經濟最混亂時期的5年後。城市縱火案、暴動、反戰示威、校園運動、總統被迫辭職都在這段時間發生，但是也有一種亢奮的氛圍，與隨之而來的陰鬱迷霧形成鮮明對比。市場交易頻繁，但是景氣很好。

　　「你我都知道，」《金錢遊戲》裡的某個受訪者說，「有天樂隊會停止演奏，風會把破掉的窗戶吹得咯咯作響。」我那時一定很喜歡這個比喻。在《金錢遊戲》出版後、但市場還沒有崩潰前，我再次用了這個比喻：「我們都參加了一場精采的派對，根據遊戲規則，我們知道在某個時間點，黑騎士會從露臺的大門現身，殺死狂歡的人。早點離開的人也許會獲救，但因為音樂和紅酒非常誘人，讓我們流連忘返。不過我們會問：『現在幾點了？現在幾點了？』只是沒有一個時鐘在正常運作。」

　　所以我們知道，未來會發生這件事，而且確實發生了。黑騎士來了，殺死了狂歡的人，即使號稱擁有著謹慎、忠誠、效忠美國、追求成長等美德的人也不例外。如果你在1960年代

末期把錢交給他們，幸運的話，錢還會剩下一半。而總部像教堂有著圓形拱頂的銀行也遭受波及。市場不只下跌，還持續盤跌，只是常見的平均指數掩蓋了個別股票的下跌幅度。有一天情況會再次重演，沒受過傷的新一代會在沒有這種記憶的情況下勇敢進場，最後像前輩一樣體無完膚。

在《金錢遊戲》裡，散戶就像是可愛的傻瓜，而專業經理人則像是追逐名利的河輪經銷商。有人告訴散戶，只要找聰明的人來幫忙操盤就好。這真是非常好的提議。但就像葛拉漢所說：「現在備受推崇者，未來卻可能陷入失敗。」要怎麼找到聰明的人呢？那些被認為聰明的人，在下個經濟週期的某個時刻，有時就會變成愚蠢的人。經過亢奮的市場洗禮之後，傷痕累累的人因這些痛苦記憶而躊躇不前；而沒受過傷的人，最後則被貪婪的黑騎士揮砍得遍體鱗傷。只有經過的時間夠長，才能彰顯誰是真正的謹慎人士，他們知道，賺錢的第一條規則就是不要虧損。

《金錢遊戲》裡暗示，專業投資人可以得到所有的資訊，他們能夠用電腦在彈指之間快速算出各種財務比率，而且比散戶更聰明。但實際上他們並不聰明，只是有比較多的資訊，而這並不能保護他們不受自身的投資信仰所限制。在1970年代美好的兩極市場（Two Tier market）[4]中，被稱為「漂

4　譯注：美國股票市場在當時出現兩極現象，法人追逐喜愛的成長股，使得成長股的股價上漲，本益比拉高；而其他不受關注的股票則因為股價沒有起色，本益比異常地低。

- 14 -

THE MONEY GAME

金錢遊戲

亮50」（Nifty Fifty）[5]的成長股，全都由抱持這種投資信仰的人買進，直到股價崩盤為止，而沒有這種投資信仰的散戶績效反而比較好。

法令修改帶來的劇變

而兩條法令的修改，一下就改變了投資世界裡的遊戲規則。當1794年經紀商第一次在梧桐樹下開會的時候，他們形成一種俱樂部制度，參加的成員都同意：想要在俱樂部裡交易的外人，都要收取手續費或佣金。無論你是買1股還是100萬股，每股的交易都收取一樣的手續費。如果你買了100萬股，就會被收取相當可觀的佣金，儘管經紀商不再需要用鋼筆和便條紙真的寫下委託單。隨著退休基金和共同基金等法人的資產規模持續成長，有時確實會遞出買賣百萬股的委託單，更時常遞出買賣數十萬股的委託單，但其實交易的成本跟買賣少數股份的人相去不遠。

到了1970年代初，固定收費制度被打破。法人要求調降佣金，而且成功了。過去以固定佣金比例來設定成本的經紀商出現虧損，很多經紀商因此無法存活下來。這裡有一段話是我在那個時候寫的，文章標題是〈水牛城日的終結〉（The End of the Buffalo Days）：

5　譯注：漂亮50是當時最受歡迎的50檔績優股，這些是長期來看，盈餘成長前景最亮眼的公司。

這條街上上下下的許多經紀商，很有可能都在自取滅亡，這是個特殊時期。當然，在美國工業史上曾經有過一段整併期，但是金融界在過去200年的多數時間都是以相同的方式發展，幾乎擁有相同的產業習性。當然，時間並無法保證什麼。過去蘇族人（Sioux）[6]的生計、風俗習慣與生活節奏全都圍繞著水牛。他們站在山丘上，俯瞰著數十萬頭水牛，不過現在必然已經跟原來的認知不同了。在這麼多水牛身上，任何事情都有可能發生。當有事情發生時，薩滿採取的任何可靠行動與鬼神舞[7]者（the ghost dancers）都起不了作用。

佣金減少，意味著研究收入，以及所有經紀商向顧客收取的小費都要耗盡了，接電話的口氣也就沒那麼和善了。

500萬名散戶將股票賣出，換成現金（如果還有剩下的話），然後離開市場。大多數的人都是因為虧錢而離開，但也有很多人是因為接單的經紀商倒閉而離開，至於那些經紀人則改行當快餐廚師、滑雪教練，或是在叔叔的褲子工廠裡擔任資淺的副總。這是改變收費制度這項法令所導致的結果。

另一項法令更為複雜，涉及到退休基金。美國工業成長、勞動力增加、已婚女性進入職場，有超過8,000萬人在工作，其中大多數人都加入退休基金計畫，因此退休基金規模成長到

6　譯注：北美印地安人的一族。
7　譯注：19世紀北美印第安人的舞蹈。

THE MONEY GAME

金錢遊戲

市場最大。接著，主管機關頒布一條法令，允許投資人與退休基金受益人以個人的名義，對投資不當的基金經理人提起訴訟。當股票開始下跌時，可以向法院要求基金經理人拿車子和房子來賠償。這肯定會降低管理退休基金的熱情。因此退休基金的管理人將錢轉到銀行，銀行因為是企業，所以得到保護，一直管理著退休基金。銀行也知道，謹慎人士會跟其他人一樣做相同的事情。「就像任何一個謹慎人士一樣。」1831年的判決提到。如果美國前6大銀行都買相同的股票，即使股價下跌，也依然算是謹慎的做法。結果就是前6大銀行，以及前30大銀行，得到了愈來愈多可以管理的資金。

愈來愈多的錢集中在少數人手裡。如果摩根銀行（Morgan Bank）的羅德尼（Rodney）想要在午餐前出脫一檔股票，就算你再聚精會神地注意，在你聽到這個消息的時候，股價就已經跌了50％。而在《金錢遊戲》中，法人也出現搶買恐慌，窮格林威爾（Poor Grenville）試著在中餐時間花2,500萬美元買股票但卻失敗，就是這個現象。這樣的情況還會持續出現，而且只會愈來愈多。市場的變動越發猛烈，真的讓人無法冷靜以對，不過正如一位明智的投資顧問說到，投資的最終目標，應該是要保持冷靜。

用客觀的角度看待自己

這就帶我們回到《金錢遊戲》要談的內容，按照順序分別是：印象、真實、身分、焦慮和金錢。「**如果你不夠了解自己，市場會幫助你用昂貴的代價做到**」（If you don't know who you are, this is an expensive place to find out），這本書這樣說。這就涉及了想要失敗的人、想要將自己的人生腳本搬到市場上演出的人，那些腦袋如老式磁帶般守舊的人。

我本來就預期《金錢遊戲》會得到一些熱烈的迴響。有個印度訪客帶了一本印度聖人斯瑞・奧羅賓多（Sri Aurobindo）寫的《神聖人生論》（*The Life Divine*）給我。他說，《金錢遊戲》是一種瑜珈，或者說擁有瑜珈的要素，那不是我們有時在電視上或各地ＹＭＣＡ上看到哈達瑜珈（hatha yoga）的那種呼吸和伸展，而是一個叫做「公平見證」（Fair Witness）的練習。

富達公司（Fidelity）創辦人愛德華・詹森（Edward Johnson）說：「你必須了解的第一件事就是自己，一個了解自己的人可以像個觀察家一樣，用客觀的角度看待自己的反應。」詹森先生讀過很多東方文學，而他的女兒更是個認真的實踐者，所以這似乎不像是個巧合。（順帶一提，印度訪客說我受到斯瑞・奧羅賓多的影響。我說雖然我期望能夠學得更多，但我其實並不熟悉這位大師。結果這位印度訪客神祕地笑了起來，直說沒關係，有時影響是在你意想不到的地方發生。）

接著有位著名禪宗大師的門徒來訪，他說，不執著

（detachment）的原理，符合他的處世原則。「你手中的股票並不知道你擁有它，」他說，「價格沒有記憶，而且昨天與明天無關。如果你真的知道會發生什麼事，你甚至不必知道出了什麼事，就可以知道發生了什麼事。」就像自我覺察一樣，對於投資行為的結果不執著，就是他的部分行為模式。這位訪客寫了一本書談論禪修和企業管理。他說，如果你集中精神，不論什麼困難的工作都會表現得很好。高爾夫球的專業選手也知道這點。

我並不是要用類比或異國情調來抬高《金錢遊戲》的身價。務實地對投資行為得出觀察，就能夠超越當下的場景，甚至能夠在其他文化裡的不同學科中找到共鳴。

當我重讀《金錢遊戲》裡談到投資行為的內容時，我同樣沒有想要改寫，而且回顧市場的具體細節時，也沒有想要更正。它們看起來都沒有問題，我也會繼續抱持認同。當你讀到銀行的投資操盤手相信集中投資和周轉率的時候，你應該知道他們當中許多人的嘗試，使得這種投資組合變成災難，而現在流行的投資模式則是非集中投資與不追求周轉率，剛好完全相反，其實人往往傾向轉移到對立面。任何與投資組合理論有關的觀察，都試圖為某些模式注入理性，但就像凱因斯有段話說得好：在非理性的世界，沒有什麼比理性的投資決策更具災難性。但是只要股價上漲，或是一檔股票不知道你擁有它，你就會真的知道股票正在上漲。

所以，從某種意義上來說，《金錢遊戲》與金錢有關，但這絕對不是一本教你如何操盤的書。任何一本只講操作股票的

技術書總有一天會退流行。有本書說要買進資產，這個策略曾經有一段時間有效；有本書則說要投資可轉換公司債，在崩盤以前，可轉換公司債確實表現很好；（即使）有本書（這樣）說，要找到快速成長的公司，如果你認為自己是成長型企業的好夥伴，這仍然是很好的投資哲學，但你必須確認股價上漲不會跑得比成長率快，而且那樣的成長會持續下去。奇怪的是，如果真是如此，那要如何做到這點？這就與投資行為有關。你不必擔心這點，在閱讀這本書時好好享受這些故事，它們要教你的不僅僅是投資規則。

如果說《金錢遊戲》出版這幾年來的金融世界很嚴峻，那麼要記得物極必反，以及葛拉漢引用賀拉斯的那句經典名言。約翰‧摩根（J. P. Morgan）被問到市場前景如何時，他說：「市場會波動。」在寫這篇新序言的時刻，正是市場接近亢奮的時刻。在這個市場裡，金錢遊戲再次成為字典裡定義的「遊戲」：運動、歡樂的聚會、有趣的事，以及比賽。有新的玩家、新的獲利。現在金錢遊戲的確有可能不是最高等級的遊戲。我的一位客戶，也是《專家遊戲》（The Master Game）這本神祕書籍的作者說，這只是一場遊戲，名望、一家之主、藝術和科學都只是專家遊戲的附屬品。但是瑞士精神病學先驅卡爾‧榮格（Carl Jung）寫道：「在人們可以做到的工作中，最困難、卻也可能被許多人鄙視的工作，就是創造好遊戲，而且一個不了解自我本能的人，不可能完成這份工作。」

從現在起的100年，甚至更短的時間，證券市場上的金錢

遊戲可能會被視為是資本主義的過渡階段，或者就像凱因斯的看法，甚至可以看到一種搶座位的遊戲。他說儘管成功的人得到豐厚的報酬，但當音樂停止時，就會有一些人沒有坐到椅子，不過所有的玩家仍然興奮地享受在遊戲之中。

亞當・斯密

1976 年 2 月

THE MONEY GAME

金錢遊戲

PART I

關於你：身分、焦慮、金錢

THE MONEY GAME

第一章

為什麼凱因斯說這是場「遊戲」？

　　這個世界並不像他們告訴你的那樣。

　　我們潛意識裡都知道這點，因為只要在美國成長的人，都有過這樣的心理建設。有個看著電視的小女孩問道，如果用李施德林漱口水（Listerine），就真的可以加入春季演出嗎？她的好媽媽說：不行，親愛的，那只是支廣告。不久之後，小女孩就發現，父母也有屬於自己的廣告，有些廣告是要讓他們安靜下來，有些廣告是要讓他們乖乖吃東西等等。但是父母——事實上是我們每個人，也都會輪流看到各式各樣看起來不像是廣告的廣告。當白銀供給短缺，而且財政部的白銀庫存快要耗盡，開始害怕出現擠兌的時候，財政部告訴《紐約時報》（*The New York Time*），未來20年都有足夠的白銀。那些聽信這個廣告的人會靜靜地坐著不動，預期能在春季演出中扮演其中一個角色；不信的人則大肆宣傳財政部的白銀就要耗盡，於是物價開始飛漲。

這是一本關於印象、真實、身分、焦慮和金錢的書。如果這樣都沒有辦法嚇跑你，就沒有什麼東西可以嚇跑你了。這真的沒有那麼嚴肅，在這裡，凱因斯有段話可以說明它們彼此的影響。你已經知道印象與真實是什麼，也大概已經知道身分與焦慮是什麼，而每個人都知道金錢是什麼，所以我們做的就是將它們混合起來。在這個起始章節中，我有兩件事要告訴你：第一件事是，我並不是你認為的那個人；第二件事只有一個詞：**啟發**，就像蘋果掉下來砸到頭一樣。這些讓我想要用開頭的第一句話來表達我的態度，那就是「這個世界並不像他們告訴你的那樣」。

　　當然，我不是亞當‧斯密，斯密先生從1790年後，便已躺在愛丁堡修士門教堂（Canongate）的墓園裡，墓碑上的文字是自己寫的，指名他是《國富論》（*The Wealth of Nations*）的作者。他備受推崇，在所有經濟史的教科書裡，都被視為是第一個最偉大的自由市場經濟學家，永垂不朽。不過斯密先生不認為自己是經濟學家，他認為自己是道德哲學家。他在《道德情操論》（*The Theory of Moral Sentiments*）中問道：「在這世界上辛勞忙碌是為了什麼？貪婪與野心、對財富、權力的追求，以及傑出成就的最後結局是什麼？」我喜歡這句話，但這不是我選擇亞當‧斯密當作筆名的原因。真正的原因源自一個幸運的機遇。

　　不久之前，有人邀我在一本新的刊物上寫下一些與華爾街有關的文章，而我對此想到一個好主意。當時很多描寫華爾街的文章，都不受華爾街人的信賴。〔無論如何，華爾街是靠

口耳相傳運作，就像麥克魯漢（Marshall McLuhan）[8]的地球村。〕原因無他：這些寫華爾街故事的作家都是局外人，而華爾街的人會告訴他們的東西，或多或少都是想達成某種目的。華爾街的人收入很高，但作家的收入微薄，因此，當這些作家學到的東西足以在華爾街找到一份好工作的時候，他們就會拋棄作家的身分，或許藉著編寫周末上演的黑色喜劇來滿足他們的創作欲望。然後他們從局外人躋身華爾街之流，變得很富有，而且不再寫華爾街的故事。而真正想要創作的作家則寧願與總統一起搭空軍一號專機，或是與一些電影明星坐在比佛利山飯店（Beverly Hills Hotel）的波羅酒廊（Polo Lounge）小敘。這些作家接下來會成為晚宴上的英雄，但是寫華爾街故事的作家不會成為晚宴上的英雄，因為任何經紀商或基金經理人知道的八卦流言並不比他們少。

當然，靠華爾街維生的作家與在華爾街裡的作家不同，有些在華爾街裡的作家，散文的寫作功力跟約瑟夫·艾迪生（Joseph Addison）、理察·斯蒂爾（Richard Steele）[9]，以及在任何地方寫作的作家一樣好。舉例來說，布萊德柏利·梭羅（Bradbury Thurlow）每周撰寫的市場通訊，都有如莫札特奏鳴曲般的優雅，但是這些文章都是與特定股票有關的想法，文章的結尾都有個「因此」，好像這篇文章就是篇論說文：

8　譯注：加拿大的傳播學者，在「網路」這個字還沒出現前，就預言會有「地球村」的出現。

9　譯注：約瑟夫·艾迪生是 17 世紀英國著名的散文家、劇作家與政治家，理察·斯蒂爾則是同時期著名作家，兩人共同創辦《閒談者》（Tatler）與《旁觀者》（Spectator）兩本雜誌。

「因此就像我已經證明的,你應該買進電話公司的股票,故得證。」

除了內部人,要報導真正發生的事情非常困難。〔創辦同名雜誌的富比世(B. C. Forbes)知道這點,他提到,帶著筆記本與鋼筆的記者必須守在老華德福飯店(Waldorf)的廚房,然後戴著高禮帽、穿著條紋西裝褲,周旋在大亨身邊。〕但就算是內部人想要報導,也有一些問題。換個方式來說,你要怎麼把如布魯哲爾(Brueghel)[10]的畫中場景報導出來,又不會讓朋友們大發雷霆?

我的好主意就是使用化名,而且改變朋友和玩家的名字與數字。一個基金經理人會把內心深處的情緒、婚姻狀況、甚至買賣標的告訴另一個基金經理人,但是他不會告訴經紀商、雜誌或無法完全理解他的任何外部人。我想,我們或許不用像在奧斯卡頒獎典禮上那麼嚴肅,每個人都可以像雷曼兄弟(Lehman Brothers)一樣,融入這場遊戲之中。

在這個國家裡,使用化名的人並不多。喬治·肯南先生(George Kennan)離開美國國務院後,在《外交事務》(*Foreign Affairs*)雜誌上發表那篇外交圍堵策略的著名文章時,署名「X先生」,但是之後馬上又回頭使用喬治·肯南了。在英國,許多人似乎有著與生俱來的文學天賦,因此使用化名已經有悠久的歷史。在19世紀初,如果市場上有件事讓一個商業銀行家

10　譯注:文藝復興時期畫家,以地景與農民景象的畫作聞名。

著迷，他不會雇用公關人員，而是主動寫下自己的論證，屬名「加圖」（Cato）[11] 或「查士丁尼」（Justinian）[12]，然後發表。如果是一個英格蘭銀行（Bank of England）的政府官員想要攻擊對手，他會署名「普勞圖斯」（Plautus）[13] 或「塞內卡」（Seneca）[14]，而且用語如他期望的尖酸刻薄。他知道他會受到矚目，因為文章已經明顯展現出他的專業性。在英國，有些人還是會用這種做法，常常用「查士丁尼」為化名的人就有好幾個人。（所以沒有必要對化名背後的人追根究柢，而且就我所知，連我在內就有六個人化名亞當·斯密。）

所以我從各種名字中挑到了普羅克拉提斯（Procrustes）。就跟你記憶中一樣，普羅克拉提斯是古希臘阿提卡（Attica）的攔路強盜，他會把抓到的人放在一張鐵製的床上，如果那些人太矮，就會把他們拉長；如果太高，就會砍掉他們的腳。這似乎很符合華爾街。

不過新的刊物並沒有發行，而《紐約》（New York）雜誌的編輯那時在星期天發行的《世界日報》（World Journal），他接過我的稿子看了一遍。（《世界日報》是紐約的一份報紙，現在已經停刊了。）「我必須改掉你的化名，」這個編輯在電話裡說，「讀者根本不會相信有人會叫做普羅克拉提斯，這聽

11　譯注：羅馬共和國時期著名演說家。
12　譯注：東羅馬帝國皇帝。
13　譯注：古羅馬劇作家。
14　譯注：古羅馬著名哲學家。

起來太像一個假名，而我們不使用假名。所以我寫下第一個我能記住、又符合要求的名字，我想就是亞當·斯密了。」

所以亞當·斯密這個名字就這樣降臨了，這是我周日的休閒娛樂，而且一切都變得有趣到停不下來。

首先，如果我把故事描寫得很成功，那麼華爾街就會在我的描述上把細節填滿，就以窮格林威爾為例，我描述的是一個基金經理人用錯誤的方式操盤。他剛為自己的基金募集到可以用來緩衝的2,500萬美元現金的時候，市場就出現逆轉與逃難潮。每個人都認識窮格林威爾，只是有人對我說，窮格林威爾並沒有收到2,500萬美元，而是1,900萬美元或3,300萬美元，而且他的頭髮不是金髮，而是紅髮或是棕髮。不然，那肯定就是窮格林威爾了，我已經遇過6個窮格林威爾，而且還有更多窮格林威爾一直來到華爾街。

然後就要談到拉蒙特·克蘭斯頓（Lamont Cranston）的部分。〔如果你不記得《魅影摩星》（*The Shadow*）裡的拉蒙特·克蘭斯頓，以及他在東方學到的神祕法術，能夠使他在人前隱身，我想我們不是同個時代的人。〕有一次我在一個雞尾酒宴會上，禮貌性地加入一群人裡，聽一個我從沒見過的《紐約時報》記者談話。這個記者說他跟亞當·斯密很熟，而且認識很多年，他告訴我們亞當·斯密有關的事情，我專心地聽著他說的話。還有一次，在國內線的飛機上，坐在旁邊的人自我介紹，所以我們就聊了起來，而且他還告訴我亞當·斯密的事。當我表達出看似很有興趣的時候，他說他**認識**亞當·斯密，但

是不能告訴我他是誰，因為斯密先生要他發誓不會洩露祕密。

太妙了，這就好像是一個亡命之徒，但沒有人要追捕他一樣。

你必須付出適當的代價

你會注意到，本書的論點一直都符合凱因斯的主要觀察。會使用凱因斯的觀察，與凱因斯的經濟學家身分沒有什麼關係，而是與凱因斯的作家與投機客身分有關。身為經濟學家的凱因斯就在**那裡**，跟達爾文、佛洛伊德，以及出身於蘇格蘭法夫區（County Fife）柯科迪（Kirkcaldy）的亞當・斯密一樣是歷史的一部分。

我會談到凱因斯，是因為經濟學家凱因斯仍然會引發很多讀者的情緒反應。在我發表的文章裡，引用了好幾次凱因斯的話，結果就開始接到很多議員的來信，他們更多時候會在右翼的出版品中對我大加讚賞。這些議員暗示，如果我跟凱因斯有任何關係的話，那我應該是某種國際主義銀行家，是個英國人，而且我可能很高興美元崩盤，並對美國的道德淪喪鼓掌叫好。最近我在整理文件時，發現我在研究所期間寫了一篇與凱因斯有關的長篇論文，我實在很訝異研究所時怎麼那麼笨，因為搞不懂貨幣所得流通速度（income velocity of money）$L_1(Y) = \frac{Y}{V} = M_2$，而放棄所有娛樂活動。

他是一位獨具風格的經濟學家，這種風格的人本來就很

少，但不只如此，他還是對生活與生命有著深刻感受的人。凱因斯是個偉大的投機客，不只幫自己，也為自己的學校——劍橋（Cambridge）的國王學院（Kings College）賺進大筆財富。而且他每天起床花一個半小時就做到這些事。我相信凱因斯是因為以投資人的身分參與市場，而得出他在《一般理論》（*General Theory*）[15] 裡關於「長期預期」（Long-Term Expectation）的觀察。這些飽受忽視的觀察，儘管並非主要的重點，但都是最精闢深遠的見解。我希望他可以寫得更多，沒有人比凱因斯對市場的觀察更敏銳，而且我認為，如果他沒有親自參與，就無法去「感受」市場；學術派的經濟學家就是沒有這樣做。

有人總是教導我們，**金錢是一個非常嚴肅的事業**，資本的管理是神聖的事，而且處理金錢的人必須展現出一個謹慎人士的樣子，至少在沒有很富有的環境下成長的人都被這樣教導，這全都是新教倫理與資本主義精神的一部分，而且我推斷，這就是幫助這個國家成為現在這個樣子的原因。存一分錢，就是賺一分錢；不浪費，就不會變窮；夏季促銷時買東西可以打 9 折等等。然後我在凱因斯《一般理論》裡的「長期預期」章節中發現這句話：

15　編注：全書名為《就業、利息與貨幣的一般理論》（*The General Theory of Employment, Interest, and Money*），某些中文譯本的「一般理論」譯為「通論」。出版於 1936 年，為總體經濟學中具有開創性的重要著作。

對一個完全沒有賭博本能的人來說，專業投資是一種難以忍受的無聊與吃力的遊戲，即便是擁有賭博本能的人，也要為這種傾向付出適當的代價。

遊戲？遊戲？為什麼大師會說這是場遊戲？他大可以說這是商業、專業、職業之類的東西。什麼是遊戲？是指「運動、比賽、歡樂的聚會或有趣的事」；「追求一個目標或目的所執行的一個計畫或技藝」；「為了娛樂、消遣或在打賭中獲勝，因此根據既定規則進行的比賽」；這聽起來跟擁有一家美國公司的股票，或參與美國經濟的長期成長有什麼關係嗎？沒有，但是聽起來很接近股票市場。

讓我們進一步探討這個問題。約翰‧馮諾曼博士（Drs. John von Neumann）和奧斯卡‧摩根斯坦（Oskar Morgenstern）在幾年前發表《賽局理論與經濟行為》（*Theory of Games and Economic Behavior*），這個賽局理論對我們的生活產生龐大的影響；它影響我們的國防決策，以及大公司做出的行銷決策。什麼是賽局理論？你可能會說這是試著要量化與考量賽局裡的玩家行為，來衡量他們持續性的選擇。或者更正式的說法是，賽局理論是數學的分支，藉著理論模型，研究出抽象的共同策略特徵，用來分析衝突問題。（從最後這句看得出來我手邊有這本書，所以讓我繼續說明。）透過強調策略要素，也就是可由參與者控制的部分，就可以超越傳統機率論的範疇，機率論只能處理有純粹機率的賽局。馮諾曼博士和摩根斯坦創造一個把相互衝突

的利益、不完全資訊，以及相互作用的自由理性決策與選擇融合起來的系統。他們從雙重賽局（dual game）、兩人零和賽局（zero sum two-person games，即一個玩家所贏等於另一個玩家所輸）開始。而另一個極端就是股票市場，有無限多人參與的N人賽局（n-person game，N是經濟學家用來代表不知道事物的代稱字母）。即使對賽局理論專家來說，股票市場短期看來還是太過複雜，但是我想有天甚至能將其量化，發展出用於決策的方程式。

80％的投資人不是真的想要賺錢

我會舉出這點，是因為我認為市場既是一場遊戲，也是一個賽局，也就是說，這是運動、有趣的事、歡樂的聚會和比賽，以及一個可持續衡量所做選擇的專業。如果這是一場遊戲，我們可以緩解進場投資時所產生的某些沉重、而可能有害的情緒，因為在一場遊戲之中，輸贏的規則相當明確，其他東西都變得無關緊要。這個說法很讓人驚訝對吧——「80％的投資人並不是真的想要賺錢。」一位頂尖的華爾街人這樣說。投資人不是要來賺錢？這個說法似乎有點矛盾，那他們來這裡做什麼？這個主題值得討論，我們會在稍後談到。

回頭來看前面談到的「**啟發**」：對於沒有賭博本能的人來說，這實在是無聊得難以忍受，而擁有賭博本能的人也必須為此付出「適當的代價」，這句話實在是一語中的。我們這個國

家有超過2,600萬個直接投資人，他們確實購買了股票。（我會說直接投資人是因為，還有透過保險公司和退休金計畫投資的間接投資人。我們總共有超過1億名投資人，除了兒童和真正的窮人以外，幾乎每個人都是投資人。）

這2,600萬人中，並不是每個人都積極進出，但這個數字隨時在成長，使得股票市場成為一個偉大民族的娛樂場所。積極投資人並沒有投資債券（除了可轉換公司債）與優先股（除了可轉換優先股），這並不是說這些投資工具沒辦法賺錢，只是它們缺乏遊戲的部分浪漫元素；這些投資工具太無聊，要對著列出所有債券資料的表格，用食指一列一列地掃描，直到找到有適當安全性與報酬率的債券，這個工作實在很難令人興奮起來。

有時幻想比真實更讓人愉悅，因此面對賭博本能時，沒有理由感覺到不快，因為賭博本能可以讓股票市場擺脫枯燥乏味。一旦我們承認這點，而不是埋藏這個本能，我們就能「為這種傾向付出適當的代價」，而且融入到現實當中。

我這裡的意思是，不只要承認有這個本能。哈佛大學經濟學家、撰寫眾多軍事策略論文的作者湯瑪斯・謝林博士（Dr. Thomas C. Schelling）對此進行更進一步的研究。在《經濟學與犯罪企業》（*Economics and Criminal Enterprise*）中，謝林博士寫到：

> 美國最大的賭博企業並沒有受到組織犯罪的重大打擊，那個企業就是股票市場……原因是這個市場運作得很

好。聯邦政府控制股票市場，主要是為了保持它的誠信與資訊充足……使它成為一個很難被干預的市場。

　　這段摘錄中的第一個句子肯定會讓紐約證券交易所（New York Stock Exchange）的公關人員大驚失色。多年來，紐約證券交易所和證券業一直力圖糾正買股是賭博的想法，而且雖然這個國家確實有些陰暗面，使得民粹主義者堅持對華爾街心存懷疑，但整體上他們已經成功了。謝林博士的話必須被看成是股市處於最糟的情況，而且股票市場絕對還沒有像彩券公司一樣成為一個賭博企業，但它確實是一個大眾心理學的活動，每個人都試著比其他人更準確地猜測群眾可能會出現的行為。有些為了驅散1929年之前的懷疑所創造出來的的文章，可能會影響人們看待事物的方式。

　　這一切都在引導著我們做出實用的觀察，我很幸運可以認識很多業界人士與相關人士，像是投資銀行家、經濟學家、大型法人的基金經理人。我還一直鑽研證券分析，這花了我不少錢，並一直花時間在研究投資組合管理。（我從來沒有當過經紀商或買賣過股票，那完全需要另一種天賦。）在我家的午餐聚會，我就曾看過「隨機漫步」（random walk）的理論家在享用甜點時，對於有人自稱是「技術面專家」，而且相信股價可以預測未來而勃然大怒；但我也認識技術面專家，在電腦的幫助下沉浸在自己的系統中，渾然忘記一開始的初衷。

　　我花了幾年的時間才忘記曾經學過的東西，而且我可能還

沒完全忘記。我會這樣說只是因為，大多數談到市場的文章都是告訴你應該要怎麼做，而我知道的成功投資人並沒有堅持一定要做什麼，他們只是順勢而為。如果把這些吸引人、複雜、無限多人參與的過程用賽局來思考會有幫助的話，或許我們應該以這種方式思考；它可以幫助我們擺脫投資信仰的束縛。

如果你是這場遊戲裡的的玩家，或是正考慮成為其中一個玩家，那你應該要意識到身處其中的諷刺。遊戲的目標是賺錢，希望能夠賺很多錢。而所有在遊戲裡的玩家都會很快變得更加專業，但不知從何湧入的大量資訊，會多得讓他們幾乎無法完整吸收。在賽局裡真正的專業人士，也就是專業的基金經理人，無時無刻都在增加投資技巧。他們是人，他們也會犯錯，但是如果你把錢交給真正機警的基金管理人管理，甚至是交給很好的銀行家，你都會比過去的任何時候表現得更好。

如果託人幫你管理資金，那就表示你真的對此不感興趣，或至少對投資遊戲的要素（為這種傾向付出適當的代價）不感興趣。我認識很多進入市場賺錢的投資人，他們告訴自己想要賺錢，有了錢，就能帶來保障，可以環遊世界，買艘新的單桅帆船，有棟鄉村別墅，收藏藝術品，還有一間可以在加勒比海避冬的房子。他們成功完成願望，所以正坐在加勒比海家裡的碼頭上，跟藝術品經銷商聊天，並深情注視著新的單桅帆船。然後過沒多久，生活開始有些單調，好像失去了某些東西。如果你是一個成功的玩家，那遊戲的過程可能要非常迷人、強烈，讓你徹底沉浸其中。如果完全無法融入，你不可能在其中

成為最成功的人,因為你正在與那些融入其中的對手競爭。

在發現失去某些東西之後,那個擁有加勒比海房子與全新單桅帆船的傢伙並沒有賣掉那些戰利品,否則他將覺得自己一無所有。單桅帆船、房子、藝術品都還在那裡,但是玩家已經回到遊戲裡,而沒有花很多時間在那些玩具上。這個遊戲是如此有趣,它可能不會讓你成為更好的人,而且我也不確定這對人類有什麼好處。你可以說最好的情況就像賽穆爾·詹森(Samuel Johnson)[16]的說法:忙於賺錢的人是最沒有惡意的。

諷刺的是,這是一個金錢遊戲,金錢是判斷我們是否得分的唯一方法。但是遊戲的真正目的不是金錢,而是參與的過程。對於真正的玩家來說,即使將所有戰利品用塑膠珠寶或鯨魚牙齒來代替,只要還有持續得分的方法,他們就會繼續玩下去。

16　譯注:18世紀英國著名的詩人、評論家、散文家,因為花9年編纂字典而出名。

第二章

操盤手詹森的閱讀清單

「……我們這個時代的主旋律就是虛幻。」

因為財富只會留給可以把這場遊戲玩得很好的人，無怪乎有大量嚴肅的出版品專門告訴你如何玩好這場遊戲。一開始流行的是談經濟、商業和景氣循環的出版品。如果你想要了解這些主題，書店書架上擺滿平裝版的高價書，有些的確寫得非常好；接著流行的是談利率的書，也就是試著關注利率來畫出市場走勢，因此總是可以在股票與債券間找出配置的平衡點，這些都要密切關注聯準會的動向，而且適當調整自己的配置。伯頓·克萊恩（Burton Crane）的《經驗豐富的投資人》（*The Sophisticated Investor*）是值得一讀的作品；最後流行的是證券分析，以葛拉漢和陶德的《證券分析》（*Security Analysis*）為代表（葛拉漢和陶德真正的學生，能夠用一把計算尺[17]就發現價值被低估的股票。）

17　譯注：計算尺是計算機出現以前常用的計算工具，在 1970 年代以前廣泛流行。

然而有一件事你應該很清楚：理性研究領域已經有很好的發展，當1937年紐約證券分析師協會（New York Society of Security Analysts）成立時，總共有20名會員，今天，加上金融分析師聯盟（Financial Analysts Federation）的所有相關協會之後，有超過1萬6,000名會員，但這並不意味著那裡自動就會產生1萬6,000名百萬富翁。

　　對某一代的人來說，華爾街相對不受歡迎；那一代人的職業生涯是從1929年開始，到1946年結束。1937年，第一批證券分析師聚集在一起，在不顧家人與朋友的怨忿下，只有3位哈佛商學院畢業的成員進入這條罪惡大街。就在第二年，紐約證券交易所前任主席理察·惠特尼（Richard Whitney）停在新新監獄（Sing Sing）[18]的台階上拍照，那裡是他即將要去的「新家」。這對投資產業來說並不是個好時代。

　　現在，股市已經漲了20年，華爾街也備受推崇，不僅證券分析師不斷地提供研究報告，大學裡還有很多研究所學生與經費，借助學校的IBM 360大型電腦，致力找出每個數字、股價和趨勢，與其他想到的數字之間的關聯，而且大型電腦花幾奈秒[19]就能得出一般人努力幾個月才能得到的結果。

　　不過我們要注意一下，股市的長期贏家，也是《投資人的生存戰役》（The Battle for Investment Survival）作者傑洛德·羅布先生（Mr. Gerald Loeb）提到：

18　譯注：在紐約州的監獄。
19　譯注：十億分之一秒。

證券的價值沒有最終的解答，12位專家會得到12個不同的結論，時常發生的情況是，如果因為條件改變而讓他們有重新考量的機會，那麼幾分鐘後，每個人又會改變結論。市場價值只有由資產負債表和損益表決定的部分是固定的，還有更多是由人性的期望和恐懼、貪婪、野心、天災、發明、財務壓力與資金緊俏、天氣、發明、流行，以及眾多我們不可能毫無遺漏、一一列出的原因所決定。

　　希望、恐懼、貪婪、野心、天災……都很難用更簡單明瞭的方式來解釋，要將這些因素寫成程式，放進沒有情感的IBM 360相當困難。有個學派說這些因素都可以量化，但是實際上對數字的研究是理性的，是在尋找稱為「**價值**」的某些閃亮**真理**。價值確實存在，就像柏克萊主教（Bishop Berkeley）在森林裡的那棵樹倒下時，不論是否有人聽到，它都會發出聲音一樣。[20] 就像傑洛德先生所說，價值只是遊戲的一部分。

　　不論我們是否找到真正的價值，我們都還有一樣東西，就是流動性，一種隨時進行且毫不費力的買賣能力。流動性是華爾街的基石，正是這樣才使它成為世界上的金融首都，因為除了罕見、偶爾發生的大恐慌時刻之外，它是真正的流動性市場。它有流動性，而且誠實地運作，世界上只有幾個地方像這樣。如果你是個有錢的外國人，想要在任何一天兌換現金，而

20　譯注：「假如一棵樹在森林裡倒下，附近沒有人聽見，那它有沒有發出聲音？」這是一個哲學思考實驗，據傳這是18世紀哲學家喬治・柏克萊（George Berkeley）提出的問題。

且想要賺取資本利得，實際上只有一個地方可以去。倫敦也有流動性與誠實經營的市場，但那裡都是英國的證券，選擇非常有限，而且還受到英國目前的眼界局限。

我不會貶低經濟學、景氣循環，甚至證券分析的研究，但是了解它們不保證你能成功，而且，如果你對它們毫無頭緒，對你而言可能還有點希望。在我們繼續討論之前，來聽聽一位基金管理主任說的話。詹森先生管理一系列叫做「富達」（Fidelity）的基金，而且富達基金成為基金界的綠灣包裝工隊（Green Bay Packers）[21] 已經有一段時間。綠灣包裝工隊每年無論如何都不會贏得第一，但是他們依然是支難以擊敗的強隊。我認識的一些基金經理人幾乎都以相同的方式，簡單描述他們的工作：「我的工作就是要擊敗富達。」他們這樣說，就好像蒙哥馬利將軍（General Montgomery）[22] 都會在帳棚裡掛上隆美爾（Rommel）[23] 的照片一樣。我不認為任何一個專業基金經理人都會掛上詹森先生的照片，他們做的只是盯住詹森的投資組合，尋找可以擊敗的部分。

當我和詹森先生在波士頓吃完午餐要回到紐約時，已經是傍晚了，所以我直接去了奧斯卡餐廳（Oscar's），這是很多華爾街人經常光顧的餐廳與酒吧。我想要知道那天發生了什麼事。在奧斯卡的餐桌上，你會得知那天下午為什麼會有大規

21　譯注：紐約著名的美式足球隊。

22　譯注：英國陸軍元帥，是第二次世界大戰時著名的軍事指揮官。

23　譯注：艾爾溫・隆美爾（Erwin Rommel）是第二次世界大戰時德國的陸軍元帥，有沙漠之狐的稱號。

模的資金流動，為什麼某些股票一直持續波動。這裡的餐桌擠滿喝著馬丁尼（Martini）的績效基金（performance fund）[24]經理人和他們的朋友，而不是像我們一般的普通客人，這些人要管理數億美元的資金，而且承受不能做錯誤判斷的龐大壓力。他們會說：「拿出績效來！」我知道他們要多精於世故才能賺到錢，因為當我說到我剛跟**詹森先生**在聯合俱樂部（Union Club）[25]吃午餐時，沒有出現任何騷動和混亂。這些男孩想知道**詹森先生**現在的想法，突然間，空氣中瀰漫著某種程度的敬意，通常這並不會發生在充斥憤世嫉俗言論的餐桌上。實際情況就好像你是個演員，在排練之前告訴劇組成員，你剛在河流俱樂部（River Club）與喬治・艾伯特導演（George Abbott）打網球，而且艾伯特先生看了昨天的排練，有一些想法。這保證讓大家聚精會神。

不過仔細想想，在這個劇場裡沒有叫做「喬治・艾伯特」的人，而且我也沒有聽過任何叫做「愛德華・詹森」（Edward Johnson）的人，但是詹森先生並不是公眾人物，他沒有像傑克・德萊福斯（Jack Dreyfus）[26]那樣有著自己名字的基金公司，甚至一般華爾街人都對他一無所知。我的朋友查理（Charley）購買的速利基金（go-go fund）[27]，還必須向他保證那是詹森先

---

24 譯注：投資低股利、高報酬的成長股與業績股的基金。
25 譯注：波士頓的聯合俱樂部是美國最老的紳士俱樂部（Gentlemen's club），成立於 1863 年。
26 譯注：美國金融專家，創辦德萊福斯基金。
27 譯注：速利基金在 1960 年代的美國很受歡迎，這是著重投資成長股的基金，希望能以購買高風險股票的方式，獲取高於平均的報酬。

生操盤的基金。「詹森先生」的名字使他有著遙不可及、像雲朵背後的吉力馬札羅火山般屹立的隱約印象，就像西藏的活佛大師，能為處在**剃度邊緣**的人們指點迷津。

其他人的公司手中也掌控大量資金，所以詹森先生的基金成功的地方並不只是擁有45億美元的資金規模，部分原因是詹森先生操盤的其中一檔基金：富達趨勢基金（Fidelity Trend），成功打造了「績效基金」的招牌，在那個年代的前5年，在所有主要基金中績效名列前茅。而且詹森先生操盤的兩檔基金：富達資本基金（Fidelity Capital）和富達趨勢基金，在接下來的空頭市場表現很好。雖然後來的績效不太好，但是富達給人的形象完全沒有改變。

詹森先生還有另一個光環是，他的門徒出師後，在世界上引起很大的關注。有些人認為詹森先生一定有辦一個專門培養基金經理人的學校。兩年前，蔡至勇（Gerry Tsai）搶占所有報紙版面，因為他創辦的新基金募集到2億7,400萬美元，創下歷史紀錄。「我想要擁有一個屬於自己的小型基金。」蔡志勇離開詹森先生的富達資本時這樣說。現在他的基金有4億5,000萬美元，但他說到**詹森先生**時，仍然用著像其他大男孩一樣崇敬的口吻。然後羅蘭・葛林（Roland Grimm）也離開富達，創立一個屬於**自己**的小基金。他的第一個客戶是耶魯大學，交給他5億美元。說完這些，你腦中很快會浮現這樣的富達集團：一棟棟的中世紀建築物裡，人們全都在火爐前面烤著塗滿奶油的司康餅，屋外則是狂風呼嘯。很高興奇普斯先生（Mr.

Chips）把他們的希臘語教得很好，因為在他們朗讀尤里披底斯（Euripides）[28]的作品時，他們都能真正欣賞其中的細微描繪。[29]

詹森先生吸引我的地方是，他不談國民生產毛額（GNP）、減稅、汽車生產與股票市場的關係。他談的是現實是否符合當時的情況、艾倫・沃茲（Alan Watts）的《不安的智慧》（*The Wisdom of Insecurity*）是否有值得參考的內容、女性裙子的長度是否真的有任何意義。而且他非常認真，他會要分析師去確認裙子長度是否真的可以當作一項指標。

「市場，」詹森先生說，「就像一個美女，擁有無窮的魅力、複雜難懂、總是在改變，神祕莫測。從1924年到現在，我就被深深吸引，沉浸在其中，而且我知道這不是一門科學，而是一門藝術。現在我們有電腦和各種統計工具，但是市場還是一樣，了解市場還是很不容易。這要用個人的直覺來感受其中的行為模式。而且總是有些我們不知道、沒有察覺到的部分。」

對我來說，這就是詹森先生的魅力所在：他說話的時候彷彿就像在追求真理一樣，而且如果諾曼・布朗（Norman O. Brown）在《生對死的抗拒》（*Life Against Death*）中把佛洛伊德對金錢的分析更進一步探討的話，必定會把金錢描述成將

28　譯注：希臘著名的悲劇詩人。

29　譯注：這裡引用英國小說家詹姆士・希爾頓（James Hilton）的小說《萬世師表》（*Goodbye, Mr. Chips*）內容，主角是教導男校學生的奇普斯先生，後來這部小說被拍成同名電影。

一堆汙泥從一個地方搬到一個地方[30]，詹森先生的談話就是要重現這個產業的尊嚴。股票分析師瓦特·古特曼（Walter Gutman）在寫市場報告時就使用了其中的手法。華爾街上下的確有些人被市場裡的「女巫」催眠，其中一些人還被心理分析得很透徹。不同之處在於，詹森先生已經遍覽群書，他已經快71歲，而且有 **45億美元** 的資產。也許詹森先生大概摸清了女巫的手法，**也許詹森先生根本就認識女巫。**

自從有了喬治·愛普利（George Apley）[31]之後，波士頓就不再由詹森先生獨領風騷了。但是，如果你繞著德文郡（Devonshire）、國會與老州議會大廈（Old State House），你可能幾乎已經忘記這裡曾是愛爾蘭人和義大利人的領地。在每個轉角，標示牌上寫著保羅·列維爾（Paul Revere）在這裡拴上他的馬，[32]約翰·漢考克（John Hancock）在這裡放下他簽名的鋼筆。[33]詹森先生總是沿著他父親走過的同一條路進到聯合俱樂部，他的父親經營紡織批發事業，確實必須走得更遠一點，但路線是一樣的。在聯合俱樂部的電梯裡，有些年輕的會

30　譯注：諾曼·布朗的《生對死的抗拒》是對奧地利心理學家佛洛伊德（Sigmund Freud）的作品進行分析與批評的書。而在佛洛伊德的理論中，1 到 3 歲的肛門期，大便是我們第一個創造物，而如何對待大便，就直接影響對其他創造物的態度，像是金錢，因此這裡拿現金與汙泥對比。

31　譯注：約翰·馬庫德（John Phillips Marquand）在 1937 年出版的小說《波士頓故事》（*The Late George Apley*）裡的主角，後來被改拍成電影。

32　譯注：保羅·列維爾與約翰·漢考克都是美國獨立戰爭期間的著名人物，在 1775 年 4 月 18 日，保羅·列維爾在夜晚冒著危險，騎上馬送信給約翰·漢考克，通知英國可能要進攻。這件事後來被寫成長詩傳頌。

33　譯注：約翰·漢考克是第一個在美國獨立宣言上簽名的人。

員，也有些不那麼年輕的會員，他們都會跟他打招呼說：「詹森先生，你好。」能夠走同一條路到父親之前吃午餐的同一個俱樂部，我不認為這會發生在紐約。在紐約，他們會拆掉俱樂部，換上一個如巨大玻璃板的高樓大廈，然後把俱樂部放回46樓，而且俱樂部會由公關人員管理，確保每位服務生都記得會員的名字。

只要談到市場，詹森先生就會笑起來，用溫暖的笑容說：「哇。」有點像電影裡的教授，他們往往會剛好出現在重要人士前面，然後說：「但是，教授，如果你不給那個老**坦克**及格，他星期六就不能跟國家隊比賽。」就像這樣，詹森先生脖子繫著活潑的圓點花紋領結，戴著牛角鏡框眼鏡，穿著紅色吊帶，頂著鐵灰色短髮，就像教授一樣，而且襯衫口袋裡還有三支筆，身材很適中，又充滿活力。

詹森先生先去了**學院**，也就是後來大家說的哈佛大學法學院。後來又去劍橋，接著到波士頓最大的法律事務所瑞格事務所（Ropes Gray）工作，並開始受到**女巫**吸引。在1943以前，他頂多是以律師身分來參與基金事業。「經營富達的人無法靠這個事業來養活自己的家庭，所以我就接下來了。」詹森先生說。

「那時這個基金只有300萬美元，嗯，看到某個東西呈倍數成長真好。過去10年的績效表現最好，因為我開始對基金經理人感興趣。你不能只是提拔分析師來管理基金。優秀的基金經理人有什麼特質？那是一種全神貫注的專注力、一種直覺、一種感覺，那些都是無法訓練的。你必須了解的第一件事就是

自己，一個了解自己的人可以像個觀察家一樣，用客觀的角度看待自己的反應。我不認為我有在培養優秀的基金經理人，我只是傾向發展成一家大型的法律事務所，在大型的法律事務所裡，每個律師都要對自己的客戶負責。所以我讓基金經理人發展，負責自己的基金。每個人都有自己的責任。如果他想要找人討論，他可以下樓到大廳聊天，但基金績效還是他自己的事。他必須做出最後的決定，團隊不會做決定。而且我認為很多投資業務是由委員會決定，然後當一個人正朝著他想成為的樣子邁進時，你會知道他真的處於他所滿意的最佳狀態。在成為這樣的人之後，他就會顯得意氣風發，就像一個明星扮演了最佳的角色之後一樣。我們很幸運擁有幾個這樣的成員。有了這些優秀的人，你就可以看到每次的錯誤都可以從中汲取教訓。你會從錯誤中學習。回顧過去，我的人生似乎就是在一連串不停的錯誤中前進。」

我告訴詹森先生，他對市場的集體心態各層面的關注讓我很感興趣。

「身為一個律師，」詹森先生說，「我沒有時間去檢驗個別公司，只能試著去感受它們的行為模式。市場就是一群人聚集在那裡，如果你讀過古斯塔夫・勒龐（Gustave Le Bon）的《烏合之眾》（The Crowd），你就會知道一群人有著綜合的性格。事實上，**一群男性的表現就像一個女性**，群眾的心態就像一個女性的心態。然而如果你已經觀察她很長的時間，當她正在造假時，你就會開始發現一些小詭計，看見她的手出現一些

緊張的小動作。

　　「你知道嗎，我跟很多精神科醫師聊過，我希望他們能為我帶來一些啟發，因為市場有個綜合性格，有時會瘋狂，有時會絕望，有時又委靡不振。但是精神科醫師的問題是，他們會運用先驗推論，而這個方法行不通。我認為，好的市場運作就像成功的精神病治療法一樣，必須講求情感的融洽與和諧。市場沒有所謂的先見之明，雖然市場有基本面，但是情感領域依然處於未開發。所有的圖表、市場廣度指標（breadth indicator）和技術面專家，都只是統計學家嘗試要描述市場的情緒狀態。

　　「我曾經想過，也許這些傢伙是用東方的意識形態運作，你知道的，就是艾倫·沃茲對禪的研究，我想也許那裡會有一些答案。」

　　也許詹森先生知道，禪宗佛教徒已經進入市場。

　　「喔，哎呀，不。市場也深受個人的看法和認知影響。如果你還記得《不安的智慧》，你就會知道我們需要阻礙，激發堅韌的意志來達到額外的成果。在一個充分就業、甚至過度就業的社會，對於證券市場的迷戀有時會導致我們迷失。但是談到禪宗，我只是一個讀者，不是學生，而且**對禪宗來說，市場實在複雜到難以闡釋。**

　　「我認為掌控我們時代的是虛幻。那些飄盪在稀薄空氣裡的音樂已經消失，音樂已經持續很長一段時間，肯定有幾十年，但最好的規則是：**當音樂停止時，就把舊音樂忘掉**

吧。為什麼說是虛幻？十字軍精神的時代就是虛幻的時代。在大部分的歷史裡，十字軍精神只是一種**唐吉訶德**（Don Quixote）式的諷刺主題，但是現在我們有著大規模的集體心態，正試圖翻轉世界的風俗習慣。韓戰和人權運動就是這樣的例子。我不是要對這些事情做出評斷，我只是要說，我們在解決這些問題的態度是一種十字軍的討伐態度，而十字軍東征只是一時的，無法長久。在景氣好的時候想要賺錢並不難，但是在虛幻的時代，市場卻會說：『你不再了解我了，在你了解我之前，不要相信我。』」

服務生送上咖啡的時候，詹森先生和我正在談論福爾摩斯和股票市場的關係、佛洛伊德和股票市場的關係，還有《變遷的磨難》（*The Ordeal of Change*）[34]和馬可・奧理略（Marcus Aurelius）[35]。

你必須了解的第一件事就是自己

這時的奧斯卡餐廳沉默無聲，大家眉頭深鎖。「馬可・奧理略，」我的朋友、也是避險基金的操盤手分析師說，「我敢打賭，他曾跟一些來自窮鄉僻壤、反應遲鈍的經紀商談到馬可・奧理略，而且他們都血本無歸。」

「那天，詹森先生的一檔基金賣出斯圖卡（Stukas），買進

34　譯注：美國作家艾立克賀佛爾（Eric Hoffer）的作品。

35　譯注：羅馬帝國五賢帝時代最後一個皇帝，有哲學家皇帝的美譽。

快捷半導體（Fairchild Semiconductor International, Inc），當時讓證券交易委員會都發瘋了，」另一個聰明人說到：「不知道斯圖卡後來怎樣了？」

查理喝了一小口飲料。「越戰就是一場十字軍東征，林登‧詹森（Lyndon Johnson）[36]就是路易九世（Louis the Ninth）[37]。」他低聲說，「一群男性就像一個女性，飄盪在稀薄空氣裡的音樂已經消失。」

現在查理的聲音愈來愈大。「這個傢伙跟詹森先生吃午餐！然後帶著問題回來。問題！單手拍掌的聲音是什麼？[38]答案是什麼？詹森先生在做什麼？我等不及了，不要再告訴我榮格和空頭市場的事了！詹森先生最喜歡哪3檔股票？未來的前景又怎樣？」

我如實告訴他。

詹森先生的話裡潛藏一份珍貴的禮物，現在你才開始明白：「……這不是一門科學，而是一門藝術。現在我們有電腦和各種統計工具，但是市場還是一樣，了解市場還是很不容易。這要用個人的直覺來感受其中的行為模式……」

運用個人的直覺，並不意味著你可以把昨晚充滿異國風情的夢境，轉化成在市場上的明智選擇。專業基金經理人似乎常常在一瞬間就可以拿定主意，但使他們完成決策的部分通常是

36　譯注：前美國總統，在任期間積極推動越戰。
37　譯注：13世紀的法蘭西國王，曾發動兩次十字軍東征。
38　譯注：這是禪宗的著名公案，這裡是呼應前面作者提到詹森先生談到禪宗的事。

額外增加的一點資訊，這些資訊加進所有沉睡在腦海裡的資訊，突然得出事情的完整樣貌。

「優秀的基金經理人有什麼特質？那是一種全神貫注的專注力、一種直覺、一種感覺，那些都是無法訓練的。你必須了解的第一件事就是自己。」

你必須了解的第一件事就是自己，這聽起來很簡單。當然你不一定打算成為一個專業的基金經理人。但是如果你停下來思考一下，有個權威人士說，投資沒有一個可以直接套用的公式。如果在投資上沒有這樣的公式可以套用，那你就只能憑藉直覺操盤，如果你要用直覺操盤或判斷，那麼由此可見，你必須了解的第一件事就是自己。你（面對的）是擁有一堆情緒、充滿偏見、激動的人，而且只有知道這些，才能順利地參與其中。

成功的投機客不必然要在自己的腦海裡毫不掩飾缺點地描繪完整的自己，但是當直覺突然偏離常理時，他們有能力當機立斷。突然出現幾次不對勁的時候，他們只會說：「這不是我想像中的市場。」或是說：「我不知道到底發生什麼事，你知道嗎？」然後他們就會回到既定的防守線。信不信由你，一連串的市場決策加總起來，就可以描繪成一種人的個性。從某個程度來說，這是找出你是誰的一個方法，但是這個方法的代價可能非常高。這是我的一個私房祕訣，而且是第一個非正規法則：**如果你不夠了解自己，市場會幫助你用昂貴的代價做到。**

只要有一組股票投資組合，你就能描繪出選擇這組投資標

的的人，這樣想似乎有些誇張，但是任何不甘落後的選股高手都很肯定這是真的。我知道有檔私募基金有4個經理人，每個人都有一個部門，各有大概3,000萬美元左右可以操盤。每3個月他們就會換部門。「3個月內，」我的朋友說，「卡爾（Carl）的投資組合就會逐漸加入一些卡爾喜歡的標的，也許卡爾正在避開高風險的標的，他一直都不喜歡那樣的股票。也許有幾檔真的是卡爾花很久時間等時機成熟時布局的標的，所以當我換到他之前的部門時，我可以毫不費力地找出屬於卡爾的操盤決定。同樣地，泰迪（Teddy）在我之前的部門也會發現我的操盤模式，當我觀察他做了那些改變時，我可能會覺得很受傷，但這卻是最好的運作方式。」

回到詹森先生的說法：

「市場沒有所謂的先見之明，雖然市場有基本面，但是情感領域依然處於未開發。所有的圖表、市場廣度指標和技術面專家，都只是統計學家嘗試要描述市場的情緒狀態。」

第一次與詹森先生吃完午餐後，我才體會到，當雷蒙・達特教授（Professor Raymond Dart）[39] 把**非洲南方古猿**（Australopithecus Africanus）的顎骨拿給羅伯特・阿德瑞（Robert Ardrey）[40] 看時，阿德瑞的感受。讓羅伯特・阿德瑞如此興奮的原因是，這種古猿很明顯下巴受過重創，這使他拼湊出一

39　譯注：澳洲人類學家，在 1924 年首先發現非洲南方古猿的骨頭。
40　譯注：美國劇作家與科普作家，1955 年，羅伯特・阿德瑞到非洲旅行，調查雷蒙・達特對於非洲南方古猿的宣稱。

個故事，那就是人類的祖先是愛好房地產的殺手，在他寫的《非洲的創世紀》（*African Genesis*）和《地盤占有天性》（*The Territorial Imperative*）2本書裡，這個主題震撼人類學理論界。這就彷彿詹森先生和我正走過非洲草原時，我問：「詹森先生，那是什麼？」而詹森先生說：「那是巨大獵犬的腳印！」沒錯，市場的情感流離都會留下蹤跡，但不幸的是，沒有人能發現可以解開謎團的關鍵顎骨。

即使沒有顎骨，我也曾試著解開這個謎團。如果情感領域是市場未開發的領域，而且統計學已經被深入探索過，那麼為什麼不去探索還沒開發的領域呢？可惜的是，這樣的研究似乎需要橫跨幾個學科。我開始偶爾在文章裡用「集體被虐狂」（mass masochism）這樣的詞來描述市場的群眾，像是：「每個人都知道，對一般散戶而言，買賣零股是一種集體被虐狂的表現。」但是當我跟他們談話的時候，所有人看待市場似乎都只是泛泛而談，稍稍帶點如參加雞尾酒會般的亢奮。接著，我開始跟少數心理學家與社會科學家通信。在一個蘊藏商業價值的領域，即使只有少數人對此感興趣，依然會有人汲汲於探索真理。2萬名心理學家正在寫論文，研究是什麼驅使應召女郎從事性交易，而且所有社會學家都忙著接政府的計畫，搭飛機到越南，並詳細描述越南社會應該要成為什麼樣子，因為我們必須從頭開始建構這些認知。

我的確碰到兩個原來是心理學家的經紀商，以及3位之前是經紀商，但現在是研究心理學與社會科學的大學教授。這5

個人似乎都不願意談起之前的經歷，至少不願意清楚說明任何事情。最後我碰到幾位願意幫忙的精神科醫師，他們對於大眾心理學並不真的感興趣，但是他們想要知道是否應該買進更多通訊衛星公司（The Communications Satellite Corporation, COMSAT）的股票，以及我是否會在這裡賣出全錄（Xerox）的股票。於是我跟他們交換條件，他們花時間跟我聊天，而且讓我接觸幾個病人，稍後我會談到他們。

我必須告訴你，在我尋找屬於自己的**南方古猿**時，我遇到一位精神科醫師。這位好醫師介紹我一個真的認識股票市場與人類心態的人。他也是個投資人，對市場很感興趣。他在市場裡賺了很多錢，而且有很多病人也是投資人。

這個好醫師並不想要告訴我太多事情，他這樣說是因為他打算寫一本書，而且他不想要透露任何內容。他坦承，身為投資人，他的表現十分突出。

「你為什麼要這樣緊握著手？」他突然問我，「你小時候害怕過火嗎？」

我突然察覺原來自己的手這麼大。我說，我想我小時候應該沒有怕過火，但即便到了現在，我也不太確定。

「你應該對市場瞭若指掌，」這位學識豐富的精神科醫師說，「我把所有的錢都押在一檔股票上，這是唯一可以真正賺錢的方法。股價已經從10美元漲到30美元，但會繼續漲到200美元，你還有時間加碼。」

「我想要知道股票為什麼會漲到200美元。」

「相信我，」他說，「我了解市場，而且我也了解大眾心理。就是這個，我了解什麼會讓股票上漲。」

我就像渴望學習的學生一樣。我說我想知道這個祕密，但是這位學識豐富的精神科醫師沒有告訴我。「我要怎麼跟你說呢？」他說，「我在醫學和精神病學上受過多年訓練，我也寫了幾本書。我已經花30年在研究複雜的人腦。只用幾句話就想要我告訴你一切嗎？為什麼你要這麼自以為是？」

所幸這個故事有個美好的結局。我把這位學識豐富的精神科醫師總結畢生研究後所挑選的股票找了出來，但是我並沒有搭上這班上漲列車。獲利成長很漂亮，但是似乎有些難以言喻的不對勁。也許我只是不了解這家公司。股票繼續上漲，漲到了50美元時，學識豐富的精神科醫師想要知道我是不是對這檔股票有什麼意見，才沒有買進。

這檔股票的名字是維斯塔克（Westec），它從5美元漲到60美元，而且就在那個價格上，交易被暫停。顯然這家公司有違規和不實陳述的問題，使得股票交易遭到封殺。接著出現數十起的訴訟與反告，法院和公司接管人花了幾年來解決混亂的情勢。在滿足債權人的要求下，公司已經破產，就算有些東西留給股東，也沒剩下多少。但最糟糕的是，對於不幸的股東來說，一旦這顆炸彈引爆，股票就再也賣不出去。實際上，在股票市場，你幾乎不可能把所有的錢虧光，還記得流動性嗎？因為你總是可以在任何一天、任何時間賣出股票。但這位學識豐富的精神科醫師卻還是從上千檔股票中，挑選到一檔使他賠上

一切的股票。

美好的結局在於，我們也許都可以學到一些教訓，因為他還在寫書，明年就會出版。我等不及看他保留在書中的洞見了。

精神科醫師也瘋狂

對於精神科醫師和股票市場，我想補充一個廣為流傳的故事，我沒有去確認過這個故事是不是真的，我擔心某些地方真實發生的事件使人對號入座，會損害這個故事的原意。德雷弗斯基金（Dreyfus Fund）創辦人傑克・德雷弗斯（Jack Dreyfus）也認為研究市場上無意識的動機很有價值。德雷弗斯是個優異的橋牌高手，他打造了一檔績效傑出的基金，把橋牌高手的敏銳帶進股票市場。多年來，德雷弗斯與某個精神科醫師關係融洽，而且最後他決定，在德雷弗斯基金裡，應該幫這位精神科醫師設立一間辦公室，只要負責查看基金經理人是否在工作上發揮最高效率。

有一天，一個我認識的基金經理人被叫到辦公室。一切都準備就緒，他鬆開領帶、脫下外套，躺在沙發上。那個精神科醫師坐在他的專用椅子上，而基金經理人等著醫師問問題。

「寶麗來（Polaroid）[41]。」精神科醫師說。

「寶麗來。」基金經理人跟著說。

---

41 譯注：發明拍立得相機的公司，台灣暱稱為拍立得。

「你不覺得現在的股價非常高嗎？」那個精神科醫師提到。

基金經理人仔細考量這句話背後有什麼含義。

「我自己有很多寶麗來的股票，」精神科醫師說，「它漲得太快了，我應該繼續持有嗎？」

基金經理人坐直身子。「它沒有什麼問題，」他用和緩的語調說，「它會愈來愈好。」

那個精神科醫師動動身子，喬到一個更舒服的位置。「我還是很擔心寶麗來。」他承認。

「那我們研究一下，」基金經理人說，「看看你為什麼這麼擔心，我想我可以提供你一點幫助……」

就像你看到的，大眾心理學和市場還需要更多的研究，但是到目前為止，以此做為研究領域的適合人選仍不夠多，對學術圈來說，部分原因是在這個方向上追求真理的商業氛圍太濃厚，而且與社會的主要問題無關。或許這是真的，但是既然我們還無法研究出動物的集體行為，那對個體的成功原因，也只能停留在假設的階段了。

第三章

心理測驗能否看出你的投資天賦？

　　也許社會科學家太忙著按照自己的想法重建越南社會，因此無法去尋找難以捉摸的南方古猿，但是我熟識的一位心理學家至少已經開始提出一些問題，而且做出第一個假設。這不是大眾心理學的假設，而是個體心理學的假設，所以我們必須到下一章再回頭討論群眾。

　　一些在波士頓管理基金的朋友介紹我認識哈佛大學的查爾斯・麥克阿瑟博士（Dr. Charles McArthur），因為他們的基金公司請他擔任顧問，尋找前途可期的證券分析師。通常麥克阿瑟博士會坐在豪華的荷西瑪麗亞賽特大樓（Jose Maria Sert building）面試哈佛學生，而一些波士頓人認為，如果你能夠用多選題和墨跡測驗（ink blots）找出該被退學的學生，也許對基金經理人也有相同的效果。因此，現在麥克阿瑟博士要花些時間在因為墨跡測驗錄取的人選身上，這些人自認為有能力管

理數億美元的基金。

　　所以我到了哈佛大學俱樂部，並點了馬肉排當我的午餐。如果總統派你去跟哈佛的知識分子溝通，或是你發現因為某個原因要到哈佛大學俱樂部，我會建議你最好點馬肉排，那會顯示出你是他們的其中一員。自從第二次世界大戰肉類短缺以來，馬肉料理就一直在菜單上，而哈佛的專家總是會注意到新的味覺刺激，發現它比普通的牛排更鮮美，而且吃起來更為有趣，尤其是邊吃邊喝一口滋味美妙的皮諾夏多內（Pinot Chardonnay）紅酒，滋味更是美妙至極，所以這道菜一直在菜單上，是永久不變的招牌菜。馬肉排是開放、追求智慧的象徵，這就是哈佛人喜歡看待自己的方法。

　　麥克阿瑟博士正在切馬肉，謙虛地指出他的樣本太小，無法做出確切的結論。這意味著如果他要用學術論文的格式發表研究成果，放上主標題與副標題，那麼學術界的心理學家和社會學家可能會跳出來嚴厲批評他。無論如何，他們都會批評他，因為尋找某種會賺錢的個性這樣的概念，聽起來似乎顯得心術不正。在學術界裡，金錢被認為是種詛咒，除非是來自基金會或政府的資助，尤其是來自政府的資金最好。

　　麥克阿瑟博士探索的一個重點是，擅於選股的人，以及善於決定買賣時機、管理整個投資組合的人，兩者之間的個性有什麼差異。證券分析師擅長挖掘資訊，而且能夠提出應該要買進或賣出什麼的看法，但是他們不一定能成為整個樂團裡的優秀指揮。如果他們是從木管樂器開始演奏起，往往會用木管樂

器的角度在聽整個管弦樂團；而要使木管樂器、銅管樂器與弦樂器的音色協調，就需要另一種類型的特質。

如何發現優秀的證券分析師呢？測驗人能端出的第一個法寶，就是斯特朗測驗（Strong test）[42]，這是以設計這項測驗的史丹佛大學心理學家的名字命名。你已經在某個時刻做過職場性向測驗，所以你應該會對這個測驗有點熟悉。這個測驗是設計來告訴你你喜歡什麼，以防你自己騙自己。這些問題會有幾個選項讓你選擇，像是：

如果明天放假，你可以做任何事，那你最想要做什麼：
（1）搭飛機出遊
（2）讀一本書
（3）好好補眠
（4）去附近的小酒館，與朋友打打鬧鬧
（5）在花園裡修剪花木

這個測驗的問題就像這樣的形式，而隨著這個測驗繼續，你真的會融入其中。

有個探險隊宣布要探索亞馬遜河危險的上游區域，不過那裡的河裡有食人魚，陸地上則有凶猛的獵人頭部落，那麼

42　譯注：後來這個測驗發展成心理學界有名的史氏興趣量表（Strong Interest Inventory）。

你會：

（1）領導這個探險隊

（2）為這次科學探索募款

（3）加入探險隊，而且在回來時寫下探險經歷

（4）寧可不去

　　你會領導這個探險隊去亞馬遜嗎？看起來這似乎很吸引人，但也許你會覺得充滿危險，而且一坐在研究股市報告的桌前就如坐針氈。如果你選擇的是（3），我們可能會派你撰寫股票市場週報，但你最好還有其他一技之長。

　　聚會結束之後一回家，你就跟妻子吵架，吵架的內容是：

（1）你最後催她離開是什麼時候

（2）她（你）喝了多少酒

（3）她（你）跟那個男性（女性）在沙發上做些什麼

（4）錢

（5）小孩

　　在這次吵架中，最有效率的解決方法是：

（1）什麼都不用說，讓她說個夠

（2）確定讓她了解你的看法，這是為她好

（3）快速而堅定地確定是誰該負責

（4）盡可能地保持和平

如果你想要比妻子更早離開聚會、如果她確實喝多了、如果爭吵是跟金錢和小孩有關，那麼你就跟81.1％的測驗者一樣，而且歡迎你加入我們的組織。你確實比妻子更清醒，而且你想要確保她了解這點，我們喜歡這樣的態度。

偏好測驗（Preference tests）已經使用多年，到現在已經打造出標準格式，讓眾多不同職業的人可以利用打孔卡填答。在斯特朗測驗中，分析師最後被歸類在第5組與第9組。第5組擅長社會服務，告訴人們做哪些事會對他們有利；第9組擅長銷售、外向、通情達理，以及「以人為本」。如果你表達得不夠清楚，那麼就算發現一個好構想，也不會對你帶來任何好處。

解密基金經理人的性格之謎

基金經理人是另一種動物，和擅長辦公室事務的第8組截然不同。基金經理人幾乎和會計師有相同的形象，因為基金經理人通常都是信託管理人，他們是在乎安全性、穩重的謹慎人士，這些人會戴著綠色面罩與袖箍，然後對你說：「我的好朋友……。」但真正活躍的經理人，選擇的投資標的就跟他的個性一樣，操作的是超級積極型的基金，他更像是發展出某個構想，然後就聚集一群人，接者創立一個事業或計畫的企業家；信託管理人可以容忍細節瑣事，但積極的基金經理人幾乎無法忍受；所有基金經理人都被認為應該要身強體壯，但是積極的基金經理人玩的是壁球、網球和划船，這樣就不必待在任何團

隊裡。會計師性格的基金經理人在接力賽和足球賽裡的表現可能會最好，或是會做些能幫助整個團隊得分的事情。（這些野心勃勃、新一代積極的基金經理人是最新出現的品種，我們並沒有太多他們的資料，在後面的章節我們還會討論這些人。）

其他紙筆測驗則揭開其他面向的祕密。例如約翰有4個蘋果，瑪莉有3個橘子，他們都搭上每小時40英里的火車，在2點10分離開車站。當火車到達時，約翰有2個蘋果，而瑪莉有6個橘子。那麼現在是幾點？

分析師善於歸納，他會將問題分解成不同部分，各自解決後，逐步形成答案。老派的基金經理人很樂意解決問題，他喜歡這樣做，但是積極的基金經理人會說：「那真是愚蠢的問題，而且這要如何讓我賺錢呢？」因此當他的妻子不願意離開聚會時，他也會產生相同的憤怒。他必須一下子就掌握這個「概念」，否則他會坐立不安。

雖然分析師可以解決問題，不過他們的計算錯誤百出，這跟會計師不同，會計師會把每件事精確算到小數點。但是優秀的分析師對文字與數字都有很好的天賦，他們的口才非常好，但當事情在數字與文字上都變得抽象時，他們的優勢就開始消失。

在這個領域裡的每個人都非常聰明，智商最低也有130，所以如果你資質駑鈍，最好別進入這個圈子，這裡每個人都太聰明了，要不然就是近乎天才。你準備好接受墨跡測驗了嗎？下面就是墨跡測驗的範例。

　　你在墨跡中看到什麼？你看到多少東西？你看到的東西占滿了整個墨跡，還是只是墨跡的一部分？你多快看到它？那個東西是否讓你感覺很好？許多人看到的是昆蟲、動物的毛皮和伸長的手。但是你必須與眾不同，你只能看到別人看不到的東西，你最好在20秒之內找到自己的東西。

　　墨跡測驗的重點並不是你在墨跡中看到什麼，而是你對它們的反應模式。你對證據的要求有多高？也就是說，你必須看

到多少東西才會做出決定？

再一次，分析師會確立歸納的結論，但身為基金經理人的真正操盤手無法忍受深思熟慮，他會因為刺激而雀躍，情緒激動，甚至會過度反應。分析師只想要把事情做得精確，他需要做對事情的愉悅，而且他寧願做對事情，而不是賺錢。積極的基金經理人並沒有真的關心在每個判斷上都做出正確的決定，只要分數加總起來能獲勝就好了。沒錯，他做對的事必須比做錯的事多，但他往往會取得白熱化的勝利，而且希望他做出的所有決定合起來看時，正確會比錯誤多。他真正做的事，是快速而無意識地根據自己直覺的「統覺團」（apperceptive mass）[43] 來回應每個刺激，他的直覺則包括所有多年來累積的「認知知覺」（cognitive perception）。

這裡描述的積極型基金經理人並無法讓坐在董事會會議室裡的受託人感覺安心，但就像我們說的，這樣的基金經理人並不多，這些人實際上是少數的避險基金和退休基金經理人，而不是信託管理人或是大型法人裡的經理人。

這些以績效為導向的經理人很新潮，他們的遊戲還在試驗階段，但是他們已經順利度過一些顛簸的時期，這種對資訊快速反應的投資方法，和聽到內幕消息就馬上衝去買賣的散戶有什麼不同呢？散戶是在沒有知識的情況下做出反應，他們的反

---

43 譯注：德國哲學家赫爾巴特（Johann Friedrich Herbart）提出的概念，他認為，對於新觀念的理解過程稱為統覺（apperception），而眾多已經理解的觀念所組合的綜合性意識就是統覺團，而擁有最有條理、最大的統覺團的人，就可以引導自己過想要的生活。

應背後並沒有「統覺團」；而基金經理人很簡單就可以記住上百家公司的毛利、這些股票對各種情況的反應，以及他自己屬於哪種基金經理人。如果他知道這些，就算遠離市場，還是可以知道市場的動向，而且讓自己融入市場。總之，**如果你真的知道會發生什麼事，你甚至不必知道出了什麼事，就可以知道發生了什麼事**。你需要的只有很好的統覺團、智商150，以及一種第六感，而且你可以忽略頭條新聞，因為你已經在幾個月前預期到了。

在資金管理中有一個絕對必要的要求，而且你已經在第一條非正規法則中學到了：**如果你不夠了解自己，市場會幫助你用昂貴的代價做到**。這個要求就是情緒成熟（emotional maturity）。

「你必須以有用的方法來使用你的情緒，」麥克阿瑟博士說，「你的情緒必須支持你去追求目標。你不能與追求的目標有任何衝突，而且成功完成正在做的事，才夠使你的情緒需求得到滿足。總之，你必須能夠在維持冷靜或不被情緒左右的情況下，處理任何狀況。你必須在沉著而不焦慮的情況下投資。」

心理測驗不能真的告訴你，你是不是賺錢高手，他們是對現有群眾的描述，其中一些還要對在職期間（在這個工作的期間）的表現、工作滿意度與目標達成度進行後續追蹤。你也許不在測驗歸納的模式裡，但仍然很成功，或是世界可能變化到測驗指出的模式不再是成功的模式。但在目前的世界下，這就

是這個遊戲的運作方法。有些分析師不應該管理自己的金錢，有些基金經理人應該用其他風格來管理基金，而且有些投資人應該在自己的花園修剪花草，讓聰明的人來幫他們管理資金。

　　就算測驗結果顯示出你是很好的賺錢高手，但是真正的測驗在於，當群眾朝著與你相反的方向狂奔，你要如何行動。我們對個人的投資風格了解不多，對於如南方古猿般難以捉摸的群眾更是一無所知，而且對於大眾心理學的使用仍然不精通。但是市場真的是一個群體嗎？

第四章

市場真的是一個群體嗎？

「群眾總是輸家，」專欄作家佛洛德・凱利先生（Mr. Fred C. Kelly）在1930年一本研究股票市場的書中寫道，「因為群眾總是錯誤的，起源在於他們總是墨守成規。」

群眾，或稱為大眾或市場，一般做的都是投機行為，對群眾來說，根據投資神話來操作，必定總是錯的。（相信這個規則的人多到可以組成一個群體，當然這個群體裡的每個人都相信自己在這個群體外面。）1841年，查爾斯・麥凱（Charles Mackay）發表第一本談論群眾的好書《異常流行幻象與群眾瘋狂》（*Extraordinary Popular Delusions and the Madness of Crowds*）。伯納德・巴魯克先生（Mr. Bernard M. Baruch）[44]說，麥凱先生的書幫助他致富，而華爾街一家投資公司還把這本書

---

44 譯注：美國著名股市投資人與金融家，有華爾街孤狼的名號。

當成聖誕節禮物送出去。如果有任何客戶閱讀這本書，他們可能會感覺更為優越，因為那些幾個世紀前不停將鬱金香球莖拍賣價格愈炒愈高的荷蘭人，從現在的眼光來看似乎有些愚蠢。不幸的是，他們也很可能讀到荷蘭人認為這個世界對於鬱金香有無限的渴望，於是馬上出去買進一些非常流行的電腦公司股票，因為這個世界對電腦也有無限的渴望。這必定是合理的，而且如果購買電腦公司股票比炒作鬱金香更容易理解，那可能只是因為我們不知道鬱金香炒作的整個故事。

在某個時刻，每個投資人可能都會聽到（但願只是從經紀商那裡聽到）某個東西仍然可以買進，因為群眾還沒意識到那個東西的價值。市場真的是一個群體嗎？很顯然中庭裡並沒有聚集一群人共同讚頌領袖（Duce）或喊著「老美，滾回家」（Yankee Go Home），在市場裡不可能共同唱頌一首歌，因為市場沒有所謂的全贏或全輸。我們有的只有記錄市場行為的股票報價機，而在美國各地則有一定數量的董事會會議室，裡面有人監看著股價的變動。有更多的人甚至沒有注意這樣的變動，只是每天早上在看報紙體育版時，花幾分鐘順道看一下股價變化。醫師、商人、律師、廚師……這些分散四處的人，真的可以構成一個群體嗎？

19世紀末，法國心理學家古斯塔夫‧勒龐出版《烏合之眾》一書，勒龐投入大量時間在撰寫歸納種族特徵的書，那些書不太受人注意，但是《烏合之眾》絕對是個預言，在世界知道希特勒和墨索里尼能夠聚集與操縱群眾之前的1895年就

出版了。對勒龐來說，一個群體不只是一些人聚集在一個地方，很可能是數千個孤立的個人，這就是他所謂的「心理上的群眾」（psychological crowd），受到「人格意識（conscious personality）喪失的影響，使得感受與思考往不同方向轉變」。勒龐說，一個群體最受人注目的特點是：

> 無論是哪些人構成這個群體，也不管他們喜不喜歡自己的生活方式、他們的職業、個性，或是聰明才智，他們已經變成一個群體的事實，使他們擁有一種集體思維，讓他們的感受、想法和行動在某種程度上，與他們處於單獨一個人狀態時會展現出的感受、想法和行動不同。

群眾的三個要素

藉由這個定義，我們確實獲得某些素材來了解散布各地的所有股票觀察家，了解這群心態一致的群眾。那麼，我們對這個群體知道些什麼？這位好心的勒龐博士說，我們知道的第一個要素是群體裡的個人，只要在群體裡，「就會感受到一種無法抵抗的力量，使他出自本能地屈服，即使單獨一個人也會受到束縛……以及一種原來自我控制的責任感完全消失的感受。」

勒龐的群體第二種要素是**感染力**（contagion），是指感受在群體間的相互溝通。「這很難解釋，」他寫道，「必須將這些現象歸類為一種催眠指令。」勒龐的群體第三種要素是**可受**

暗示性（suggestibility）：「這是一種迷惑狀態，讓被催眠的人不自覺地受催眠者掌控。」一旦解除自己的責任感，就已經準備好接受「感染力」與「可受暗示性」，**並用難以抵禦的狂熱（irresistible impetuosity）行事**。

很顯然，勒龐並沒有把群眾視為需要花時間聚在一起的有形實體；一個人在成為群體的一員之後，他寫道：「就會從文明的階梯上倒退幾階」，因為群體的思維並不是各成員的平均思維，而是一個新的共同特性，某種意義來說，這會使自己盲目地任憑衝動擺布。雖然群體的「智力比單獨的個人還差」，但群體可能會比一個人更好或更糟，這取決於所接觸到的「暗示」為何。

這一切真的是如此嗎？要記住，我們在這裡探討的領域是證券和證券的價格變動，在這裡有1萬6,000位理性的證券分析師、許多狂熱的大學生和研究生，以及一大堆電腦正廢寢忘食地研究。5萬名理性的經紀商〔官方稱為註冊代理人（registered representatives）[45]〕發送訊息給2,600萬名投資人，這個流程充滿統計、表格、數學，以及精采的推理。

但是，上漲的股票會再次下跌，絕頂聰明的投資人會掉進陷阱，而且每年都會有些題材漲翻天，吹捧的人相信這些股票未來前景一片光明，相信自己的判斷不是荒唐的錯誤。1961年，整個世界都在流行打保齡球，但是1962年，保齡球製造

45　譯注：台灣通常直接會稱為證券業務人員。

商賓士域（Brunswick）的股價卻從74美元直線下跌至8美元，中間幾乎沒有止跌的跡象；1965年，整個世界都流行坐著看彩色電視機，但不久之後，海軍上將（Admiral）、摩托羅拉（Motorola）、增你智（Zenith）、美格福斯（Magnavox）等家電公司的股價很快重挫，就像在烤舒芙蕾時，烤箱門無預警地打開，結果麵團塌了一樣。這種情況還會再次發生。

這些題材股崩盤（而且我相信未來的題材股也一樣）時的特點是，更多的表格、數字和統計出現。摩托羅拉從233美元暴跌到98美元的期間，不時有研究報告發表，有些還超過100頁，充分分析存貨、總需求、供給、成本結構、可自由支配所得與消費意願。在我的資料夾裡還有這些報告，分別在股價212美元、184美元、156美元、124美元和110美元的時候發表，它們都說現在股價很便宜，可以買進。對我來說，這些報告比麥凱描寫17世紀荷蘭鬱金香狂熱的文章更具啟發性。這些股票的所有買賣，不論是在上漲還是下跌的過程中，都要由5萬個經紀商經手，群眾的瘋狂並非自發而生，而是這些經紀商鼓吹的結果。

資訊無法被取代，市場並不是賭場裡的輪盤，好的研究和構想在市場上是絕對必要的，除非有人能夠更好地解釋市場動物這個南方古猿，不然它們依然是最好的工具。但也許這裡還有其他的影響要素。讓我們回頭看勒龐博士的看法，雖然對我們而言這已愈來愈沒有用處。

「群眾，」勒龐博士說，「在每個地方都有明顯的女性化

特質。」我們還記得詹森先生說過，**一群男性的表現就像一個女性**。（我認識一個卓越的資深合夥人，他相信進入市場可以做的最好準備就是研究女性，找個實習生來做這件事應該輕而易舉。）勒龐博士說，群眾並沒有理性，他們只是**認為**自己很理性。他們實際上是接受一系列腦中的印象，前後不一定有任何邏輯關係連結，而這就解釋為什麼矛盾的構想可能會同時發生。群眾很容易受這些印象影響，而且產生這些印象的是「審慎明智的文字與公式，透過藝術般的手法，讓他們覺得自己擁有從前魔術師賦予的神祕力量，足以了解事實真相。」勒龐博士想到的字眼像是「自由」、「民主」、「不到北緯54度40分就打仗」（fifty-four forty or fight）[46]，但或許「成長」和「全錄」也很適合。但這些都必須要認識到，「這些簡短口號所附帶的神奇力量，彷彿它們已經包含所有問題的解答。它們綜合各式各樣無意識的渴望，以及將其實現的希望。」

對這場遊戲的玩家來說，這些都不是新聞。這在華爾街早已行之有年；一家公司或一檔股票呈現出的「印象」有助於價格上漲，而且在盈餘和投資資本報酬等理性因素開始惡化之前，持續長時間上漲。如果一家公司有「持續創新」與「創造獨有市場」的美譽，將會帶來一波動能。整個過程都需要公關公司運作。勒龐博士說：「『群眾』有點像是古老寓言裡的斯

---

46 譯注：這是美國歷史上著名的一個口號，北緯54度40分是奧勒岡的北方界線。在19世紀，美國與英屬北美在洛磯山西部的奧勒岡地區有領土爭議，當時的美國總統曾提過要延用1818年的條約，以北緯49度為分界來弭平爭議，但是英國首相拒絕，因此美國擴張主義者喊出「不到北緯54度40分就打仗」，希望吃下整個奧勒岡地區。

芬克斯（sphinx）[47]：在他們心裡提出問題時，必須得出結論，不然就等著被吞噬。」

或是就像英國詩人吉卜林（Kipling）可能會說的：「當所有人都倉皇失措，而你還保持清醒的時候，也許是因為你沒有聽到消息。」[48]

佛洛伊德對《烏合之眾》印象深刻，他把這本書當作《群體心理學與自我的分析》（*Group Psychology and the Analysis of the Ego*）的研究起點。〔我一直很喜歡德文版的書名Massenpsychologie Und Ich-Analyse，因為它聽起來很像著名漫畫《卡家一族》（*Katzenjammer Kids*）裡的漢斯（Hans）和弗里茲（Fritz）〕。佛洛伊德還仔細研究威廉・麥獨孤博士的（Dr. W. McDougall）的《集體心態》（*The Group Mind*），麥獨孤博士說，群眾的主要特徵是在每個成員身上所產生的「情緒提升與強化」。佛洛伊德指出，同樣的情緒強化會發生在睡夢中與兒童身上，成年人則會壓抑這種傾向，不讓它發生。

（如果你認為勒龐博士討厭群眾，不妨聽聽麥獨孤博士的說法：群眾會「過度情緒化、衝動、使用暴力、任性、反覆無常、優柔寡斷、行事極端⋯⋯非常容易受人影響、粗心大意、決斷輕率、只能做簡單而不完美的推理⋯⋯像一個不守規矩的小孩。」）然而，麥獨孤博士提到的群眾與我們董事會會議室

47　譯注：斯芬克斯是希臘神話裡的神，傳說會叫過路的人來猜謎，猜錯就會把那個人吃掉。
48　譯注：這是從吉卜林的著名詩作 If 的第一句話改寫，原文只有：當所有人都倉皇失措並責怪你時，如果你還能保持清醒（If you can keep your head when all about you. Are losing theirs and blaming it on you）。

裡的股市觀察家不同，因為這裡我們討論的群眾需要一個有組織的結構，甚至需要一個敵對的群體。

佛洛伊德博士毫不意外地寫道，群眾的力量來自性欲，這是以「愛」為名義的本能力量。這裡的愛並不只是情侶間的愛，它是所有形式的愛：愛欲（Eros），是把世界上的所有東西合在一起的力量，因此也可以包括對具體物品與抽象思維的熱衷。在佛洛伊德的群體裡，個體集中關注在一個物體上，用它取代他們的自我理想，而所有擁有相同自我理想的人彼此會感同身受。只要這個物體消失，你就會焦慮。這顯示，在融合自我與自我理想的過程中，「擁有勝利與自我滿足的心態、不受自我批評干擾的人，就能夠擺脫自我壓抑、為別人著想的感受和自我譴責。」然後佛洛伊德繼續談到最原始的群體：英雄式的領導人，以及殺害英雄式領導人、爭奪權力的兒子們，但這種群體很難做出任何巧妙的應用。佛洛伊德總結說，群體是「人類性欲發展演化（phylogenesis）的繼承累積。」不要擔心，我們不會再談佛洛伊德了，但這裡提到的內容可以有助我們進一步討論。

在說完這些對群體的評論之後，應該沒有人想要成為群體的一員。但實際情況是，成為群體中的一員實在很舒適。〔研究佛洛依德的人會說，這與一個人成為多細胞生物群體（multicellular mass）的一部分有關，不過我們不需要深究。〕而且每個人都會同意，舒適比不舒適要好。

紐約郊區有一個積極型的基金公司，四周都是田園景觀，

該公司的操盤者也不會進到紐約市。這不只是因為他認為紐約像個汙水坑，而且「所有人都會搭同一班火車進紐約，而且在這途中都會閱讀相同的東西，並互相交談。」這位基金管理的艦長不會與任何人交談，也不會讀任何東西。「大家都只看價格，」他說，「但是80％的市場是心理學，受到情緒影響而採取行動的投資人最有可能遇到麻煩。」儘管他有很好的績效，然而很多在賓州東部火車上閱讀的人、談話的人績效也不差。

所以，我們可以得出一個結論，群體確實存在，而且必須好好地理解他們。如果群眾是如此反覆無常、女性化，而且缺乏理性，那麼只要乾脆離開就會成功嗎？堅持自己的觀點，就能做出理性的決策嗎？凱因斯對此有精闢的評論：

......美國人往往過於熱衷追尋一般人對一般人的看法；而這個國家的弱點，可以在股票市場中發現它的天敵......或許有讀者會插話說，長期來看，一個技術高超的人必定可以從其他參與者那裡得到高額的獲利，因為他不會受到這種普遍的趨勢干擾，而且會繼續根據他架構出來最好、最明智的長期預測來購買投資標的。首先我必須回答，確實有這樣認真嚴謹的人，而且不管他是否比其他玩家有優勢，都會對投資市場產生巨大的影響。但是我們必須補充，有幾個因素會危害這些人在現代投資市場的優勢。根據明智的長期預測來投資在今天非常困難，幾乎行不通。試著這樣做的人肯定會面臨艱險的挑戰，而且會比猜測群體如何表現的群

體冒更大的風險，此外，如果大家的聰明才智相同，那這樣做的人肯定會犯下更多慘烈的錯誤。

這就是為什麼，即使是在最複雜的層面上，也逃不開群眾的影響。「我最大的客戶剛剛大量賣出，」銷售員說，「而且我從可靠的消息來源知道——不要告訴別人喔，富達很看壞這檔股票。」

第五章

投資人根本沒有想要在市場上賺錢

「非常聰明的人，」我的一位華爾街哲學家朋友說，「知道如何在華爾街謹慎前進，而且他們的績效非常好。而那些買下股票就置之不理的人也許表現不錯，但是真的專注市場的投資人、總是進出市場的投資人，其中有90％並不在意自己是否真的有賺到錢。」

我們要回來討論這些熱切渴望的投資人**確實**關心的東西，但首先要說的是，這是個所有投資人都不是真的想要賺錢的產業。如果我們相信金錢的**本質**，至少無意識地相信，那麼這也許是長久以來我們聽過最正面的事了。如果有1萬6,000名證券分析師、5萬名經紀商，以及IBM 360電腦的所有程式都忙著尋找正確的一套合理數字，或許我們可以悄悄從側面的角度來看金錢對你的意義是什麼。如果知道這一點，也許就能像詹森先生說的，用客觀的角度回頭看看自己。而且如果能真正培養

自我和金錢的認知，我們至少能夠意識到那些影響我們行為的本能。

目前有關大眾心理學與市場關係的閱讀清單可能很短，但是談到人與金錢關係的閱讀清單可就列不完了。諾曼·布朗的《生對死的抗拒》是目前為止最精彩的論述，他為了寫這本書，必須看過懷海德（Alfred North Whitehead）[49]、涂爾幹（Émile Durkheim）[50]、李維史陀（Claude Lévi-Strauss）[51]、馬塞爾·莫斯（Marcel Mauss）[52]、佛洛伊德、馬克思（Marx）、赫斯克維茲（M. J. Herskovits）[53]、勞姆（Laum）[54]、羅斯金（Ruskin）[55]、尼采（Nietzsche）等人的著作。這些學識淵博的學者都認為金錢不只是皮夾裡的紙鈔，金錢有個神祕的特性。古代的市場是神聖的地方，第一代的銀行是廟宇，而發行貨幣的是祭司與祭司兼君王。有位專家說，黃金和白銀透過古老制度保持著穩定的兌換關係，它們的比例是對應占星學中神聖的太陽與月亮的週期比例所決定。〔這出自一本叫做（古代經濟史）（*Wirtschaftsgeschichte des Altertums*）的書，如果你想要親自查閱的話。但我沒有親自讀過，只是透過別人轉述。而且無論

49　譯注：英國數學家、哲學家。
50　譯注：法國猶太裔社會學家、人類學家，與馬克思、韋伯並稱為古典社會學理論的三大奠基者。
51　譯注：法國人類學家，被譽為現代人類學之父。
52　譯注：法國社會學家。
53　譯注：美國人類學家，以研究非洲裔美國人聞名。
54　譯注：德國經濟史學家。
55　譯注：英國藝術評論家、製圖師、水彩畫家、社會思想家及慈善家。

如何，我們已經透過抑制金價使銀價上漲，破壞了這個古老的制度。有些人認為不論是否受到太陽的影響，黃金都會上漲，但那是另一個故事了。）

　　這些學識淵博的學者共同的觀點是，金錢是沒有用的；也就是說，成為金錢的東西必定是毫無用處的，不論是雅浦島（Yap island）[56]的石製車輪、貝殼、狗的牙齒、諾克斯堡（Fort Knox）[57]儲存的黃金，或是不能吃的東非牛（因為吃掉就等於吃掉自己的資產）。這裡的思路直接與亞當‧斯密的想法牴觸。亞當‧斯密是第一個假設金錢有用，而且人是理性的人。而市場看不見的手會把鞋匠製作的靴子帶到市場上，換取農夫的甘藍菜，這樣雙方就能更有效率，鞋匠就不用種菜，而農夫就不必製作靴子。亞當‧斯密眼中的經濟人是一個理性的人，而且大多數經濟學都假設這個人總是會朝著獲利或生產最大化的方向前進。但是因為我們才剛匆匆看過人類並不總是那麼理性的說法，所以我們必須理解金錢無用論的概念與緣由，會為我們帶來什麼啟發。

　　讓我們累積金錢這種無用物品的強烈欲望根源，就來自於「強迫工作」。（諾曼‧布朗的說法。）

56　譯注：太平洋西部加羅林群島中的一個島，也是太平洋國家密克羅尼西亞聯邦最西的一個州。

57　譯注：美國陸軍的一個基地，位於肯塔基州，是存放美國國庫黃金的所在地。

強迫工作把人從屬於事物之下……它把人類的生存動力歸類為貪婪和競爭（侵略與占有欲）……對金錢的渴望取代所有人類真正的需求。因此表面上的財富累積，實際上是人性的貧乏，而適當的道德規範就是放棄人性和欲望，也就是禁欲主義。結果是以抽象的經濟人（Homo economicus）取代具體而整體的人性，因此失去人性。

　　財富是一種無用的物質，可以壓縮和儲存。佛洛伊德週三晚間心理學會（Wednesday Evening Psychological Association）[58] 會員桑多爾・費倫奇（Sandor Ferenczi）[59] 發表了一篇文章〈對金錢產生興趣的本體論〉（On the Ontogenesis of the Interest in Money），帶領我們更深入討論這點。他把金錢看做是身體的排泄物，「只不過是無臭脫水的廢物在發亮而已。」這裡講的大概是黃金。（在出言嘲笑之前請記住，我們正絞盡腦汁地探索非理性層面。亞里斯多德也說過，賺錢是一種不自然的墮落。）金錢一直有種神祕的色彩，對馬丁路德來說，金錢則是世俗且邪惡的，出自於魔鬼撒旦之手。

　　為什麼要累積這種沒有用處的東西？因為創造剩餘財富的剩餘勞動力，是來自受到壓制或無法宣洩的性欲（又是佛洛伊德的論點）。諾曼・布朗將佛洛伊德的論點更推進一步：「整

58　譯注：維也納精神分析學會（Vienna Psychoanalytical Society）的前身，這是世界上最古老的精神分析學會，1902 年在佛洛伊德的公寓創始，後來演變成國際組織。
59　譯注：匈牙利精神分析學家，是精神分析學派的先驅之一。

個複雜的金錢體系都根植於罪惡的心態。」而且黃金無庸置疑是最具代表的象徵。金錢是「濃縮的財富；濃縮的財富是濃縮的罪惡，而罪惡本質上就不是純淨的。」因此聖誕節贈送禮物，只是為了對一年來累積的所有罪惡進行部分救贖。這裡的罪惡並不是特別指某件事情，它是人格結構的一部分。回到佛洛伊德的說法：「一個人必須⋯⋯永遠不要讓自己被誤導，用被壓抑的心靈創造力來解釋現實世界的標準；這可能會低估幻想在症狀形成中的重要性，因為那些根本不是現實⋯⋯人們一定會在身處的國家使用當地普遍流行的貨幣，以我們的例子來說，這叫做神經質貨幣（neurotic currency）。」諾曼·布朗補充說：「所有貨幣都是神經質貨幣。」

現在看來，這裡所說的金錢與現行流通的紙幣，像是價值大約7,000億美元的普通股、價值6,000億美元左右的債券等，兩者的價值有很大的差別，我們都知道現行的紙幣並不是沒有用處，它可以用來建立新的工廠、支付薪水、生產器械等等。但是諾曼·布朗試著將利息（也就是資本報酬）放入他的討論體系，甚至說道：「這種物質成為人們趨之若鶩的神，或像父親那樣想望的對象，於是金錢開始增長⋯⋯因此，在文明經濟中的金錢開始擁有古代經濟中從未有過的心理價值。」成為自己的父親，這真的是天真的願望。這都促使諾曼·布朗把對城市的討論與所有累積的財富連結起來，而且認為城市象徵人類追求不朽、擊敗死亡的企圖。（無法接受死亡是諾曼·布朗的論述基礎。）

這些論述似乎都很奇特，特別是冷靜下來之後來看更是如此，但是我覺得它很有啟發性。我的介紹有點簡要，或許這樣對它並不公平。也許我們的整個遊戲是在這個濃縮、毫無用處，而且罪惡的金錢領域之外，因為如果它是個遊戲，那麼它就是「運動、歡樂的聚會、有趣的事，以及比賽」，而且可能是體現在「生存」那面，而不是「死亡」那面。（諾曼‧布朗確實讓我感覺，度過一個下午的唯一方法就是喝啤酒與釣魚，這樣就可以逃避被指責做著強迫性、充滿罪惡感的工作。但是我私底下認為，當我在釣魚的時候，他可能正在努力寫另一本書。）沒錯，你必須工作夠久才能獲得足夠多的錢來為這場遊戲買些籌碼，但是你用來參與遊戲的錢並不是工作，或是你讓它看起來像是工作？

　　我認為，諾曼‧布朗缺少的不只是對遊戲的概念，還有對於紙幣的概念，也就是我們在基礎經濟學都會學到的乘數（multiplier）。假定所有強迫性工作都會對應到一份強迫性收入，我們拚命工作一小時，可以得到遊戲裡的一個白色籌碼。但是如果我們3個人組成一個小公司，發行股票（紙幣），賺得5萬美元，而且說服市場相信這張紙幣（股票）價值20倍的盈餘[60]，那麼市場就會給我們不只5萬美元，而是100萬美元。這真是毫不費力就得到的財富，我們正生活在能做到這件事的其中一個國家。

60　譯注：意思是指，這檔股票的本益比是20倍。

這樣一想，聯準會一直在創造金錢，它只是揮動買賣紙幣的魔杖，哇，之前沒出現過的錢就誕生了。這被稱為管制貨幣供給，但是它的作用跟印製嶄新的紙鈔完全一樣，而且聯準會甚至不必從其他地方拿錢過來投入金融體系，他們自己就能創造金錢。也許，聯準會的成員也會有罪惡感。

　　所以從邏輯上來看，也許所有**不是**為了賺錢而來到市場的投資人，就能夠擺脫賺錢帶來的罪惡感與焦慮感，這就是為什麼他們進場不是為了賺錢。真的是這樣嗎？我才不相信。如果他們真的能擺脫罪惡感與焦慮感，那根本不應該在遊戲裡現身才對。肯定有些東西使他們著迷。

　　我認為遲早會達到一個平衡，所以我們沒有遇到像凱因斯引用愛麗絲（Alice）說的情況：「明天有果醬，那今天永遠不會有果醬。」[61] 或是用諾曼・布朗的話說：「資本主義的動力就是把享樂延後到持續延後的未來。」沒錯，很多最內行的玩家從未四處揮霍所賺到的錢，但是如果他們逃避為了拿到第一個白色籌碼不可少的罪惡感與緊張感，那他們就永遠不會體驗到遊戲裡的所有樂趣。

61　譯注：這是在《愛麗絲夢遊仙境》續集《鏡中奇緣》裡的一個故事，愛麗絲到白皇后那裡打工，工資是美味的果醬，但是得到果醬的條件是：明天有果醬、昨天有果醬，但是今天沒有果醬（The rule is, jam tomorrow and jam yesterday – but never jam today.），意思是永遠不會有果醬。

第六章

投資人在市場裡做什麼？

「90％的投資人**真的**不在乎自己有沒有賺錢，」我對我的朋友、精神科醫師哈洛德（Harold）說道。「他們說投資是為了賺錢，當然，金錢是這個遊戲的名字。但是市中心的專家卻說不是這樣，你認為他們投資是為了什麼？」

「我什麼都不知道。」午餐時間，精神科醫師哈洛德邊吃著牛肉三明治邊說。哈洛德醫師和我偶爾會到他位於曼哈頓西區辦公室附近的小咖啡店。「實際上我所有的病人都在市場上投資，而且市場對每個人都有不同的意義。他們沒有來找我求診，是因為他們都忙於投資，他們的問題在於市場；但有錢找精神科醫師的人，也有錢找個經紀商代為操盤。金錢是**精神**（Geist）的一部分，我正在處理他們的個人問題，何不把他們介紹給你，讓你來跟他們談談市場？」

我還是想要如追尋南方古猿的顎骨一樣，追查出關鍵，於

是我開始和精神科醫師哈洛德的一些病人吃午餐，而且還跟他們的一些朋友在午餐時間碰面（他們也是其他醫生的病人），最後簡直成了他們的傳記作家，中午時都要搭計程車去訪問他們的醫生。首先他們會跟哈洛德或其他醫師談一個小時，然後再到咖啡店跟我談話。我希望能夠從中整理一些結論，但是當我整理筆記的時候，他們卻開始呈現出一種奇怪的語調，彷彿丹尼凱（Danny Kaye）[62] 參加佛洛伊德週三晚間心理學會時說：「欸嗯，我已經開始注意到這個病人的奇怪症狀：哇，她脫下衣服……」因此，我還是讓你自己做出結論吧。

沒有理由的直覺型投資者

「我真的完全不懂股票，」坐在桌子對面，有著明亮大眼睛的小美女說，「但是我很喜歡市場。我認識的所有男人都很喜歡討論市場，而且如果有個女生能夠傾聽他們談論市場，他們都會很高興。」

「所以妳跟男人約會的時候都會討論市場，」我說，（我從哈洛德那裡學到這個技巧，你真的不必說些什麼，只要輕聲附和剛剛她說過的話，也許從其中追問一個小問題，即可讓對話繼續。）「那是讓妳找到可以買進什麼股票的地方。」

「有時候是這樣，」大眼美女回答，「我甚至會挑一些股

62　譯注：美國著名演員與歌手。

THE MONEY GAME

金錢遊戲

票來買，後來有些上漲，有些下跌。現在我只有一檔股票，而且買那檔股票全是我自己的決定。」

「買那檔股票全是妳自己的決定。」（你可以開始看到我一直使用這個技巧，如果順著她的話繼續說會很有幫助。）「那妳買哪支股票？」

「通訊衛星公司。」那個有著明亮大眼睛的小美女說，「你怎麼看通訊衛星公司？」

「**妳**怎麼看通訊衛星公司？」我適當地用了反問的技巧。

「我只是喜歡它，」這個漂亮的女孩說，「它剛上市的時候我就買了。嗯，應該是上市第一天，而且它一直漲，我就是看中了它。」

我想知道通訊衛星公司是哪裡討人喜歡。

「這是衛星，你知道嗎，」這個女孩撥弄著身上的小飾品說，「它還是火箭耶，是人類的**未來**。我22美元的時候就買了，現在已經70美元了，而且這全都是我的構想，我自己決定的。每次他們發射衛星的時候我就會想，那也是我的衛星，那是我的孩子！」

「妳知道通訊衛星公司的前景嗎？它是靠什麼賺錢，或是可以賺多少錢？」

「不知道，我不在乎。我什麼都不了解。我只是喜歡通訊衛星公司，而且我永遠不會賣掉它。如果它下跌我也無所謂。」

「如果它下跌妳也無所謂？」

「是啊，我無所謂。我永遠不會賣掉它。我相信有天它的

股價會漲回來，不會一直停留在低點，不管什麼時候下跌，無論如何都會回升。」

「那些跟妳約會的男人怎麼看通訊衛星公司？」

「喔，他們都有其他股票啊，但是你知道，你真的無法不買通訊衛星公司的股票。」

「這是一檔難得的股票。」

「沒錯，這都是我的看法。」

我跟哈洛德提過那次午餐的談話內容，大概一個月後，我接到他的電話。

「我想你可能會想再見她。」哈洛德說，「她剛買了另一檔股票。」

所以那個有著明亮大眼睛的女孩和我再一次在咖啡店碰面。

「麥道公司（McDonnell Douglas）。」她說，「你對麥道公司了解多少？」

「那**妳**對麥道公司了解多少？」我說。

「我覺得它很讓人興奮。它們的產品是導彈、噴射機之類的東西。」

「那妳的通訊衛星公司股票呢？」

「沒有怎樣啊，我仍然很愛它，我會永遠愛它。但是你知道，你不會全部只想要一檔股票啊！」

自己研究的股票賺錢才值得高興

我沒有跟愛德華（Edward）約在咖啡店，我是在市中心的俱樂部跟他碰面。愛德華的管理顧問事業做得很出色，而且不論他去看什麼醫生，都跟這裡的事業無關，或是至少我沒發覺有關。愛德華對市場、以及對每個人從坐計程車到看心理醫生時選擇的用語都很感興趣，並藉以探索更多自身的市場經驗。

「我開始投資時遇到一個大麻煩。」他說。

「你開始投資時遇到一個大麻煩。」我跟著說道。

「是的，你看，我繼承了價值幾百萬美元的雅芳（Avon）股票。」

「我可以看看是哪裡遇到麻煩嗎？」

「我還沒告訴你麻煩在哪裡呢。」

「抱歉。」

「我知道我會繼承這筆錢，所以我去銀行工作，學習如何管理金錢。我還很年輕，剛從大學畢業，而且我剛學投資。當時雅芳已經大漲一波，而且我手上只有雅芳的股票。我很緊張，所以背著銀行和幫忙處理家族基金的投資顧問，賣掉了大部分的股票。結果你知道發生什麼事嗎？」

「我知道它在那之後漲了10倍。」

「我覺得我幹了一件蠢事，心情非常低落，因為這是家族的股票，我的祖父曾在那間公司裡工作。」

「你可以買回來。」

「我沒有，我連想都沒想過。你知道，雅芳是家族的股票，不是我的股票。我在銀行工作的時候發現了2檔股票，先靈公司（Schering）是其中一檔，那時是50美元。我推薦給所有家人，但是他們都沒有買。我買了一堆，而且表現好到超乎預期。而我手上還有其他股票。」

「你選擇投資的股票，績效表現跟持有雅芳一樣好。」我暗示道。

「我不知道。」愛德華說，「我從來沒有認真計算過，我也不想這樣做。重點是，我無法參與雅芳的投資決定，它是本來就存在著的。我真正喜歡的是研究一家公司，確認公司的管理情況，清楚了解整家公司和它的問題，自己做出決定，然後告訴其他人。那樣才是屬於我的股票。」

「你現在還這樣做嗎？」

「沒有，我真的沒有時間。我只會偶爾研究一點，但是大部分是銀行代勞。他們今年就幫我挑出一些真的賺錢的股票，在30美元的時候我買了利斯柯（Leasco），20美元的時候買了莫霍克數據（Mohawk Data）。」

「你不喜歡做這些事嗎？」

「有錢很好，但我的事業已經相當順利，而且我真的不在乎，至少我不在乎自己選股的方式，也不想說服別人跟著買同一支股，然後看著它們上漲。」

後來上甜點時，愛德華說：「你知道，如果你遇到一個女孩，她迫不急待跟你上床，而你也許是從委內瑞拉來的水手，

但她根本不知道你是誰。你應該會想要帶她出去吃晚餐，和她談談，讓她了解你。你至少想要一點思想交流，展現一點小小的抵抗。你知道這意味著什麼，對吧。」

那位有著明亮大眼睛的女孩可能不清楚通訊衛星公司對她的意義，但是愛德華更加意識到市場對他的意義，也許這就是他會逃避股票的原因吧。

總是有支股票，漲得比你剛買的還多

你永遠無法洞悉市場，但是亞瑟（Arthur）確實在市場裡表現得很好，我懷疑他的身體可以感受到市場的律動。

「你有買索利通（Solitron）[63]嗎？」他問我。

「那**你**有買索利通嗎？」我使用哈洛德不回答問題的技巧反問他。這真是讓人驚訝，但是幾乎沒有人會質疑這個技巧的效果。

「我有。」亞瑟說，「我在60美元的時候買了舊股票，等於現在股價的30美元。」

「真棒，」我說，「你賺了8倍。」

「是啊，」亞瑟很悲傷地說，「我記得那個人打電話給我那天，我打算買300股，但是股價看起來太高了，所以我只買了200股。我真笨。」

63　譯注：1959年創立的功率半導體公司。

「你做得很好啊。」我說。

「每次看到它的股價下跌，我的感覺就好很多。」亞瑟說，「這不是很傻嗎？看到上漲的時候我很緊張，而看到下跌的時候我的感覺卻很好。」

「但你不會因為緊張而賣股票。」我說。

「我不會賣，」亞瑟說，「我拿索利通去融資買進嶺—坦科—沃特公司（Ling-Temco-Vought）[64]，我大概在50美元買的。」

「太厲害了，」我說，「你的錢幾乎變成4倍。」

「是啊，但是我做了一些真的很蠢的事，」亞瑟說，「我在100美元時賣了一半，應該要找人來踹我一腳。我實在笨到有時候會討厭自己。看著它一路上漲，我實在太緊張了，而且它永遠不會跌到讓我可以放鬆的地步。」

「太糟糕了。」我說。

「你有抓住柏洛茲（Burroughs）[65]的上漲行情嗎？」亞瑟問。

「那你有抓住柏洛茲的上漲行情嗎？」我問。

「我完全錯過了，」亞瑟說，「我在經紀商的辦公室，他告訴我要買這支股。那時大概是50美元左右，現在已經漲超過一倍。而我沒有買任何一股，朋友，我們在那裡與一檔好股票擦身而過！」

「為什麼你不買柏洛茲？」

---

64 譯注：1961年至2000年存在的集團公司，橫跨航太、電子、鋼鐵製造、運動用品、航空、畜牧、汽車租賃和醫藥等多項產業。

65 譯注：1886年在美國成立的商業設備製造商，曾是世界最大的電腦製造商。

「我已經有一檔電腦相關的股票，我認為多一支這種股票太多了。我其實有打算要買500股的柏洛茲。我記得我寫了一張便條給自己：買500股的柏洛茲。想想看，每100股少賺80美元，等於少賺8,000美元，真是不可思議！我沒有買柏洛茲，結果損失4萬美元。」

「那時你有哪檔電腦相關的股票？」

「喔，我之前買了一些控制資料公司（Control Data）[66]的股票。」

「但控制資料漲了3倍！從那個時候算起漲了3倍！」

「我只差臨門一腳就要買柏洛茲了，我怎麼會錯過呢？」亞瑟哀愁地說，「我真是太笨了！應該要找人來踹我才行！」

就像你看到的，亞瑟在市場上無往不利，而且可以看到他的錢可能已經增加5倍，但是他的感覺並沒有很好。如果股價上漲，他會認為之前應該要買更多，所以他在市場裡幹了蠢事；如果股價下跌，那更證明他當初做了錯誤的決定。有些人碰到實際虧錢的狀況，只是純粹沉溺於虧錢的快感中，但是亞瑟只會談論市場。

「當一檔股票下跌時，我感覺那就是它**應該**要去的地方，」亞瑟說，「而且當它上漲時，漲得愈高，我就愈感覺它將違背它的自然趨勢。」

「你的投資表現非常非常好，」我說，「所以你一定承受

66　譯注：1957年成立，是超級電腦的先驅。

很可怕的壓力。」

「太可怕了，」亞瑟同意，「我認為我不能再忍受下去了。」

我想有些人只想獲得慈母般的同情，即使有時很難找到值得同情的理由。對於亞瑟來說，值得開心的是，在某個地方總是有支股票漲得比你剛買的股票還多。

絕對不能賣股票？

以下是一個經紀商的簡短筆記，他恰好固定會去哈洛德那裡看診，他的故事保證都是真的。

很久以前有個非常精明的紳士，我們叫他史密斯先生（Mr. Smith）。很多年前他投資一家國際製表機公司（International Tabulator），這是IBM的前身。史密斯先生對這家公司很有信心，而這家公司後來成為IBM，蓬勃發展，利潤豐厚。史密斯夫婦有幾個孩子，長大後也都出人頭地。史密斯對他們說：「我們家族有IBM的股票，這是世界上成長最大的公司，我在IBM投資了2萬美元，而且這2萬美元讓我成為百萬富翁。如果我有什麼不測，不論你要做什麼，都不要賣掉IBM的股票。」史密斯先生從沒有賣過一股IBM，當然它的股息很少，所以他必須在自己的事業上努力，養活自己的家人。但是他的確打拚出一大筆財產。後來他成為祖父，而且把IBM的股利當成禮物送給孫子。在家族的感恩節活動上，他還是建議：「如果我有什麼不測，不論你要做什麼，都不要賣掉IBM的股票。」

史密斯先生後來過世了；IBM的股票分給他的孩子，他們只賣出一點IBM的股票來付遺產稅。同樣地，已經成年的孩子現在也有了自己的小孩，也遵循父親的教誨，從沒賣過一股IBM的股票。IBM再次成長壯大，彌補為了付遺產稅賣出的股票，而且每個小孩都變得跟史密斯先生一樣有錢，因為IBM的股價成長不墜。他們必須在自己的事業上勤奮工作，因為他們的家庭成員也愈來愈多，而且他們唯一有的財產只有IBM股票。其中一個小孩甚至為了付出買房的頭期款，不得不拿IBM的股票去質押借錢。這些忠實的孩子最終得到回報，看著IBM的股票價值呈倍數成長，史密斯先生原來的2萬美元已經變成幾百萬美元。

　　現在，擁有IBM股票的是史密斯家族的第三代，而這一代人正在告訴下一代：「不論你要做什麼，都不要賣掉IBM的股票。」而當有人去世時，才會為了支付遺產稅賣出IBM股票。

　　簡而言之，史密斯家族的三代人都跟他們貧困的朋友一樣努力工作，而且**他們的生活也相當含辛茹苦**，即使史密斯家族所有成員的財產合在一起的確非常富有。他們細心呵護手裡的IBM股票，讓它在眾人酣眠的清晨，不知不覺快速成長。IBM也沒讓他們失望，就算將股票分給小孩，而且付出好幾輪的遺產稅，所有人還是幾乎都成為百萬富翁。

　　或許史密斯家族會繼續努力工作，用來付清房貸，而且快樂地看著他們的IBM股票成長，雖然經常開花，但永遠不結果。這是一個純粹的資本主義寓言，明天有果醬，那今天永遠

不會有果醬；但任何史密斯家族的人都會告訴你，只要賣過
IBM股票的人都會覺得很後悔。

巫醫般的經紀商

「你會碰到一些奇怪的情況，」哈洛德的經紀商朋友說。
「客戶沒有自己參與市場，而且不了解市場，但卻認為如果你
願意，就可以用些神祕的力量來幫他們賺錢。」

「我在一次聚會上碰到一個女孩，當我告訴她我的工作
時，她很感興趣。第二天我就跟她碰面喝酒聊天。

「『我想要你幫我賺50美元，』她說，『在市場上挑支能
夠漲50美元的股票。』」

我說我可以讓她賺得更多，不過佣金可能會拿走50美元。

「『你不了解，』她說，『我愛我的丈夫，這就是為什麼
我會在這裡跟你碰面，我想要買件夾克當他的生日禮物，但是
我沒有錢，而且我不能跟他要錢來買禮物給他，所以你能幫我
賺50美元嗎？』

我再強調一次我可以賺得更多，我不反對再多努力一下，
但是她很堅持。

「『我只要50美元，』她說，『而且超過50美元的我都不要。』

「我想我剛剛應該跟她要電話，接著寄給她50美元，說那
是在市場上賺到的。但是當我想要賺比50美元更多時，她就喝
完飲料跟我說再見，然後離開了。

「另外，我有個客戶是外科醫師，他一直有些可以長期投資的好股票，而且他的投資績效很好。有天他來我這裡，說他想要在我這邊開戶，每天進行交易，我想要知道為什麼。

「『我晚上坐火車回家，』他說，『每個人都打開報紙的股票版，看看那天發生什麼事。我都沒有關注市場上的事情。』

「所以我為他開了另一個帳戶，讓他每天晚上可以關注，因為投資績效很好，所以他很高興，關注得更密切了。那些股票的表現非常瘋狂、波動很大，這讓他有點緊張。他就曾經在早上打電話給我。

「『天啊，我必須在十分鐘內進去動手術，但我現在滿腦子都是加州電腦（California Computer），』他說，『它昨天跌了，今天會漲嗎？』

「我讓他冷靜下來，接著他就進去幫病人動手術了。因為交易帳戶裡的股票績效表現很好，所以他說他想要送一份禮物給我。我告訴他我不需要禮物，佣金就夠了，但他說無論如何都想要送我一份禮物，而且他還是送了。他送給我一個小盒子，裡面放了一個前列腺，那是他從某個人身上割下來的，他認為那是他做過最好的手術，而且他非常認真。你知道有誰想要放在小盒子裡的前列腺嗎？」

有明牌就要昭告天下

　　提供這個故事的紳士在華爾街工作，而且交易股票很頻繁。

　　「我的祖母，」他說，「是一個很像諾曼·洛克威爾（Norman Rockwell）[67]畫中和藹可親的老太太。灰白的頭髮，戴著小小的老式眼鏡，穿著黑色連衣裙與小巧的老人鞋。就像你知道的，我祖父也在華爾街工作，他留下的信託和各種財產讓我的祖母過得很好。儘管祖母已經跟祖父結婚52年，她還是不清楚股票和債券的差別，有天晚上她告訴我，她想要跟我合開一個帳戶，我告訴她我投資的股票和她不一樣，她手上必定有每股1美元的澤西公司（Jersey）股票，但她還是很堅持。我告訴她必定不能告訴任何人，家族的其他成員肯定不會贊同她這樣做。

　　「所以我們開了一個帳戶，而且我告訴她我接下來要買哪支會大幅波動的股票。她說話的樣子有點神祕。『很好，』她說，『那我可以跟羅莎琳德（Rosalind）說嗎？』羅莎琳德是她的好朋友。祖母71歲，羅莎琳德81歲。我告訴她當然可以，她可以告訴羅莎琳德。『那我可以跟哈麗特（Harriet）說嗎？』哈麗特是她另一個好朋友，哈麗特83歲。這些老太太都有足夠的生活保障，摩根銀行管理她們丈夫留下來的信託資產，她們的小孩也都過得不錯。有時週日孫子會來看她們，而這時這些

67　美國 20 世紀早期重要的畫家與插畫家。

孫子追逐的是熱門的電腦租賃股票。

「好吧，事情一直順利進行著，而且這些老太太的投資表現也很好。然後我發現一檔重要的投資標的，那是一家營收不錯，但發行股票數量不多的小型電子公司，而且因為一些理由，很少人注意到它。『喔，這多讓人興奮啊！』在買那些股票時，我祖母這樣說。祖母現在習慣用1美元賺5美元。『我可以跟羅莎琳德說嗎？』她鬼鬼祟祟地說。我可以想像在斯拉夫特餐廳（Schrafft's）裡，幾個和藹可親的老太太穿著黑色連衣裙與黑色鞋子，喝著下午茶，而且我說她可以告訴羅莎琳德。

「就像我說的，這家公司外面流通的股票並不多，而突然間我發現已經很難買到股票了。這檔股票原本要價24美元，我進場買了200股，而且漲到28美元，太棒了。我打電話給承銷商，搜尋一番後，發現股票愈來愈難買到，有人正在收購！哇，股價現在來到33美元！我非常謹慎地在華爾街上到處打聽，但是沒有人聽過這檔股票，我知道我掌握的資訊品質非常正確，的確有人在收購，但是沒有人知道是誰。

「你猜對了，我的腦袋靈光一閃，想到我的祖母告訴羅莎琳德和哈麗特，而且他們又各告訴兩個朋友，斯拉夫特餐廳裡幾位和藹可親的老太太正在累積大量股票，完全打亂我的遊戲。所以我打電話給奶奶時，我非常不高興。這些老太太的購買力完全不輸英格蘭銀行。

「『奶奶，』我說，『我只說妳可以告訴羅莎琳德，就一個朋友，**羅莎琳德**。妳正在搶走我的股票。』

「『愛黛兒（Adele）和桃樂絲（Dorothy）也想要一些。』」祖母說。

「『停止買我的股票，』我說，『妳甚至不應該有這類股票。』」

「『為什麼不行呢？』奶奶說，『我必須擁有成長股，我正在為我的晚年留點股票。』」

「我查過這些老人家的股票。『摩根銀行的表現就不錯。』我說。

「『我查了摩根銀行管理的股票，』祖母說，『太無聊了，它們的股價都不會動。』」

「『現在聽好！』我提高聲調說，『如果妳和妳的朋友再不停止，我永遠不會告訴妳下一檔要買什麼！』」

「『別這樣，別這樣。』祖母埋怨著。」

「『那就照規矩來。』我說。」

「『當你80歲的時候，』祖母平靜地說，『你也會覺得很孤單。我知道我讓你困擾了。我只是希望我的朋友打電話給我，這是這幾年我覺得最有趣的事了，不要把我的股票拿走。』」

「我還能說什麼呢？」

經紀商都是騙子

「經紀商，」這位柴契爾先生（Mr. Thatcher）說，「是真正的寄生蟲。他是世界上薪水高得最不成比例的人。他沒有生產任何東西，沒有製造鞋帶、沒有告訴你法律規定、沒有讓交

通順暢，他只是像職員一樣接受訂單，你看看他們收了多少佣金？太驚人了吧！當交易變清淡時，經紀商就會大聲嚷嚷，要提高佣金，但是當一天交易量從500萬到1,000萬股時，佣金有下降過嗎？從來沒有，經紀商只是坐在那裡累積財富而已。」

「你不滿意你的經紀商。」我冒昧地說。

「我現在那個經紀商，」這位柴契爾先生說，「和小偷一樣，而且他還稍微比其他經紀商好一點。監獄應該沒有大到可以容納所有經紀商，不然他們全都應該進監獄。就以取得的資訊來說吧，當業務員得到一點資訊時，他會立刻打電話給我嗎？當然不會，他會先自己買一點，之後也許才會打電話給我。當他打電話慫恿我下單的時候，我總是會問他自己已經買了嗎？如果他沒有買，我就不會買。當然，當我想要跟那個混蛋說話的時候，有一半的時間打電話都找不到他。」

「他很忙碌。」

「他確實很忙碌，是糟糕的推銷員。而且談到賣股票，你認為他會告訴你什麼時候賣股票嗎？從沒有過，首先他會自己先賣股票，然後看著股票一天又一天地下跌，你無法用電話找到他，等到最後你找到他們時，他們會說：『雖然近期的前景不大確定，但長期持有不必太過慌亂。』他們騙了我好幾次，我不會再被騙了。這就像是說：『我上週四賣掉股票了，啊！查理，我忘了你那還有虧錢的股票。』你知道他們談論的長期有多長嗎？500年，也許700年。但是不論發生什麼事，只要你買進賣出，他們都會賺錢。你賺錢，他會得到佣金，你虧

錢，他們也會得到佣金。你如果放著股票不管，他們就會打電話給你，慫恿你下單，只要你的帳戶靜止不動，他們就賺不到錢。你必須持續買賣，不然他們就會餓死。這就是這個系統的問題，他們必須持續鼓吹，不能像腦科醫師一樣，只要做好工作就會得到獎勵。他們可以推薦你會透過長期持有而漲10倍的股票，但是這樣他們會餓死，只有當你買賣股票的時候，他們才能得到佣金。所以他們要你持續買賣。這個系統另一個問題是那些成為經紀商的人。誰會願意坐在那裡整天看著數字，在電話裡講得天花亂墜？賭徒可能可以，或是小偷也可以。他們都差不多。」

「你的操盤績效沒有很好，我猜。」

「我跟其他人差不了多少，別人告訴你的事，有一半你不能相信，特別是經紀商。當你問他一個問題時，你有聽過他說『我不知道』嗎？沒有，他總是有答案。『為什麼我的股票會下跌？』他說是因為獲利了結。『為什麼大盤會下跌？』他會說稅收增加，或是總統下午開了記者會，或是什麼地方發生戰爭。他們從不會直接回答，他們很習慣說謊。」

「就以我的Syntex[68]股票為例，我應該要控告那個糟糕的推銷員騙我投資。這是最後一次受他擺布了。這檔股票一開始表現還不錯，從80美元漲到110美元。我告訴這個糟糕的推銷員，我說，如果它下跌，我想要賣出。他說未來前景不錯。結

68　譯注：美國藥廠，1994年被羅氏大藥廠併購。

果股價掉到70美元，我確實虧錢了。這時他才突然發現事態不對，這個愚笨、糟糕的推銷員，他不會要我在110美元的時候賣掉，卻建議我在70美元的時候賣掉。

「嗯，當然我就把那個傢伙換掉了，但是下一個經紀商也沒好到哪去。首先，他慫恿我買了幾檔股票，它們的股價幾乎沒有動，所以他又慫恿我賣出。然後我提到一檔在鄉村俱樂部聽到的明牌，聯合果品公司（United Fruit）[69]不再生產香蕉之類的事情。股價那時是28美元，到了35美元的時候，那個糟糕的推銷員又慫恿我賣掉。後來股價漲到55美元的時候，那個糟糕的推銷員居然還要我賣出，然後要我買一些他推銷的垃圾股票。」

「聽起來你需要一個更好的經紀商。」

「不可能有好的了，他們全都是在騙佣金的糟糕推銷員。如果是很好的經紀商，不可能留在這個行業。聖彼得（Saint Peter）[70]會抓走這個千載難逢的好人，一個誠實的經紀商會成為天使的榜樣！相信我，我試過6個經紀人，他們總是在招攬生意，而且他們只有偶爾會做出正確判斷，卻把走在正道上的你引入歧途。」

「你應該遵循自己的想法才對。」

「沒錯，但我是個忙碌的人，我能夠用很多方法來讓這

69　譯注：這家公司主要是把第三世界國家種植園的熱帶水果銷往美國和歐洲，在20世紀控制拉丁美洲的香蕉出口。

70　譯注：耶穌12門徒之一，是羅馬教會第一個主教。

些推銷員啞口無言，但是我沒有時間，我還有自己的事業要處理。」

「聽起來你只能讓經紀商依照指示下單，不能聽他們的任何建議。」

「應該這樣啊，應該這樣啊，如果這些糟糕的推銷員沒有一直在錯誤的時間要我賣出股票，或是買進錯誤的股票，我今天就是有錢人了。」

這些投資人的故事還不只如此，但是南方古猿的顎骨還是沒有看到。或許就像專家說的，投資人是為了其他目的才留在市場上。我有一個經營小型結算所的朋友，他是這樣說的：「我不在乎他們是投資大戶還是散戶，如果他們賺了一點錢，就會很快樂。如果他們輸了一點錢，就會鬱鬱寡歡。他們想做的事就是打電話給你，他們會說：『我的股票如何？漲了？還是跌了？盈餘如何？合併的進度如何？**發生了什麼事？**』他們想要每天這樣做，他們想要有個朋友，想要有個人在電話那頭，**想要成為正在發生事件的一分子**，而且如果你讓他們在以下這兩種情況做出選擇：保證賺到錢之後就退出，或是體面地繼續待在遊戲中，那麼每個人都會選擇留在遊戲裡。這不合常理，或是說不符合你預期的樣子，但是如果你看到他們的行為模式，就會知道這種狂熱其實合乎常理。」

第七章

有賺錢，才有身分

當我富有時，所有的事情都會改變，我的生活也會不同。

——韓德爾（George Frideric Handel）的頌歌

　　這個國家的絕對流動（absolute mobility）[71] 看起來是件好事，但確實會讓人感受到壓力。如果我們的鄰居愈來愈有錢，那我們不是也應該要有錢嗎？如果我們沒有變有錢是為什麼呢？你也許可以說這是**聽天由命**、命運本就如此安排，或世界舞台的劇本的確這樣編寫，但是這樣是行不通的，因為我們確實相信情況能夠改變，而且在**昭昭天命**（Manifest Destiny）下會持續進步。

　　從剛剛以科學方法挑選的樣本中我們已經看到，對不同的人來說，市場可能有著不同的意義，他們都在這樣的舞台上扮演著自己的角色。

　　但對參與這場遊戲的認真玩家來說，這裡有著更嚴重的危

71　譯注：絕對流動是衡量一個社會的生活水準是否增加的指標，通常以所得是否比父母輩高來判斷。

險。這並不令人意外，事實上在工作導向的社會中，本來就會有這樣的危險，在這樣的社會裡，身分被認為是由職業決定，而且身分地位的高低來自於工作成就。如果有份工作可以輕易地帶來優渥的收入，那麼必定會伴隨著焦慮，因為代表著成就的金錢很可能隨時就離你而去。你不必讀近期大衛・理斯曼（David Reisman）[72]的書也會明白這點。

從威廉・英格拉漢・羅素（William Ingraham Russell）在1905年出版的《一個紐約知名商人的浪漫故事與悲劇》（*The Romance and Tragedy of a Widely Known Business Man of New York*）中也可以發現這點，雖然作者的本意並非如此。自從新教倫理與資本主義精神[73]首次帶到美國沿岸以來，羅素先生的故事就以各種不同的形式反覆出現。羅素先生不僅渴望獲得金錢，而且渴望得到認可。他做到了，但失去了一些財富，但又再次賺了大錢，他為自己建造一座有著宏偉圖書館的豪宅，然後又失去了它，而且最後還失去一切，就連朋友都棄他而去。當他因為一些相對普通的交易而被起訴時，甚至沒有人把他保釋出來，這完全是賀加斯（Hogarth）[74]畫中描述的情景啊。羅素先生用最後的力氣寫下這本書，希望向一直不離不棄的「好女人」表達謝意。

---

72 譯注：美國社會學家，與同事合著《孤獨的人群》（*The Lonely Crowd*）。

73 譯注：馬克斯・韋伯（Max Weber）在1905年出版《新教倫理與資本主義精神》（*The Protestant Ethic and the Spirit of Capitalism*），認為基督新教會促使資本主義蓬勃發展，使得信仰基督新教的國家，經濟發展都比較好，而美國就是其中一個地方。

74 譯注：這裡是指18世紀英國著名的諷刺畫家威廉・賀加斯（William Hogarth），早期就以描繪1720年代南海泡沫事件的諷刺畫作而知名。

THE MONEY GAME

金錢遊戲

自羅素先生那個時代以來，自由放任資本主義的貧富邊界已經變得模糊，而且我們都知道，他的朋友其實是因為他變得無法相處而離開。市場也變得更有誠信，朋友們不會再用狄更斯（Dickens）小說描述的方式捨棄他。另一方面，「好女人」也很少像羅素夫人那樣堅貞，有部分案例顯示，現代的羅素先生會發現留住朋友很容易，而且留住保釋金的保人比留住妻子還容易，但這也許是這時代的一部分，跟有沒有金錢一點關係都沒有。

市場上最強烈的情緒是貪婪和恐懼。在上漲的市場中，你幾乎可以感受到貪婪的浪潮興起，通常從上次市場跌入谷底之後，6個月到1年會開始湧現。當你看到手中沒有的股票有些動靜時，貪婪就開始蠢蠢欲動，尤其當朋友的股票漲了一倍，或是你有支股票漲了一倍，但朋友的股票漲了兩倍的時候。正是這樣的心態造就多頭市場的高點。顯然在理性的時候，沒有人會想要買在高點，但是現在還是有足夠的人出手買進，創造高點。他們是怎麼操盤的？這一定是來自勒龐提到的群體感染力，不願意跟其他人做不一樣的事。投資期間和賺錢目標可以有相當驚人的改變，投資人可以在損失慘重後試探性地出手，而且他們會買些希望在未來18個月上漲50％的標的，但是隨著上漲的步調加速，當別人擁有的其他股票在6個月內漲一倍的時候，在18個月上漲50％似乎還是太緩慢。最後，這一切會變成一場美妙絕倫的舞會，唯有提早離場、絕不戀棧，才能笑著離開。

相同的事情也會在相反的情況下發生。當股票開始下跌，大家往往會等待，直到情況明朗一點，股價出現反彈。但之後股價還是繼續下跌，這讓你認為你犯了錯，覺得自己的判斷錯誤。這可能會讓你膽戰心驚、裹足不前，一直繼續等待，最後信心完全消失。如果昨天股票下跌10％，那今天可能會下跌20％。有一天，當壞消息不斷傳來，你就必須擺脫那些殘忍對待你的骯髒毒瘤。除非你已事先預見，不然這將是一場毫無樂趣的突發災難。

　　無論投資人一開始扮演的角色是什麼，在上漲或下跌的情況達到高峰的時候，投資人都會融入群體的貪婪或恐懼。要能夠對抗所有變幻莫測的角色扮演，以及當群體逃竄時，別讓自己最後成為群體裡的一分子，唯一真正的保護措施就是讓自己有個堅定的身分認同，不被市場上的所有騷動影響。剛去世的紐約投資顧問林哈特・史登先生（Linhart Stearns）就曾寫一篇談論投資和焦慮的有趣文章，認為焦慮是對身分的威脅。

　　史登先生顯然有些客戶跟我們前面談到的人一樣古怪。有個客戶不買債券，因為債券會讓他聯想到死亡，根據佛洛伊德在維也納的週三晚間心理學會的討論，這個聯想也不算錯得離譜。一家服飾製造商堅持股票與服飾沒有什麼差別，都是在有可能獲利的時候賣掉，但是「在換季之前無論如何都要降價出售」。史登先生必定是個能撫慰人心的投資顧問，因為他的觀點是，投資的最終目標是求取內心的平靜，而且只有避免焦慮才能達到內心平靜，而為了避免焦慮，你必須知道你是誰，以

及你正在做些什麼。

你可以看到，這一切都導向另一個亞當·斯密的非正規法則：投資人的身分和投資行為務必要無情地分開看待。你可以毫不遲疑地認為，你長期以來都是一個出色的決策者，那就是你，而且抱著這樣的心態遊走四方也無傷大雅。但是這是危險的做法，因為即使是最聰明的學生，市場也有辦法讓你保持謙卑。要了解你的所作所為，你就必須要跨出框架，客觀看待自己。而且如果你把通訊衛星公司想成是你的孩子，或甚至認為「那是我的，而且我以很低的價格買下來」，那要認識自己就很困難了。

從實用的目的來看，股票只是放在銀行金庫裡的一張紙，你很可能永遠沒看過它，它可能有個實質價值（Intrinsic Value，或稱內在價值），也可能沒有。它在某一天的價值，取決於買賣雙方當天的攻防。這裡的關鍵很簡單：**股票並不知道你擁有它**。那些奇妙或可怕的故事、你對一檔股票或一份股票清單的**感受**，或是一份股票清單代表的金錢價值，這些都不會真的從股票身上得到回報。如果你願意，你可以愛上股票，但是股票不會愛上你，而且這種沒有回報的愛可能會使你轉變成受虐狂、自戀者，或更糟的狀況是造成市場上的損失或沒有回報的仇恨。

這些日子以來，如果不是市場強化了所有的身分認同，聽到有人提醒說**股票並不知道你擁有它**，或許聽起來會覺得有點愚蠢。但你甚至可以像按按鈕般切換這些身分：**我是IBM的老**

闊；我的股票上漲80％；飛虎公司（Flying Tiger）的股票已經讓我賺很多錢，我很滿意；當我買索利通的股票時，你們都在笑我，看看現在的我吧。

然後有個最大、最重要的按鈕叫做**我是百萬富翁**，或是**我如此聰明，所以我的投資組合價值已經達到7位數**。百萬美元的數字魔力與平易近人是如此美妙，使得很多內容很貧乏的書都以《我如何賺到一百萬》或《你可以成為百萬富翁》等書名來當作賣點。在描寫市場的論述中，它們是最危險的，因為難免會有些機械性的公式造成誤導（不過我把蒐集這些書當成嗜好）。不管你是誰，不管你的才能或能力如何，這種書只要看到第3章就好。

如果你知道股票並不知道你擁有它，那麼在這場遊戲裡你已經領先。因為你能夠改變想法和行為，而且不用考慮昨天做過或想過的事情。就像詹森先生說的，你可以從沒有先入為主的想法開始。每一天都是新的一天，在賽局中都有一套全新、可以衡量的選項。你可以遵循那些古老的市場格言，減少虧損，提升獲利，這甚至並不會讓已經結痂的傷口發癢，因為無私的做法不會讓你受傷。

我有緣認識在市場上賺到很多錢的人，有些甚至賺到幾百萬美元。其中一個是哈利（Harry），他賺到了錢，吐了回去，後來又再次賺到了錢。哈利真的想成為百萬富翁，而且如願以償。我想史登先生有個非常好的觀點，他說投資最後的目標必須是內心平靜。如果你認為賺到百萬美元會讓你內心平靜，那

你可以做兩件事。一個是找到一個很好的腦科醫師，看看是否能發現為什麼你認為賺到100萬美元可以讓你這麼平靜。這需要你躺在沙發上，記住做過的夢，而且一個小時付40美元。如果過程順利，你會了解到你並不想要100萬美元，但對你來說，其他東西可以代表這100萬美元，像是愛、力量、母親，或是其他你憧憬的事物。釋放這樣的想法之後，你就能無後顧之憂地發展你的事業，而且你的損失只有每小時40美元的加總。

你可以做的另一件事就是繼續前進，賺取百萬美元，而且保持內心平靜。那麼你就會同時擁有百萬美元與內心平靜，而且除非你對賺錢有罪惡感，不然你不必一次花40美元去看醫生。

這聽起來很簡單，但其中確實暗藏玄機。如果賺到100萬美元，卻沒有得到內心的平靜，那你會怎麼做？啊哈，你會說，等賺到的時候再來煩惱就好了，你確定有辦法處理這個問題。或許你真的能夠處理這個問題，相較於一般的迷思，金錢帶來的幫助確實比帶來的傷害還多，因為金錢可以開啟更多選項。危險之處在於，當你有了100萬，接著就會想要200萬，因為你有個按鈕叫**我是百萬富翁**，而且只有百萬富翁的身分才符合你，突然之間，你會注意到，很多擁有按鈕的人都在說**我是200萬富翁**。

我應該告訴你並沒有哈利這個人，或是這樣說，他混合了很多現實可看到的個人特質。我提到這點是因為，當我第一次提到這個警世故事時，很多人以**一個人的投資組合可以反映出**

這個人這個古老的法則，來猜測哈利的身分。有兩個都叫哈利的人打電話給我，一個人說我說對了他的股票，但是身分背景搞錯了。而另一個人說我是個卑鄙的人，揭露了他所有的休閒活動，不過無論如何，他手上都沒有這些股票。

最近我和一家公司的高階經理人在曼哈頓中心一家昂貴的酒吧裡喝酒，他說：「你知道嗎？哈利已經把所有的錢都賺回來了。」他想的完全是另一個人，我反覆思索才了解到，這時正是股市大好的時候，所有的哈利都把錢賺回來了。一直以來都有新的哈利出現，而分辨他們的方法就是身價有多少。

哈利的麻煩，並不只是一個人賺了很多錢又賠了很多錢的問題，也不是下個月或明年會有更多哈利重蹈覆轍的問題。這個麻煩不只是哈利的問題，不只是華爾街的問題。當證明身分的證件上說的不是鞋子修補得有多好，或是歌唱得有多好，而是用計算機算出的一組財富數字，那麼這等於是在整個國家裡散布一種病毒。通常我們聽到的勝利只是用計算機算出的數字，但是那些靠數字而活的人，也可能會被數字消滅。而且不管怎樣，用一台計算機來寫下墓誌銘確實相當糟糕。或許藉由市場來衡量一個人的身分是我們這個時代的一種懲罰，但是如果一些學者可以告訴我們為什麼會變成這樣，那我們就會對自己有更多了解。

我是百萬富翁

我看到哈利坐在卡爾頓餐廳（Carlton House）的酒吧裡，他是我們華爾街這代的傳奇人物，只是他看起來一點也不傳奇。他穿著登喜路的西裝（Dunhill-suited），禿頭、身材細瘦、看起來很憂鬱，似乎想要在傑克丹尼威士忌的杯底尋求真理。也許所有傳奇人物都必須經歷這個階段，而保羅·霍爾（Paul Hornung）[75]、卡休斯·克萊（Cassius Clay）[76]還沒有到達這個階段。哈利正用調酒棒攪動著冰塊。我已經好幾年沒有看到他了，所以我走向前問他最近過得怎樣，他甚至沒有讓攪動冰塊的手停下來。他只是說：「我又重蹈覆轍了。」我聽不懂他的話，他又做了什麼？我很久沒有看到他了，這次他幾乎是用吼的，酒吧熱絡的談笑聲頓時安靜下來，大家都瞪著他看。

「我又重蹈覆轍了！我又重蹈覆轍了！」

哈利從口袋裡拿出一張電腦列印的紙。上面有很多紅色的標記，最後的數字是00.00。我隱約猜到了，哈利失去了投入市場的100萬美元，這使他再度回到起點，財產歸零。

「我破產了。」哈利說。聽到這個消息我很難過，但是為了讓他振奮起來，我說破產沒有那麼可怕，有人也曾經跟他一樣。我想要知道哈利正在做些什麼？看到了誰？讀了什麼？現在怎麼看待市場？不過哈利現在能做的，就是在酒吧裡啪地一

75　譯注：著名美式足球員。
76　譯注：也就是後來的拳王阿里。

聲丟下那張電腦列印的紙，然後說：「我破產了。」他沒有跟任何人見面，沒有做任何事情，他早上得用最大的努力才能掀開被毯起床。當我說到華爾街每天早上10點開盤都有新的機會時，哈利叫我閉嘴，而且不斷重複說著：「我破產了。」不只哈利的帳戶沒錢了，就連哈利這個人也垮台了，就像人們被解雇、離婚或遭遇其他被剝奪身分的事件一樣，這時在身分和焦慮間的競賽中，焦慮贏了，而且自我被擊得粉碎。告訴他們不要這樣並沒有用，這就像告訴一個四肢癱瘓的人，只要把一隻腳放到另一隻腳前面，就能夠走路一樣。

　　「現在我必須做個決定。」哈利說。我覺得這樣很好，因為如果你能做一個決定，就能做下一個決定。「最重要的決定就是要不要存活下去，卡繆（Camus）[77]不就是這樣說嗎？」卡繆也許有說過，但是這不是我們大多數人每天在討論的話題，而對於剛在酒吧相遇的人來說，討論這個話題實在相當嚇人。所以在桌上的餐點一掃而空之後，我再點了一輪。就像之前說過的，為了保護無辜的人，這些故事裡的許多人名和數字皆已做過調整，但有些恆久不變的規律是改不掉的。所以就像民謠歌手的說法，你們這些年輕的操盤手都要聽我唱歌，剛入此道的投資人都要付出天真的代價。

　　我大概在10年前碰到哈利，當時他還認為登喜路是一家菸草商店，而不是紐約五十七街上一件衣服300美元的服飾店。

77　譯注：法國著名小說家暨哲學家，1957年獲得諾貝爾文學獎。

哈利當時正在市中心一家大型投資公司工作，那時人與人間的差距可能還沒有現在那麼明顯。華爾街一直深受野心勃勃的年輕人青睞，期望在那裡闖蕩個10到15年，而現在已經有很多人戴著各種**袖章**來區隔不同階層了。哈利是證券分析師，和同行一樣，有好幾個帳戶，對於自己正在做的事充滿熱忱。影響力大的合夥人會去拜訪大公司，得到大筆承銷股票的機會，並推動大型併購案。哈利只能去拜訪小公司，因為他只有這些選擇了。他的辦公桌在辦公大廳中間，周圍都是和他差不多的同事。他一年的薪水大概是1萬1,000美元，而且妻子已經離開他，對此他只付出一點贍養費，因為她認為哈利最多就只能拿出這些錢了。哈利去拜訪他負責的小公司，而且寫了一些報告，不過合夥人很少讓他在報告上署名。如果有篇報告獲得發表機會，他會很雀躍，而且當合夥人讓他在報告上署名時，他確實非常自豪。在他渾然不覺之間，財富的雲彩正在他的上方聚集，而且在正確的時間、正確的地點出現，是這場遊戲最迷人的地方。

在每個經濟週期裡，都有一些產業的股票不只上漲，還會漲5倍到7倍。在1960年代初是航空業：西北航空（Northwest）、布蘭尼夫航空（Braniff）、達美航空（Delta）都漲了6倍、8倍，甚至10倍。你不必每次都抓到行情，一生只要一次到兩次就夠了。只要清楚這點就好了。

回到1950年代，哈利也許存了5,000美元，在紐約西村（West Village）買下一房公寓。他和許多人一樣在股票上賺了

一點錢，並且跟努力想在百老匯戲劇界軋上一角的女演員約會。他常常游泳，夏天也會到火島（Fire Island）[78] 下棋，生活還挺愜意。接著蘇聯成功發射史普尼克（Sputnik）人造衛星，喬伊・艾索普（Joe Alsop）[79] 提出縮小飛彈差距（missile gap）的說法，突然之間，任何能為電腦或火箭燃料製造工具與零組件的公司，都成為深受歡迎的投資標的。

現在想起這些股票，它們就像我們曾在周末帶去看美式足球比賽的女孩。通用電晶體（General Transistor），你現在在哪裡？波利卡斯特塑膠（Polycast），你還記得你曾從3美元上漲到24美元的意氣風發嗎？菲爾歐姆（Filmohm），他們在2美元的時候買了你，然後在上市第一天就用11美元把你賣掉了：你還住在斯卡斯戴爾（Scarsdale）[80] 嗎？現在你還快樂嗎？

市場裡其餘的情況就顯得很老舊乏味，野心勃勃的年輕人則繼續靠著科學奇蹟取得成功。這不僅僅是因為有人談起「反向波振盪器」（backward wave oscillator），就讓一檔叫做FXR的股票從12美元漲到60美元那麼簡單。每個人忙著都透過一知半解的高中物理學，試圖理解什麼是反向波振盪器，而且這東西還比福特創造的汽車更難理解，可見每個人都相當聰明。

哈利當時就是個佼佼者。反正他本來就有科學天賦，而且當他開始探討新的電晶體將如何改變世界時，整個世界正為之

78　譯注：紐約長島南方的狹長型島嶼。

79　譯注：1945年到1960年代末期是華盛頓最有影響力的記者，1959年撰寫的報導誇大蘇俄與美國擁有的飛彈數量，而讓縮小飛彈差距成為熱門的用詞。

80　譯注：紐約北部的郊區。

一振。這並不是因為哈利的運氣好，如果他真的運氣好，他也許早就飛黃騰達了。但他確實預見了未來的趨勢。舉個例子，哈利說過，電腦將會快速普及，但是要讓它發揮功能有個必要的環節，就是我們要將日常生活中汲取出來的資訊，轉換成電腦能夠理解的形式。一個人買了一桶汽油，而且給服務生一張美孚石油的會員卡，但還是要服務生用粗短的鉛筆告訴電腦如何把帳單加總起來。而哈利著手找出這個必要環節來讓我們致富。

他碰到一位發明家，這個發明家說，他家的閣樓上有一台可以**讀取資料**的機器。哈利馬上預見到，如果那台機器真的能夠讀取資料，那就能告訴電腦它讀到什麼，而且可以讓那些在美孚石油用粗短鉛筆工作的服務生，可以去做更適合他們的工作。哈利的主管對這台讀取機嗤之以鼻，因為這並不是IBM做的，所以繼續專心去做他們的工作。但這台讀取機確實成功了。這個發明家叫做戴夫・雪帕德（Dave Sheppard），他的叔叔發明了哈蒙德牌電子琴（Hammond Organ），而且當他教機器讀取稀奇古怪的數字時，他突發奇想地把公司命名為智慧機器公司（Intelligent Machines），而且賣給另一家叫做法靈頓（Farrington）的公司，結果公司股價以一個漂亮的曲線從10美元飆漲到260美元，哈利因此賺到25萬美元。哈利把股票質押給銀行，用借來的錢買更多股票。

「你有沒有停下來思考過，」他說，「100萬美元是什麼？100萬美元是每股200元的寶麗來5,000股啊。**100萬美元，**

100萬美元，這是100萬美元，它可能會改變你整個人生，100萬美元啊！」我同意100萬美元可能會改變你的人生，但是我太膽小，無法在股票上漲的時候借錢買更多股票，然後在全部股票上漲時再借更多錢。如果你抵押100美元的股票借了30美元，當股票下跌30％時，你把錢還清還會剩下一些籌碼。但是如果你拿那30美元買更多股票，然後再拿這些股票借錢，而且當這些股票上漲時，你再用**它們**借貸更多的錢。那一旦股價下跌，因為你沒有任何資金儲備，甚至連你的投資也會蕩然無存。哈利深諳這點，但是他是依據生命的長度，以及想在生命中完成的目標來衡量風險。他希望富可敵國，不然就是一無所有，但絕對不要平庸地活著。

哈利問：「擁有2萬美元與6萬美元的差別在哪裡？你可以買更多東西，但是還不足以買到自由，不足以改變你的生活。你可能是個薪資奴隸，也可能不是，你必須尋求重大的突破。為什麼我們會在華爾街？為了賺錢。如果你選了一支會漲3倍的股票，你頂多是跟其他人做得一樣好。但如果你一開始是投入1萬美元，經過精彩的操作之後獲取3萬美元，那就相當了不起了。那是你耗費一生的成果！許多人汲汲營營於資本的增加——這裡賺了1萬美元，那裡賺了2萬美元，然後就覺得沾沾自喜。有一天他們會突然驚覺自己已經50歲了，手邊也只有著價值1萬、2萬的股票，那就是他們擁有的人生，也說明了他們的身分。」

哈利開始得到關注，而且佣金也滾滾而來。他的年薪升到

1萬2,000美元，他到美國各地宣揚他的6萬美元理論，以及一個指日可待的奇蹟：將讀取器用在每次交易上，以及要用其他的電腦才能設計出的複雜電腦。我們正處於技術突破的前線，這將改變我們的生活方式。

哈利把新股票質押給銀行借錢。他的6萬美元演講得到熱烈的迴響，哈利到處宣揚，而很多人**深信不疑**。他們狂熱地坐在這位金錢教的比利・葛拉漢（Billy Graham）[81]旁邊。有天晚上我在一個禮堂裡聽著哈利演講，聽眾走上前去，每個人都試著摸到他的袖子，沾染他的財運。他們認為如果能從大師口中聽到幾句箴言，就會有檔上漲的股票，足夠改變他們的生活，能夠讓母親進養老院、矯正孩子的牙齒、辭去工作、換工作、結婚、離婚、做任何想做的事。只要他們能夠在股票市場賺到一些錢，那一切都在他們的掌握之中。

哈利每隔幾天，甚至是每天，都會計算股票淨值，用所有股票的市值減去欠銀行的錢。哈利的財富就像冰山一樣，這個冰山的底部來自向銀行借的錢，但是冰山的上方一直在成長。哈利問計算機：「誰是市中心最聰明的傢伙？」計算機回答說：「有90萬美元的那傢伙。」有天哈利打電話給我說，計算機告訴他，他有99萬2,000美元。「如果明天市場的行情不錯，早上10點半左右我就會成為百萬富翁。」他說。然後輕聲地重複了幾次。「100萬美元，100萬美元，100萬美元。」

---

81 譯注：美國著名的基督新教福音派牧師。

第二天中午，哈利搭著計程車到登喜路專賣店，訂做幾套袖子有扣眼的西裝，然後去英斯基普經銷處（J.S. Inskip）[82] 買了一輛褐紅色勞斯萊斯，汽車尾端還附設酒吧，為此他還雇用一個古靈精怪的匈牙利籍司機管家。在勞斯萊斯的車門上，漆著哈利的名字縮寫，以及一個小型遊艇的旗幟。哈利不是厲害的水手，但是有個夏天去過帆船營，還買了一艘46英尺的單桅帆船。他從西村搬到第五大道的一間頂級公寓，幾個古怪的油漆工使這裡看起來更像公園大道人力仲介（Park Avenue P. R.）的接待室，有著玻璃窗、鍍鉻的裝潢、巴塞隆納的椅子和非洲馬賽族的石膏像。車子、頂級公寓、遊艇，吸引眾多女孩、空姐、護士、社會學家、女演員，似乎每個從歐洲來到紐約的女孩，都必須到哈利這裡蓋個入境簽證章一樣，這就像休・海夫納（Hugh Hefner）[83] 所說的福音。

　　在這片土地上有個神話是這樣的：金錢使人們墮落，回到印第安納州為高中籃球比賽加油，反而能使他們獲得快樂。勞倫斯主教（Bishop Lawrence）[84] 最明白這點，每到星期天，他會看見華爾街各大富豪們坐在自己捐贈的長凳上，說：「上帝跟富人同在，只有品德高尚的人會招來財富，物質的繁榮會使國家變得更為美好、更為歡樂、更為無私、更有基督精神。」當然，現代歷史學家會嗤之以鼻，但這正是坐在長凳上的男孩

82　譯注：1937 至 1967 年勞斯萊斯在紐約的經銷商和車身製造商。

83　譯注：美國《花花公子》雜誌創辦人。

84　譯注：聖公會麻州教區教堂（Episcopal Diocese of Massachusetts）第 7 任主教，他創立教會退休系統，而且有「銀行家主教」（the banker bishop）的稱號。

們想要聽的東西，帶著些許喀爾文主義救贖味道的主教儀式，因為他們信仰的僅僅是收盤價。金錢也許會使某些人墮落，但是以哈利的情況來說，這只是像勞倫斯主教說的：他會變得更為美好、更為歡樂，而且更為無私，哈利會借錢給每個需要錢的人，他捐錢給西村的藝術家，沒有附加任何條件，只要他們繼續創作。他還創立一個藝術基金會。

現在，所有在美國無線電公司（RCA）、喜萬年（Sylvania）和奇異（General Electric）做特窗酸（tetronic）等新奇產品的工程師，都會到哈利的豪華公寓，告訴他工作上的進度，而匈牙利籍管家會招待他們一杯飲料。最新來到的空姐會瀏覽藝術收藏中最新的藝術品。哈利開始思考：為什麼不資助這些工程師，讓他們創立幾家小公司，然後公開上市，成為像約翰‧勒布（John Loeb）[85]或查爾斯‧艾倫（Charles Allen）[86]的大亨，而不只是挑選股票的投資人？這就不只是有錢，不只是200萬或300萬的問題了。對公司來說，哈利是一個用幸運的骰子賺了1萬2,000美元的人，而且**哈利想要成為一個知名人物**，成為某個行業之父、一個政治家、一個演說家，也許成為《名人錄》（Who's Who）裡一篇短文的主角。所以哈利把錢拿給有需要的工程師，成為一些新創公司的股東。

後來，大盤在1962年開始下跌，哈利賣掉一些股票，但是賣得不多。他怎麼能為了保本而損害名聲呢？接著，幾家小

85　譯注：美國企業家，曾經擔任美國駐丹麥大使與聯合國代表。
86　譯注：美國銀行家，創立了精品投資銀行 Allen & Company。

公司的豐厚獲利，也因為競爭而逐漸縮水，其他問題也接踵而來：光是製造漂亮的小工具還不夠，還必須有正確的訂價、正確的行銷，以及準備好應對市場的衝擊，而那些坐在哈利頂級公寓裡、製造漂亮小工具的工程師對這些並不了解。因此哈利的股票銷路乏人問津，而且只要一點壓力就會使股價暴跌。哈利的財富冰山有部分開始融化，所以整個過程有如黃粱一夢。銀行拋售能賣掉的股票來保留收益，而哈利只留下 00.00，還有一些剛創立、賣不出去的小公司股票。

哈利坐下來盯著看他那個 6 萬美元的著名演講。當然，今天印表機可以記錄所有交易帳單，而且有讀取器（光學掃描器）可以讀取，還有哈利說的那種由其他電腦設計的電腦問世，但是人們並不在乎這些。他們只關心股票是否上漲，這樣才能送小孩去上學，送老人家去安養中心。

一個精神科醫生買下了哈利的勞斯萊斯。事實上，在哈利宣告拋售之後，很快就有 4 個人來投標，每個都是精神科醫師，不知道這代表什麼。邁阿密的貝特拉姆先生（Bertram）買了哈利的帆船，一個後來在中美洲破產的希臘人則買了他的頂級公寓、巴塞隆納椅和所有家具。幾個畫廊把畫拿走了，空姐們就像一群因為嫩枝折斷而受到驚嚇的春鶯一樣，一哄而散，另擇他木而棲。哈利也已離開他的公司從事創投，所以現在沒有工作，而且隨著大盤下跌，公司正在縮減。這就像賀加斯某個系列第 11 幅與第 12 幅畫作一樣，正走向泰伯恩刑場（Tyburn

THE MONEY GAME

金錢遊戲

Gallows）[87]那樣殘酷。

1963年，哈利投資的一位工程師打電話來說，控制資料公司對他們設計的產品很有興趣，而且打算交換股權，於是哈利再次擁有賭博的籌碼。「哈利回來了」這個消息傳了出去，但是哈利的魔法已經不再。不過無論如何，股市行情熱烈飆漲，你只要把錢投資在大型老牌的通用汽車上，就可以大賺一倍。這次哈利小心翼翼採取行動，而當他賺到一點錢時，就會把錢存到銀行，而且銀行也讓揮金如土的他浪子歸心。

「時間愈來愈少了，」哈利說，「我很快就要40歲了，必須做我想要做的事，所有專家都在操作槓桿，你也必須這樣做，不然最後你就只會是眾多失敗者之一。有人在華爾街努力30多年，看盡市場萬象，後來退休也只剩下12萬美元。那樣就沒有必要在華爾街闖蕩。」

這次哈利住在西區的一間房子，與先前的奢華無度形成對比。現在他成了一些老朋友的顧問，而且當他在研究各個產業後，他覺得有一天，90％的美國家庭都會擁有彩色電視機，而目前只有15％的家庭才有。所以哈利在國家影片（National Video）、增你智、海軍上將和摩托羅拉上投資的錢變成了4倍、5倍、7倍。

「在你遇到的人中，誰的東山再起最成功？」哈利問計算機，而計算機說：「75萬2,000美元。」回憶起他當時的感覺，

87　譯注：12世紀至18世紀倫敦的刑場，賀加斯在1747年《工業與閒暇》（*Industry and Idleness*）系列的第11幅與第12幅蝕版刻畫中，畫出泰伯恩刑場的畫作。

就好像有100萬美元憑空冒出一樣，而且有天早上，當哈利在計算機上輸入指令om mane padme om時，計算機說：「112萬5000美元。」哈利達到目標了，但是他打算要賺更多一點才出場，而這時詹森時代的空頭行情[88]出現。八月的某一天，華爾街突然瀰漫著恐慌，銀行沒有任何資金，而且平常像裝配線上的棘輪不斷運轉的債券招標也突然都停了下來。後來摩托羅拉執行長加爾文先生（Mr. Galvin）來跟證券分析師說，市場需求就擺在眼前，總有一天每個人都會有台彩色電視機，不過獲利也碰到了一些瓶頸。警報來襲，你可以看到，每個積極的年輕操盤人都試著在投資委員會記起他們買了股票前，拋售彩色電視機公司的股票，卻被壓低的股價給弄得渾身是傷。

哈利盯著最新報導，報導說有一天90％的美國家庭都會有彩色電視機，但是人們根本不關心這點，因為小孩還是要去上學，老人家還是住在僕人的房間，而安養中心的價格一直在上漲。電話響起，哈利知道是銀行家打來的，要來詢問哈利如果方便的話，能否在白天帶著所有實體股票去那裡一趟。

哈利敲著計算機，而計算機回應：00.00。

「春天總是會來的。」我說，跟調酒師示意還要一杯酒。

一時之間，哈利看到了希望，就像在森林裡看到仙女一樣，有檔本益比10倍、複利50％、還沒被發現的股票一閃而過，他去追逐、去占有，但是那個仙女卻只是曇花一現。

88　譯注：這是指1966年美國總統林登‧詹森（Lyndon Johnson）執政時期的空頭走勢。

「不，」哈利說，「最糟糕的不是錢，最糟糕的是我不相信自己，我不知道什麼會使股票再次上漲。過去真實發生的事現在都不可考了。一切都變成一張白紙。

「森林深沉陰暗，猛虎四處虎視眈眈。」哈利說，而且哈利想到的老虎是28歲的年輕人，野心勃勃，對於明年會發生什麼事，有著如比利・葛拉漢般的信念。他們都希望成為億萬富翁，但是華爾街女巫反覆無常。根據遊戲規則，他們有些人最終只會坐在酒吧的高腳椅上，從只有300美元的皮夾裡拿出一張電腦列印的文件，上面印著00.00，到此為止。

啊，你說，賭徒必然會預期到這種結局。成功的投機客凱因斯就說過：「對一個完全沒有賭博本能的人來說，專業投資是一種難以忍受的無聊與吃力的遊戲，即使是擁有賭博本能的人，也要為這種傾向付出適當的代價。」這不是代價嗎？但是哈利並不是真正的賭徒，要分辨那些有賭徒傾向的人並不難：如果股價沒有變動，他們就會去玩西洋雙陸棋（backgammon），如果沒有西洋雙陸棋，他們會在美式足球上下注，如果這些都沒辦法下注，他們會賭窗戶上哪個雨滴會最先滴下來。但是他們都了解自己，他們的身分也不在任何一個雨滴之中。

當身分證上寫著：「他在16美元時買進斯培瑞公司（Sperry）」，或是「他去年賺了20萬美元」，或是「他的身價百億美元」的時候，就產生一個問題。我們都知道什麼是百萬富翁，而且當計算機說：「100萬美元。」時，你會面帶微笑地面對。

但是當計算機顯示00.00時，應該沒有人會站出來，因為他的身分已經被徹底滅絕了。而且麻煩的是，當計算機顯示00.00時，總是有個人必須傷心地面對。

第八章

如何投資才能賺到大錢？

在討論圖表專家和擁護隨機漫步的年輕人等診斷市場的務實投資者之前，我必須告訴你一些事情，以防你認為你正在學習如何在一夜之間賺到百萬美元。也許你確實可以學到一夜致富的方法，但是如果你足夠機靈，可能也能從《窮理查年鑑》（*Poor Richard's Almanac*）中學到很多。

外部投資人不可能在股票市場真正賺到大錢，這也許會讓你很震驚。你也許並不這樣認為，但我說的「真正賺到大錢」是指幾百萬美元，而不是區區的100萬美元。如果有足夠的時間、足夠的智慧、足夠的冷靜、足夠的幸運，以及在電話那一頭還有聰明的人指點，那麼就有可能讓你的資金翻漲10倍或20倍。這是有可能的，因為很多人都做到了。

那究竟是誰賺到真正的大錢？其實是公司的內部股東，當公司因為有盈餘而上市的時候。這裡舉一個小故事當作例子，

只有這一次我不隱匿姓名和相關的數字，因為這真的是非常精采的故事。

　　很久以前，有個住在芝加哥的小男孩馬克斯‧帕列夫斯基（Max Palevsky），他的父親來到這個國家，是因為這裡遍地都是黃金，但是他們沒有錢，所以為了養家，他成為一個畫家。但是他是畫在房子上，而不是畫布上。馬克斯長大後到芝加哥大學學哲學。他的父親說：「哲學？馬克斯，哪個人能靠哲學賺一毛錢呢？」馬克斯不知道，但是他想要學哲學，所以他還是義無反顧。在研究所時，他還是繼續研究哲學，特別是邏輯學。在研究所多年之後，他對學術環境有些厭倦，所以有天他到班迪克斯公司（Bendix）工作，擔任邏輯學家。班迪克斯公司嘗試開發電腦，而馬克斯在那裡設計電腦的邏輯運算，因為當時電腦並不知道什麼是邏輯。

　　有一天，馬克斯換到帕卡德貝爾公司（Packard-Bell）工作，帕卡德貝爾公司也準備進軍電腦領域，一天之後，馬克斯決定創立自己的公司。IBM那時候雄霸電腦產業，但即使是IBM，也並非在每個領域都是頂尖。馬克斯認為在電腦產業還有一個IBM尚未涉足的利基市場，那就是小型電腦。所以馬克斯和已經賺了一些錢的亞特‧洛克（Art Rock），以及洛克在海登斯通證券公司（Hayden, Stone）[89]的朋友一起創業。洛克已經搬到舊金山，並成立戴維斯洛克創投（Davis and Rock），

89　譯注：1892 年成立的證券公司，1972 年被併購。

投資像馬克斯這樣的創業構想。馬克斯投資8萬美元，洛克等人投資92萬美元，從一疊學術論文中，科學數據系統公司（Scientific Data Systems）誕生了。

這個創業構想是正確的，而且成員們也有才幹，科學數據系統公司開始靠小型電腦賺到了錢。一大群承銷商開始向一般大眾兜售股票，而在上市第一天，科學數據系統公司的市值達到5,000萬美元，這使得馬克斯持有的股票價值將近1,000萬美元。在經過一連串亮眼的勝利之後，目前市場宣布，科學數據系統公司的市值是6億8,800萬美元，這使馬克斯持有的股票價值達到6,400萬美元。

除非一開始你有很大一筆錢，不然你不可能在股票市場上有這樣的運氣。

這個故事精采的部分還在後面。在一個春天的傍晚，我坐在馬克斯在南中央公園（Central Park South）的飯店房間裡，看著中央公園裡的燈光一盞盞點亮，我問他賺到6,400萬美元後的生活有什麼不同。馬克斯想了一下子，然後說沒有。他仍然住在相同的房子，而且有相同的朋友。但他確實有個困擾，因為小孩偶爾會在報紙上讀到父親有大約6,400萬美元的身價，而他不想要他們在成長過程中有著這種錯誤的價值觀。當然，他確實對於創立一家公司，並且擊敗IBM感到快樂和滿足。接著他加了一段說明。

「還是有一個不同，」他說，「我父親很開心，他說：『我做對了，原來我終究還是對的。』」

馬克斯接著問：「做對了什麼？」

然後他的父親說：「我做對的事是來到這裡。當時的我就一直認為，這裡的街道遍地都是黃金。」

每個公司都能上市

所以，如果我們要討論真正賺到大錢，那還是忘記股票市場吧。當然，馬克斯的故事在一定程度上已經重複發生在其他100多家公司的負責人身上。2億4,000萬美元也許只是帳面價值，但是如果你擁有其中一小部分，就可以用來換取你想得到所有美好的有形物品，而且就算受到市場大跌波及，你還是可以保留不少。工程師很清楚這點，他們會追蹤股票選擇權的表現。你只要有股票，而且有買家，那麼股票就像美元一樣是很好的貨幣。你可以從美國無線電公司、斯培瑞蘭德公司（Sperry Rand）和奇異公司挖角工程師，因為那裡的工程師都離高層的職位很遙遠，而且如果他們有股票選擇權，相較於整個公司的股權還是九牛一毛。所以如果你的設備或流程有現成的市場，就可以著手延攬一些工程師，這就是賺到大錢的方法。

有時候，在一個獨特產業裡讓公司上市的過程，幾乎不需要任何創業資金，而這個現象並不局限在電腦科技這個神祕的產業。假設有3個在廣告公司工作的同事負責柯絲莫護髮霜（Cosmo Hair Cream）這個客戶，一個是電視廣告製作人，一個是提出構想的撰稿人，另一個是業務專員，可以左右柯絲

莫員工的想法。在過去，這3個人每年只要賺到6萬美元就夠了，現在他們在曼哈頓的一家餐廳裡碰面，那裡的餐廳經理像隻眼鏡蛇一樣盯著客人的一舉一動，午餐還會收取10美元的小費。這3個人決定要成立自己的廣告公司，那他們的費用跟風險是什麼？嗯，他們必須租一間辦公室，而且雇用一些人，但是因為他們的計畫是把柯絲莫公司拉來變成客戶，所以這些成本能夠抵銷。此外，沒有機器、沒有存貨，除了思考要怎麼拉走客戶以外，沒有其他問題。兩年後，他們會多出10位客戶，公司會有很好的獲利，而且可以上市。他們在公司裡擁有的股份如果以本益比20倍賣出，每個人的股票價值都有幾百萬美元，而且完全遠勝一年6萬美元的營收。（無論如何，他們只要完善地分配股權就可以做到。）

當你買進新成立的廣告公司威肯一布林肯一諾德公司（Winken, Blinken and Nod）或數位數據殺手電腦公司（Digital Datawhack Computers）的股票時，你可能有機會得到很不錯的收益。股票市值的上市奇蹟，已經讓公司負責人的錢成長60倍。當然，企業家並不是每次都有如此豐厚的報酬，因為總是有可能無法賣出電腦，或是計畫破局，或是客戶柯絲莫又選擇原來的公司。

但是如果有個某某銷售機構可以上市（而且很多公司都像這樣），而另一個某某廣告公司也可以上市，那麼可見這個概念真的沒有什麼限制。許多經紀商都渴望自己上市那天，也就是說，它們不只可以賣其他公司的股票，也可以賣自己公司的

股票。（在這樣做之前，你會聽到華爾街的龐大資金需求只能藉由外部融資得到滿足，目前的佣金率不太能彌補它們已經做出的擴張，而且紐約證券交易所裡一半的會員都快要破產了。接著有一家特立獨行的公司將要上市，大家則瘋狂追隨，這樣的話，紐約證券交易所的會員除了擁有價值100到200萬美元的其他公司股票，還有價值2,000萬美元的自家公司股票。就像林肯·史蒂芬森〔Lincoln Steffens〕[90]說的：「我已經看到了未來，而且它正在順利運作。」）

最後，醫師與律師也沒有理由不上市，也許時間會花得長一些，但是到了某個時候，聰明的律師會發現，如果巴德里－比克威克－摩特利和斯利克律師事務所（Bardell, Pickwick, Motley and Slick）是一家公司，而不是一群律師，那他們就能夠用20倍的本益比賣出股票，而且事實上，有個渴望增加業績的承銷商已經提出這個建議。（在良好的市場中，總是會有渴望增加業績的承銷商，在不好的市場中，每個人都可望增加業績，而且所有精力都用在要求提高佣金。）

一旦律師事務所能夠安全上市，你就能期待腦神經外科公司（Brain Surgeons, Incorporated）上市，承銷商會打出這樣的口號：「以最直接的方式參與大幅成長、受聯邦政府補助的醫療事業，並持續關注全民健康與思覺失調症的成長趨勢。」

我沒有對此做任何價值判斷，但是事情就是如此，而且這

90　譯注：美國著名作家與記者。

個遊戲是如此成功，就像每件事一樣，它會持續成功到失敗為止。有位學識淵博的經濟學家描述我們的經濟體系是「為有錢人服務的國家社會主義」。如果社會主義是指國家主要機構和產業的公共產權，也許我們只是用一種獨特的方式來實現社會主義而已。

第九章

投資的局限與偏見

現在我已經告訴你真正賺大錢的方法，那麼把市場當成是賺錢工具的想法，你可能已經不再感興趣了。如果你坦誠自己有局限和偏見，老實說我也有。因此接下來能做的，就是糾正這些偏見，這些偏見不只在本章出現，全書都有。藉著糾正這些偏見，你也許會把難以捉摸的南方古猿看得更清楚，我無法提供你這樣的視野，我能做的只有記錄自身的曲解或誤判。市場上有很多賺錢的方法，而我們都是有著某種特定行為模式的生物。如果鐘聲響起，我們按下紅色按鈕就可以得到獎勵，那我們就會特別對那個紅色按鈕有好感，直到按下按鈕帶給我們重重一擊。稍微拐彎抹角之後，接下來要說的是我的紅色按鈕。當紅燈不再亮起時，你必須退到安全的高處，或是找到能讓黃燈或藍燈亮起來的人。

我有個偏見特別嚴重，這讓我一定要馬上告訴大家，因為

它違背一個很普遍的想法，這個偏見就是：如果買到好股票，放著不管，長期來看不可能有錯。好吧，就像凱因斯曾經說過的話：「長期來看，我們都死了。」而這就像民謠裡的一句歌詞說，所有一切都難逃一死。提摩西·班克勞夫特（Timothy Bancroft）的繼承人對「買進好股票，然後鎖起來」提出了最佳反證。班克勞夫特先生很精明地安然度過1857年的大恐慌，他的判斷是這樣：「我認為問題出在德雷德·史考特（Dred Scott）[91]的慘敗、過去幾年的貨幣寬鬆政策，以及西部各州過於自信地在鐵路建設和農場建設上採取投機行為。」班克勞夫特建議，每個人應該要做的是「買進好股票，然後放著不管，而且忘記它們」。當然，那些好股票應該是「製造聯邦政府和世界都有大量需求的必需品」的公司。這聽起來很合理。

班克勞夫特先生去世時，留下135萬5,250美元的遺產，而且如果你記得那是19世紀中期，當時在德爾莫尼克餐廳（Delmonico's）[92]8道菜的套餐還不到1美元，就會知道那是很大一筆財富。而班克勞夫特先生錯誤的地方就在把股票鎖起來放著不管，因為等到後人接手管理投資組合時，班克勞夫特先生的南方鋅礦公司（Southern Zinc）、金帶採礦公司（Gold Belt Mining）、新罕布夏的卡雷爾公司（Carrell Company of New Hampshire）和美國鬧鐘公司（American Alarm Clock

Company）的股票都已經沒有價值。他留下的遺產也大打折扣，這促使其中一個後代提筆寫下了給其他後人的警告。

沒有什麼投資方法永遠有效，而且適用於任何市場。這就是告訴你《你可以發大財》（*You Can Make a Million Dollars*）的方法和書籍錯誤的地方。重要的是要了解到，這個遊戲很誘人。如果玩起來覺得很有趣，也許就很難停下來，即使當你按下的按鈕已經讓你吃足苦頭。接二連三的衝擊會讓你感到焦慮，而焦慮是身分的敵人，而且沒有了身分，就沒有平靜的心。（如果拿這一章來製作音樂劇，這就是第一幕最後的歌詞。）如果你真的很愛這個遊戲，任何行動都比裹足不前好，但是如果在衡量所有的選擇後，決定不採取行動，有時反而是最適當的作為。

如果你做出的決定是不做決定，那這個決定跟開始行動的決定是一樣的。我從切斯特·巴納德（Chester Barnard）《高階主管的職能》（*The Functions of the Executive*）中知道這點。他多年前擔任紐澤西貝爾電話公司（New Jersey Bell Telephone Company）董事長。我很久以前讀完這本書，而決定不去做決定的章節是我唯一記得的內容，它幫助我在很多情況中愉快地採取拖字訣。

讓我們先來看一些不是紅色的按鈕。

有些人可以透過預期景氣循環在市場上賺錢。即使是偉大的美國成熟型公司也不會每年增加獲利，景氣好的時候會賺很多錢，而當景氣沒那麼好時，自然就賺得比較少。這場遊戲要

玩得好，取決於評估經濟情報的敏銳度。比如說，汽車類股出現了兩年令人失望的表現，透過汽車的報廢率、路上汽車的平均車齡、個人可支配所得、進入某個年齡層的新買家數量、現有汽車貸款的平均放款期限，以及其他因素，如果經濟情勢突然好轉或看漲，我們就可以很有把握地猜測下一年汽車產業也許會變好。很多學識淵博的經濟學家指出，一旦可以預測經濟情況，就可以從下列3個選擇中做出決定，但我們只有這3種選擇。（其他因素與美國汽車公司有關。）通用汽車主導這個產業，保守的人可以選擇這個安全的投資標的；克萊斯勒是採用財務槓桿最大的公司，因此風險也最大，所以也最仰賴主要因素中的各個次要因素，例如特別的車款是否會被廣為接受。如果一切條件都順利，押注在此獲利會最大。而福特則是介於兩家公司之間。

　　這種稱為「週期性盈餘的上漲基礎」（Rising Base of Cyclical Earnings）的方法有很多種變化。通用汽車的盈餘會出現週期性的改變，這一點是公認的。也就是說，營收會根據每年的景氣好壞增加或減少。然而就像1960年代初期一樣，有些聰明的分析師會指出，通用汽車的盈餘確實會波動，但是每5年高峰和谷底的平均值，會高於前一個5年的平均值，換句話說，從所有波動所畫出的平均線正在上升，因為整體市場正在擴張，而通用汽車又維持著市占率，所以利潤率會持平或上升。因此，有人認為，不應該像銅礦公司一樣在本益比只有8倍或9倍就出售通用汽車的股票，應該要更接近道瓊指數的本益比，也就

是14倍或15倍再出售。

當通用汽車上漲30％或40％時，增加的市值就比所有讓人瘋狂的電腦公司加起來的總市值還多。通用汽車在外流通的股票有2億8,600萬股，因此，股價上漲30％，等於財富增加將近90億美元。伊特克公司（Itek）、索利通、飛虎公司、伊美利空運（Emery Air Freight）、西北航空，以及所有這10年最受歡迎的公司，市值加起來都沒有達到90億美元。

不過，現在才開始投資通用汽車已經有點晚了，你應該做的是繼承通用汽車的股票。那額外增加的90億財富已讓原來的持有人受益，但是如果你在公司採取重大行動前買進，你還是可以賺得40％或50％，雖然不會讓你變得非常富有，但對於繼承公司股票這筆財富的人來說，也許會很滿意。

還有另一個不是紅色的按鈕。有些人可以藉由預測利率波動的方式賺錢。有一種股票對債券市場的波動很敏感，而且對聯準會採取的政策措施很敏感。我們可以藉此預測貨幣會升值或是貶值。對於這些事有足夠的敏感度，就可以從銀行股、金融公司類股、儲貸銀行，以及公用事業類股賺得不錯的獲利。這些股票的波動常常比按照景氣循環波動的公司來得大，但是你不只要知道利率的預期走向，還必須考量到變動的程度。

還有一些投資人很會投資基礎原物料商品的相關證券，也就是說，投資人可能發現，舉例來說，未來幾年銅礦的需求將會超過供給，銅礦產量卻不會出現等比例的增產，因此銅價不可避免會上漲，特定的銅礦公司獲利也會增加，而且這種未來

的獲利增加還沒有被注意到。

投資風險最小的形式就是投資**轉機股**（Turnaround），也就是投資在一家資產品質變糟，因此在市場上拋售、拋售、再拋售的公司。最後所有賣家都發現不好的資產已經賣掉，因此股價趨於平穩，悄悄地進入休眠狀態。然後一個新的管理階層進駐，而且做些改革；賣掉沒有獲利的部門、併購新的公司、改變計畫和經營構想。如果你買了股價長期沉睡的轉機股，幾乎沒有任何風險，而且不管出現什麼變化，績效都會很好。但你確實必須去著手找到這些標的，而且確認你聽到的訊息是可信的。當然，你還必須確保這家公司已經觸底，而不是依然懸在半空，下方依然是萬丈深淵。

在這10年中，一個成功案例就是斯培瑞蘭德公司，它的管理階層讓一團散沙的公司獲得掌控，然後讓還在苦苦掙扎的通用自動計算機（Univac）部門走向正軌。而不太成功的例子則是梅西福格森公司（Massey-Ferguson），它的管理階層有段時間看似讓公司的每個整頓措施都上了軌道，這點斯培瑞蘭德確實做得很好，但是梅西福格森的經營每6個月總是會出現一些不穩的情況，而在經過一段蜜月期之後，轉機股買家耐心耗盡，漸漸失去對梅西福格森的興趣。

據我所知，未來甚至不久的未來，還可以用這樣的方式賺錢：投資人可以100％投資在黃金類股，然後預期匯率會出現動盪；或是採取槓桿操作，買進利率12％的政府債券，當匯率確實出現動盪時，績效會很不錯。

這些例子絕對不夠完整，不過確實需要一定程度的經濟常識與證券分析技術。如果常識與分析皆已具備，我就會對情勢與市場有更清楚的評價，而如果黃色或藍色按鈕支持者的判斷聽起來很可信，我就會跟進。但是我並不會使用這些方法，因為我過去沒有這樣的經驗，而且即使我在一片紛亂中瞥見它們，心跳也不會因此加速。

在1950年代，我剛好與華爾街的一位合夥人合作，他是所謂**複利盈餘率**（The Rate of Compounding Earnings）概念的先驅之一，我想這概念就是「成長」，雖然在某種程度來說，成長可以概括世上的每件事。我的朋友相信盈餘成長，而且他用傳教士的狂熱到處宣揚，向蓬勃發展的共同基金與退休基金推銷這個構想，而在他突然去世時，他已經有一群追隨者，也累積了可觀的財富。我們從中得到一些樂趣，還賺了一點錢，所以當我看到複利盈餘很好的股票時，我就會有種溫暖的感覺，就像是普林斯頓老虎籃球隊的老成員聽到合唱團唱著〈回到納紹樓〉（Back to Nassau Hall）[93]一樣。

當你打開手邊的股票投資指南，並看到下面的盈餘數字時，你就知道有些事情正在發生：

	1964	1965	1966	1967	1968
索利通	0.16	0.33	0.66	0.88	0.99

這是一家獲利每年成長的公司，而且是以驚人的速度成長。公司必定做了某些正確的事。這個例子是索利通設備公司，1962年股價達到低點1.25美元，1967年達到高點275美元。在1962年，索利通的整體市值不到100萬美元，到了1967年，市值已經超過2億美元。索利通的盈餘增加超過10倍，但是市場對於盈餘增加的反應卻使得股價上漲250倍。在1962年買進股票而且持有的人一定很高興，而且在當時公司慘澹時刻花1萬美元買進股票的人，繼續持有到1967年，將會讓這1萬美元成長到250萬美元，這就是市場創造財富的方式。

以下是IBM、寶麗來與全錄公司3位超級成長明星的複利盈餘：

	1964	1965	1966	1967	1968
IBM	4.10	4.52	4.83	5.81	7.71
寶麗來	0.58	0.93	1.51	1.81	1.86
全錄	1.91	2.78	3.75	4.48	5.18

只要經過簡單的計算，就可以算出盈餘**成長率**是複合成長。盈餘成長率愈高，市場對它付出的價格就愈高。也就是

說，**本益比**不僅會隨著盈餘成長而增加，還會隨著盈餘成長率增加而增加。在其他假設不變的情況下（我們這時不考慮這些假設），盈餘成長率在30％時，會比在15％時有較高的本益比，而且盈餘成長率在50％時，會比在30％時有較高的本益比。當市場發現盈餘成長率來到100％時，則可能會出現完全超乎預期的反應。

現在來嘗試一些基本的編序教學法（Programed Instruction），在下面的空格填上文字：

為了致富，你要找到一檔_____以非常可觀的_____複合成長的股票，接著股票大漲，這樣你就致富了。

如果你採用這個編序教學法，填上「盈餘」和「成長率」，也許就能擁有很棒的未來，但實際上有個麻煩在於，這個問題很難回答，而且你應該要做的是把這個問題標示為錯誤的。現在，在25個字以內寫下一段話，說明為什麼這個陳述是錯的。請寫在這裡：

_____

_____

_____

_____

如果你寫的是「因為財報紀錄只揭露了過去的事，而市場關心的是未來」或是類似的話，那你就可以繼續讀下去。

這裡有另一個例子。

	1954	1955	1956	1957
	0.11	0.25	0.68	0.79
賓士域	1958	1959	1960	1961
	1.19	1.83	2.20	2.56

資料來源：標準普爾

盈餘看起來不錯吧，但是如果繼續看下去，你會發現：

	1962	1963	1964	1965
賓士域	1.36	0.27	0.03	d4.21

情況完全反過來了，而小寫的「d」代表的是赤字。賓士域確實非常漂亮地鎖定保齡球自動排瓶機的事業，但就像所有繁榮過的產業一樣，保齡球業的繁榮隱藏著自我破壞的因子。保齡球館像老鼠一樣繁殖，而且一個可以容納一家保齡球館的地方，當第二家保齡球館加入後，因為生意被瓜分，結果兩家都不能生存。賓士域的保齡球自動排瓶機都是以賒購賣出，而且當很多客戶破產時，賓士域只留下大量使用不久的自動排瓶機、龐大的虧損，以及複合成長的結束。賓士域的股價從74美

元下跌到8美元，是有史以來下跌最快的一次。你可以瀏覽過去的紀錄，找到其他公司的例子，這樣的情況似乎並不鮮見。而且它們似乎都經歷過盈餘成長的閃耀歷史，只是後來以失敗告終。1960年代的半導體股票就是那樣。

　　無論你怎麼想，索利通的盈餘都已經漲上來了。你想要的是**未來**幾年能有這種表現的公司。而要做到這點，你不只要知道公司正在做哪些正確的事，還要知道哪些事情做對了，以及為什麼盈餘會複合成長。即使景氣很好，市場正在擴張，盈餘也不會自動成長。這10年的大多數時間裡，印刷產業瘋狂成長，但還是有很多印刷產業的股票受傷慘重。有時盈餘能有幾年成長是因為景氣很好，而且沒有競爭對手砍價、挖走銷售人員，也不用為此作出討好消費者但損害毛利的行為。

一家公司的優勢不在於產品

　　任何盈餘正在持續成長的公司，或是更重要的是，可能會持續成長的公司，都有些獨特之處。競爭對手也會發現這些數字，而且豐厚的獲利就像是邀請函，邀請競爭對手進入該產業享用美味的佳餚。因此，一家獨樹一格的公司一定會有一些優勢抵禦競爭對手進入產業。那個優勢不論是什麼，都是保護毛利的玻璃牆。

　　來看3位超級成長明星：全錄、寶麗來和IBM。很多公司製造影印機，但是只有全錄製造的影印機能用各種紙張影印，

靜電複印術（xerography）擁有500多項專利，而且許多擁有布魯寧牌（Bruning）或丹尼森牌（Dennison）印表機的高階主管都會把東西交給祕書，然後說：「這個，拿去全錄（Xerox，即影印）一下。」全錄已經變成一個動詞，而且掌控這個領域。當其他人可以跟全錄公司一樣把影印機做得那麼好時，全錄已經準備好從實驗室裡推出下一個驚奇的產品。

有許多公司製造相機，也有些公司製造底片，但是很少有家公司像寶麗來一樣，製造一個能在10秒內印出照片的機器，而且它同樣也獲得了諸多專利；IBM稱霸電腦產業，而這個產業本身已經有驚人的成長。它不是第一個發明電腦的公司，旗下的每台電腦也不必然會配備最好的技術。IBM獨特之處在於廣大的行銷能力。客戶需要的不是機器中的特定零組件，他們想要的是能幫他們管理存貨，或是幫忙解決現有的問題，而IBM的銷售人員擁有龐大而複雜的產品，可以針對問題逐一處理，而且服務人員總是能隨傳隨到。

一家公司的優勢不在專利或產品。寶麗來的原始專利已經過期，任何想製作1948年款棕色寶麗來相機的人都可以去做。但每家企業的優勢都是相同的，那就是人，聰明、有天分的人。有時候這些人會生產專利，有時候他們會創造服務的聲譽，但是他們總是會製造一些其他人不能輕易複製的東西。舉例來說，在雅芳的產品中，不容易複製的就是挨家挨戶去銷售雅芳化妝品的女性銷售大軍。

在任何新上市股票的公開說明書中，都會有段話告訴投資

者，公司的優勢是脆弱的。公開說明書是華爾街律師寫的一份法律文件，而且目的是要哭窮，讓投資人不會在未來某個時間說他被誤導而索賠。這段從法律術語中翻譯過來的陳腔濫調會像這樣：

「本公司已經的系統設備已獲得244項專利，然而，公司的競爭對手規模很大，而且財務資源也更雄厚。公司維持獲利並保有業務的能力取決於員工是否有能力在這些貪婪的大公司環伺下保持領先，創造新的產品和服務。公司不能保證未來能夠做到，但是肯定會去嘗試。」

顯然，在IBM推出比數位數據殺手600（Digital Datawhack 600）更便宜、更快、並適合IBM產品線的機器那天，數位數據殺手電腦公司就只能坐著數專利而已，除非有其他創新，不然也只能看著複利盈餘消失。

即使藉著某種魔法，你發現了屬意股票的未來成長率，你還是不知道市場會如何反應在股價上。有時市場會給一個年複合成長率30％的公司20倍本益比，有時又會給相同公司60倍本益比。有時市場會繼續狂熱地成長，尤其是當債券和更傳統的證券似乎沒有提供有吸引力的替代產品的時候。其他時候，則會出現誘人的替代產品，足以吸引一些追求成長的資金。這完全取決於當時的市場心態。如果你的股票本益比在18倍、14倍或11倍，那麼以低價買進複利盈餘股顯然比用高價買進還安全。確實在非常悲觀的心態下，這些本益比會被壓抑。但是既然你不會是唯一的投資者，總會有些因素讓你屬意的股票顯得

很昂貴：競爭正步步進逼、股價已經上漲，或是市場重挫到一發不可收拾。

如果IBM、全錄和寶麗來都有著一些獨特優勢，我們可不可以只是買進它們的股票，然後放著不管？當然在過去，無論是在對大盤不抱幻想的時候，或是當有很多可以讓資產成長的替代產品，使得市場對它們無動於衷的時候，都可以藉著買進它們來獲利。簡而言之，趁本益比低時買進。但是以上面提到的賓士域為例，它同樣有些獨特甚至相當獨特的產品——保齡球自動排瓶機，然而就算有這麼好的產品，也沒有公司能夠從管理階層的失誤中免疫。法律定義上的公司是不會流血、永遠不死的，但是儘管法律這樣定義，一切終究還是難逃一死。

擁有某種獨特性的公司不會總是陷入災難，更常發生的情況是，它們初出茅廬的時候，一度顯得光彩照人，後來就跟很多不再美麗的已婚主婦一樣，變成受人尊敬的中年婦女。市場暫時還是會讓她們保持溢價，因為她們過去的美麗讓人記憶猶新，以至於一開始曾受她們的美麗震懾到的紳士察覺不到衰退跡象。當新的紳士加入時，會有新的美女迎接他們，那些中年婦女也就相形失色。接著她們就變得脆弱不堪一擊，本益比走跌。舉例來說，化工產業在1950年代因為高成長而有市場溢價，目前不只是溢價縮水，股價也確實低於道瓊指數的水準。

要補充說明的是，這個產業看待過去與未來的方法，其實是一種數學方法。我們同樣可以用前面提到的3個超級明星為例。成長得越多，就越難維持穩定的成長率，因為基數開始變

得愈來愈大。一家銷售金額1,000萬美元、擁有獨特優勢的公司在一年內的獲利可以翻倍，而一家銷售金額10億美元的公司就很難辦到；為了漸進式的成長，它要花時間、精力和資本，而且這些因素並不是無限的。IBM有5,600萬股的在外流通股票，在寫這本書時市值超過300億美元，是300「億」美元喔。對IBM來說，市值要增加一倍，並讓你手中的IBM股票價值也增加一倍，需要本國與世界各國專業與非專業投資人的齊心協力，因為這需要極為龐大的購買力。

另一方面，一個、兩個或一些擁有購買力的專業投資人，可以推動一家在外流通股數不到100萬股，而且市值只有1,500萬或3,000萬美元的公司。所以我必須對小企業俯首稱臣。一家在外流通股數不到100萬股的公司，交易冷清，股價也更容易波動。但是這只會讓我稍加謹慎，因為對於波動的興奮情緒足以彌補風險。雖然一家安全性不差的大公司出現轉機，會帶來讓人滿意的報酬，但是要兌現也許很慢，同時你可能會覺得很無聊。接著你必定要有其他的遊戲可玩，或至少同時有其他事情打發時間。一個冷清的市場在遇上銷售風暴時可能會很危險，所以在一些市場中，有人根本不想去碰冷門的股票。你必須確實知道市場目前的狀態，市場就像其他生活節奏一樣，會有周期變動。

如果你正在走紅燈按鈕的路線，這是唯一能讓我安心的路線，那麼你應該牢記一條規則，那就是**集中投資**，而且這不只是在禪意上的思考。如果你最後只想取得平均報酬的話，使用分散投資比較適合。集中投資，是指僅持有少數幾檔標的。

在某個時刻，只有少數股票有最大的上漲潛力，而且對我這樣的一個人來說，並沒有聰明到能夠一次追蹤很多股票。（有時候，當市場交易清淡的時候，對你來說反而簡單，因為小型股在市場脫身比較容易，而且你也不可能持有太多這種股票。過去幾年就出現過這樣的情況。熱門股變得非常冷清、風險很高且難以買賣。）羅徹斯特大學（The University of Rochester）的校產基金是績效最優異的其中一檔校產基金，最近我看到這檔，4億美元的基金資產中只有27檔股票，而且如果你把公共事業相關的股票當成是一檔公共事業股的話，那就只剩20檔股票了。

集中投資最著名的支持者是傑哈德・羅布，他是賀頓創投（E. F. Hutton）的合夥人，寫了《投資人的生存戰役》一書。羅布的書雖然是集結多年前撰寫的一系列報紙文章，但對於市場**是什麼**、而非應該是什麼，有最好的闡述觀察。「最安全的方法，」羅布說，「就是把所有雞蛋放在同一個籃子裡，然後看好籃子。」羅布的意思並不是真的只有一個籃子，只是不能太多。前懷特威爾德公司（White, Weld）合夥人溫斯羅普・諾爾頓（Winthrop Knowlton）寫了《普通股的成長機會》（*Growth Opportunities in Common Stocks*）一書，他建議10萬美元最多投資5、6檔股票，而100萬美元最多投資10到12檔。對於使用紅色按鈕投資法來說，這樣的持股還是有點多。如果你只集中投資在少數股票，你就必須衡量每一檔股票的潛力與隨之而來的新機會，然後剔除排名墊底的股票，也就是績效表現最差的

股票，然後把最有希望的股票納入投資組合。有時候你甚至可能只投資一檔股票。我認為這種紅色按鈕投資法不適合孤兒寡母，但這畢竟帶有偏見，而不是必須奉為圭臬的投資指南，而且我本身也不是寡婦或孤兒。（在此為這個版本增加一段特殊的修正。你剛才讀到的理論沒有任何問題，但有件事可能會影響這個很好的遊戲法則，那就是每個人都擠進市場裡，而這就是我們遇到的狀況。當我寫下這些簡單的想法時，這些想法似乎是無害的。但現在我們有452個飢渴的避險基金，80名專業的操盤手，還有大約300萬業餘操盤手，都在追逐預測盈餘會大幅成長的小型冷門股票。

不用耗費太多時間就可以清楚知道，在這樣的壓力下會發生什麼事。首先，很難以較低的本益比買到有吸引力的股票。如果這是一檔新股票，那很可能會出現高昂的價格。如果這是一檔舊股票，那麼當它開始往上漲的那一刻，就會被所有電腦追蹤到這樣的變動，然後不知道什麼原因，在24小時內，所有操盤手都會進場，所以很難在不引起群眾的注意下買進超過200股的股票，而且要記住群眾的天性。

最後，因為正在成長的盈餘模式具有煽動性，即使公司盈餘實際上沒有成長，還是會有那樣的跡象。如果你的獲利沒有成長，你就必須賣掉廚房的水槽，把錢加進盈餘裡，而且期望會計師不會在廚房水槽這點加上星號，或是祈禱沒有人能讀到這行小字，用一種你可以操控的模糊語言說明，盈餘並不是真的在成長，但是每個人都想要它們成長，所以我們丟了廚房

的水槽。總而言之，盈餘品質會惡化。會計師都會對此感到不安。

不管怎樣，讓我們假設不知道什麼原因、不知道哪一天，財報盈餘會再次變得真實可信，而且你聰明到能清楚知道真正的盈餘是多少，就會使這個理論再次成為可能，而且就像數學理論那樣簡潔。現在繼續講故事。）

好吧，你渴望找到另一檔索利通，你想要孤注一擲。你已經走出外面，用客觀的角度看待自己；你知道你是誰；鏡子裡那張臉呈現的是河輪賭徒的冷酷和堅毅；且你持續衡量所有可能的選項。你要如何在這世界上找到可能的投資標的？你想要抓住下一個索利通、下一個全錄，以及獲利持續複合成長的公司，這樣市場就會瘋狂愛上它。這樣的標的在哪裡出沒？而且是誰在守護它？

我無法回答這些問題，不過我可以給你很多指引，但是這些都不是我所獨創。你可以在《普通股的成長機會》與菲利浦・費雪（Philip Fisher）的《非常潛力股》（*Common Stocks and Uncommon Profits*）中找到。你知道一個可能的投資標的必須有些獨特之處，那是使其他公司很難分一杯羹的地方。它的市場正在成長，它藉由創新，參與並創造自己的市場。它有人才，不只有財務人才，還有科技與設計人才，所以財務很穩健，而且產品做得很好。公司的管理很有制度，所以缺少一兩個關鍵人物並不會對公司造成傷害；以企業而言，它或許會逐漸變老，但是因為創新，還是保有年輕活力；近

期推出的產品、流程或構想都帶來了穩定或持續的成長，而且這個標的不會太過醒目。

這可以比喻為：我有一個女孩要介紹給你，她非常漂亮，有著曼妙的身材，她很熱心、很友善，聰明但不好鬥，她理解力強、很有魅力、充滿熱情，她喜歡所有你喜歡的事情，而且她已經告訴我她聽過很多跟你有關的事。

你知道你正在找尋什麼，但是你還是不知道要到哪裡找到它。那我們不妨聽聽菲利浦・費雪的說法。他是加州的投資顧問，而且他限制自己只服務10幾個左右的客戶，所以他不會拉你當他的客戶。菲利浦・費雪最出色的名聲就在於，他可以發現剛進入新領域的公司，以及正從小公司壯大的公司。

找到聰明的人

多年來，菲利浦・費雪一直提倡所謂的「聊天調查法」（scuttlebutt），這是指把注意力集中在一個新投資標的的方法。知道一家公司後，去跟他的競爭對手探聽，跟他的供應商與消費者交流。舉例來說，一位工程師可能很熱衷在使用一種新的示波器（oscilloscope），你就會注意到這款示波器的製造商。人們熱愛討論自己的工作，我過去的經驗發現，如果你去拜訪廠商，例如電腦周邊設備商，他們會告訴你主要電腦製造商的一些流言蜚語，而且不只這樣，他們還會告訴你電腦有什麼零組件，因為他們的朋友、電腦工程師告訴他們

那個零組件最讓人振奮，而且股市裡每個投資人都跟你一樣，在尋找最有吸引力的股票。在公司的**餐廳**裡，剛剛帶你參觀工廠的職員會告訴你，她剛行使自己的選擇權，全部換成公司股票，而且買進帕路米斯智慧工具機公司（Pazoomis Computer Machine Tool）的股票。

此時，你只有一個問題，那就是如果你花時間跟電腦工程師閒聊，你什麼時候能做你該做的事呢？〔如果你確實有時間去跟每個人聊天，那你就會有另一個問題，那就是那些工程師可能像投資人一樣愛胡思亂想，而且一個很棒的設備並不必然會出自獲利最高的公司。而且帕路米斯智慧工具機公司也許會因為基爾尼崔克公司（Kearney and Trecker）和吉丁斯路易斯公司（Giddings and Lewis）等競爭對手而吃盡苦頭。〕

不過，菲利浦・費雪是個誠實的人，有一天他坐下來研究他的成功構想是來自哪裡。多年來他尋找與評估投資建議，在各行各業建立起不可思議的人脈網絡，他發現只有1/6的好投資建議來自聊天調查法。那其他5/6呢？「在整個美國，我認識幾個在選擇成長股上非常傑出的人，我對他們非常尊敬……因為他們是受過訓練的投資人，對於關鍵問題，我通常可以很快得到他們的建議……我總是試著找時間聽一次這些投資人的看法……」

換句話說，他找到一些聰明的人，這是最重要的一項非正規法則：**找到聰明的人**。因為如果你能做到這點，就能夠忘掉很多其他的規則。

我的經驗是，就算跟菲利浦‧費雪一樣花很多時間閒聊，但實際上可用的資訊卻很少，這和他的觀點不謀而合。曾經有一段時間我不只是用聊天調查法尋找資訊的人，我還是一個傳播資訊的人。我會接到這樣的電話：「我剛聽到快捷半導體用在IBM 360/72的平面介面整合迷你晶片生產出了問題，它們剛剛打電話給合金無限公司（Alloys Unlimited），要它們停止運送夾層結構的材料。」然後我打電話給3個人，問他們：「平面介面整合迷你晶片的產量是怎麼回事……？」等等，而且在這些電話將消息快速傳遞出去時，快捷半導體和合金無限公司確實至少會出現3小時的股價下跌。

那麼，好的投資構想從何而來？這個嘛，好的投資構想來自聰明的人，這是他們送給我的禮物，而且可能要對這些好構想做些測試，我總是會用一到兩句話來測試他們：不是「**這個時候買進嗎？**」就是「**是那檔股票嗎？**」「**這個時候買進嗎？**」意味著「我承認這個概念很正確，但是我的好朋友啊，這檔股票才剛漲了25美元耶。」而「**是那檔股票嗎？**」意味著「我們5年前已經注意過這檔老股票了，你怎麼現在才要注意它呢？」

很明顯，在這個故事裡，必須有些東西讓「**這個時候買進嗎？**」或「**是那檔股票嗎？**」獲得「是」的答案。而且只要有足夠多人正在問「**這個時候買進嗎？**」或「**是那檔股票嗎？**」，就有足夠的懷疑使這個故事更值得傾聽。如果都沒有疑慮，就沒人會想聽這個故事。

專業的基金經理人在職業生涯中可能會去了解500家公司，

了解它們的歷史、有什麼問題、誰負責組織公司的管理團隊、有什麼前景。但是沒有人能夠涉獵一切,而且沒有人能夠無所不知。所以大多數專業人士都會仰賴其他人,像是他們的分析師、其他人的分析師、其他經理人、他們的朋友,任何讓他們尊敬、充滿智慧的人與天才,任何領域的天才都好。沒有什麼比出色的律師或頂尖的外科醫師更厲害的投資人。

在這個領域找到聰明的人,跟找到最好的稅務律師與最好的建築師沒什麼不同,當然,一開始聰明人的聲譽會引導你找到他們,這意味著他們的時間有限,而且也有很多人在跟你搶他們的時間。所以除非你確實非常有錢,不然手續費和佣金會超過你的預算。

如果你確實設法找到一些聰明的人,而且他們也同意接管你的投資帳戶,那他們就不會想要花時間跟你討論市場,這樣你就必須去找另一個遊戲來玩,尋求另一種精神滿足。

女性有種優勢。聰明的人很可能是個男性,而且有時候男性可能不只對手續費和佣金有興趣。在遊戲中,女性玩的是男性,或許這就是她們很少參與其中的原因。

現在你要注意,我聽起來似乎一直在宣揚某些可在市場上賺錢的系統,如果我真的有這樣的系統,而且總是運作得很順利,那麼第一,我不會告訴任何人;第二,我很快會在這裡得到市場所有的錢。我告訴你的內容只是一套有其偏見的看法,所以你必須做出自己的判斷。這應該很公平吧。我很容易覺得無聊,而且我很喜歡年輕的基金經理人,因為他們都會穿著扣

領襯衫（button-down shirts），而且認識我也認識的人；不穿扣領襯衫的經理人已經有錢到對一切漠不關心。（附註：扣領襯衫一般是指年輕的基金經理人，現在已經是指中年的基金經理人，年輕一輩的基金經理人現在穿的是法式反摺袖的高檔彩色襯衫，就像他們的股票操作一樣，改變的步調很快，衣服的流行也在改變。）去找出自己偏好的看法與自己屬意的按鈕顏色吧。當然要心平氣和，而且就像釋迦牟尼對比丘們的告誡：應自精進不放逸。[94]

94　譯注：釋迦牟尼在圓寂前最後說的話是：「諸行皆是壞滅之法，應自精進不放逸。」意思是世界上的一切都是無常變換不定，無法依靠，所以只能靠著不放逸，才能真正自我救贖。

PART II

關於它：資訊技術與系統

THE MONEY GAME

第十章

過去的股價走勢能否預見未來？

對華爾街股市的研究，幾乎集中在偉大的過去 10 年，幾乎每家公司都有研究部門。〔我會說幾乎每家公司是因為，某些公司的研究部門不夠成熟，就像一個穿著運動鞋的 17 歲少年，從紐約的海耶斯主教高中（Cardinal Hayes High School）輟學，而且做的事遠超乎美國經濟機會辦公室（Office of Economic Opportunity）[95] 的所有想像。這位嚼著口香糖的資本主義學徒，負責的是挑選好吃的三明治、發放股權憑證、在來自阿格斯研究公司（Argus Research）和股票研究協會（Equity Research Associates）與其他獨立研究機構的報告蓋上「紐約證券交易所會員唐納布利岑公司（Donner, Blitzen and Company）研究部門」的字樣。接著他會在送出報告時附上一張字條說：

95　這是美國總統林登・詹森提出「結束貧困」（War on Poverty）的倡議所成立的政府機構，1964 年成立，1973 年就停止運作。

「我們認為你會對我們在化工產業的最新研究感興趣，我們的分析團隊剛對此進行深入的研究。」〕

研究是件好事，但是現在資訊流傳已經廣泛到大家都知道停戰安曼酋長國（Trucial Sheikdom of Amrah）[96]第二季的石油產量增加到每天1千167萬4,322桶，同時中價位電視製造商的庫存比前一年下降5.3％，但比上一季增加0.6％。

不幸的是，正如我們看到的，這場遊戲的運作並不完全理性，如果很理性，那最完美的調查研究很快就可以掌控市場，而且很多玩家會無聊透頂，打算發明其他新的遊戲。由於這場遊戲有一部分是要對其他玩家的行為做出預測，因此這個系統會演變成致力去回答一個問題：**其他人正在做些什麼？**在電話公司每天處理的通話中，「**其他人正在做些什麼？**」本來就是每個人主要的日常通話內容。就像你已經知道的，華爾街在電力時代屬於麥克魯漢世界的一部分，也就是說，華爾街是一個仰賴口耳相傳的地球村。

在某種程度上，這個部落的地球村民會拿起電話說：「我們的石油分析師剛從停戰安曼酋長國回來，而那裡第二季的石油產量增加到每天1千167萬4,322桶，有部分的石油輸送給俄國，數量不確定有多少，因為內政部長弗茲·舒納（Fawzi el Schnurr）在告訴我們這個消息之前，想要看到有某些東西存進他的瑞士聯合銀行（Union Bank of Switzerland）帳戶。」通話

96　譯注：也就是後來的阿拉伯聯合大公國。

內容大概是這樣，但這樣的溝通多半僅限於書面文字，而口耳相傳的溝通更多時候會採用以下的形式：

地球村民1：「跟你說一下，我們的石油分析師剛從停戰安曼酋長國回來⋯⋯」

地球村民2：「那裡真的熱到像地獄一樣，不是嗎？我們有次派一個石油分析師過去，但回來後就得到一種怪病，真是可憐。我們只能把他調回來。」

地球村民1：「哎呀，我們的石油分析師自從回來以後就一直抱怨肚子不舒服。」

地球村民2：「說一下，你看到弗茲石油（Fawzi Oil）昨天的收盤價嗎？31美元，漲了1.5美元，成交量也很不錯，你知道為什麼會這樣嗎？」

地球村民1：「嗯，我剛跟一個人吃中餐，他說海邊那些大陸成長公司（Continental Growth）的人正在買進。」

地球村民2：「大陸成長公司的人在買進，你確定？」

地球村民1：「他是這樣說的。」

用電話試圖找出「**其他人正在做些什麼？**」的麻煩是，能處理資訊的數量受到通話時間的限制。

技術分析與圖表分析

這可能有助於解釋技術分析會流行的一些原因。技術分析是一種有形、用肉眼可以觀察的方式，如果不能知道「**其他人正在做些什麼？**」，至少可以知道「**其他人已經做了什麼？**」。

歷史上，技術分析確實比基本面研究發展得早，因為技術分析以圖表為主的形式擴展得非常快，而基本面研究則還在探討丹尼爾‧德魯（Daniel Drew）[97] 與杰‧古爾德（Jay Gould）[98] 等投資家的閒談對話。這或許會讓近期投入這個領域的人感到意外，因為技術分析看起來顯得較為複雜。

「有非常多的交易商，」湯瑪斯‧吉布森（Thomas Gibson）在《投機陷阱》（*The Pitfalls of Speculation*）中寫道，「完全信賴所謂『技術線型系統』（chart system）的推測，研究過去的走勢、價格和之後的操作，這種方法大受歡迎，這使得製作和發表這類技術線型圖表的事業也成為熱門行業。」

吉布森先生的書在1906年由穆迪公司（Moody's）出版，不過，我們不該忘記它背後的出版背景。如果你停下來想想就會發現，吉布森先生的書出版前幾年，北太平洋的投資專家才因為賣家在交易所瘋狂放空而導致血本無歸；而一年前約翰‧摩根（J. P. Morgan）才透過救市行動拯救美國財政部[99]，還有

---

97 譯注：美國 19 世紀著名股票投機客。
98 譯注：19 世紀美國著名金融家。
99 譯注：這是指 1893 年的恐慌導致美國財政部的黃金耗盡，到了 1895 年，摩根藉由賣給政府黃金，換得 30 年期的美國公債方式，讓美國政府的黃金存量恢復，也化解這次危機。

當時在奧斯卡餐廳（Oscars）10幾個牡蠣只要8美分，你就可以看到在我們這個浩瀚多元、變幻莫測的世界裡，有些東西還是不變的。但吉布森先生並不是一個公正的觀察者，他繼續說：「儘管這個系統有各式各樣的分支和變化，但不論現實條件如何，它的基本理念卻完全建立在歷史重演的基礎上。這個構想是不可靠、愚蠢，而且非常危險的。」幾年後，穆迪就進入了技術線型圖表事業。

這一切到底意味著什麼？就算沒有太陽和月亮那樣的圖形，我們還是可以從人類學家和洞穴探險者那裡看到，在南方古猿時代，一個穴居原始人在牆上畫了如下的畫：

你可以看到垂直的柱狀體表示當天的股價範圍，而且短橫線代表當天的收盤價。穴居人隔天也會做相同的事，幾周之後，洞穴的牆壁看起來會像這樣：

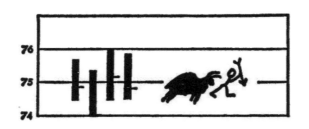

因此第一張「長條圖」誕生了，以圖中的垂直線來命名（但跟圖中的史前水牛無關）。然而，第一張圖並沒有展現出趨勢，也就是說，沒有人能從中獲得任何資訊。

接著一個星期後，洞穴的牆上看起來像是這樣：

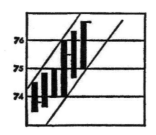

穴居人用線將每個柱狀體的低點和頂點連起來，創造出一個「通道」（channel），第一條「趨勢線」就出現了。未來還會因為技術進展，出現像是線型底（line bottoms）、碟形底（saucer bottoms）、頭肩頂（head and shoulders tops）、頭肩底（head and shoulders failures）、真 V 型（true Vs）、倒 V 型（inverted extended Vs）、規則波動（measured moves）、三角形

（triangles）、楔型（wedges）、旗型（flags）、菱形（diamonds）、缺口（gaps）、反轉（reversals）、島狀（islands）、箱型（boxes）、旋轉（spinners）、側衛（flankers）、角衛佯攻（cornerback fakes）、奔跑後衛（running guards）、孤獨的邊鋒（lonely ends）和進攻線員（tackles eligible）等等。

但說到該如何把這些技術整合在一個概念架構下，牛頓是第一個這樣做的人。牛頓（Isaac Newton）實際上並不是圖表專家，雖然圖表專家們聲稱他是其中一員。在蘋果事件發生隔天，牛頓說：「一個運動的物體往往會保持運動，而一個靜止的物體往往會保持靜止。」至少圖表專家是這樣說的。

如果沒有牛頓，那洞穴牆上的圖形就只是圖形。在牛頓之後，這些圖形模式可以代表運動的想法變得可以接受，一旦接受這些模式能夠代表運動，就可以斷定趨勢就是趨勢，直到它不再是趨勢前，它都是趨勢。換句話說，如果事情的發展像這樣：

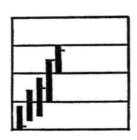

金錢遊戲

它會繼續發展，直到出現這樣的狀況：

除非它這樣發展：

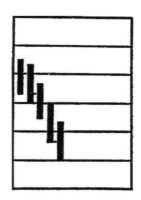

如果情況是這樣發展，那最糟糕的問題就出現了：

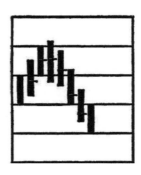

這似乎顯示它會這樣發展：

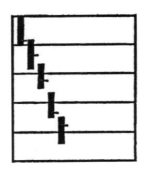

但之後它會反轉，然後出現這樣的走向：

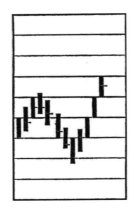

這就是一個**陷阱**，或者**證明規則存在的例外**。

你甚至可以把交易量放在圖形下方，像這樣：

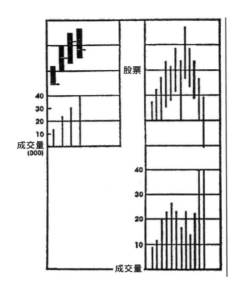

　　這樣你就可以看到這個價格變動是否伴隨著大量交易，或只是兩個無聊的西洋棋玩家在炒作冷門股票。

　　現在你已經學會一些技術分析的基本原理，到目前為止，都沒有什麼爭議。一張圖可以讓你很便捷地察看發生什麼事，告訴我們價格變動的範圍以及成交量。

　　這些「長條圖」顯示出變動範圍，但是根據長條圖的定義，它們必須都是垂直的直線。有一個變異版本叫做點數圖（point-and-figure），是股票所有走勢的完整圖像。每個價格的變動都會在對數座標紙上的一個格子標上一個×，因此，一檔價格波動非常小的股票，3個月後看起來會像這樣：

　　相較之下，一檔大幅波動的股票在一個星期之後可能看起來像是這樣：

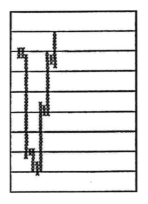

　　技術分析有種非正式的論點，認為股票變動大概可以分成4個階段，分別是：

一、蓄勢：為了清楚說明，我們假設一檔股票已經沉睡很長一段時間，交易並不活躍。然後交易量慢慢增加，價格也可能慢慢上漲。

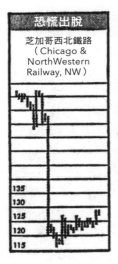

恐慌出脫

芝加哥西北鐵路
（Chicago &
NorthWestern
Railway, NW）

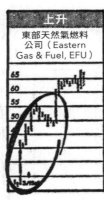

上升

東部天然氣燃料
公司（Eastern
Gas & Fuel, EFU）

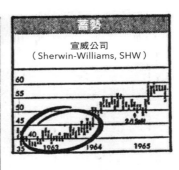

蓄勢

宣威公司
（Sherwin-Williams, SHW）

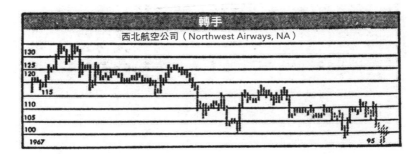

轉手

西北航空公司（Northwest Airways, NA）

CHART COURTESY OF PAPLLES ©CHART BOOK

二、上升：在蓄勢階段，市場還是有足夠的賣家，樂意把手中的老股票賣給後來願意購買的傻瓜。現在股票的供給量可能稍微減少，而且有更多買家更加積極要買進，所以價格開始直線上漲。

三、轉手：早期買進股票的聰明人正忙著把股票賣給晚到的傻瓜，結果股價有些停滯，這取決於買賣兩方誰的意願較高。

四、恐慌出脫：每個人都開始賣股票，不只是聰明的人或傻瓜，而是每個人。由於「沒有人」要買股票，所以股價下跌。（當然還是有「某些人」必須在下跌時買進股票，不然一夜之間股價就會歸零。）

現在我們來到比較微妙的地帶。當股票在上漲後無法繼續前進，只在相同的價格水準劇烈震盪時，圖表專家稱這是所謂的**壓力區**（Area of Resistance）；當一檔股票下跌到一個點就無法再繼續跌下去，而且在附近劇烈震盪時，他們稱這是所謂的**支撐區**（Area of Support）。

如果大家可以依靠這些圖表做出投資判斷，那確實會是一個非常美好的世界，但是如果事情真的這麼簡單，那麼2,200萬個積極的投資人只要擁有這些圖表，那這場遊戲就結束了。股票往往會快速突破**壓力區**或跌破**支撐區**，停留的時間只夠讓追蹤技術線型的投資人（**在壓力區**）賣出或（**在支撐區**）買進。然後圖表專家會針對過去的走勢指出哪裡是陷阱，但對困在陷

阱中的窮人已經沒有什麼幫助了。

如果技術線型圖表只能反映已發生的事件，那麼也沒什麼值得興奮的。它們只會用來作為穆迪或標準普爾股市統計手冊的附件而已，因此對於技術線型圖表能夠指出**未來**走勢，一直都存在爭議。

歷史真的會重演嗎？

基本面專家堅稱，股票價格會隨著公司發展變動，像是銷售金額、盈餘、毛利等諸如此類的要素。圖表專家則堅稱，這些因素的影響很有限，因為它們已經反映在股價上，而其他真正會影響的因素才會顯現在股價的變動上。

再來觀察支撐區和壓力區的概念。比如說，技術線型圖表顯示數位數據殺手電腦公司的股票在19到21美元間劇烈震盪，然後在一次驚人的炒作後，股價拉高到36至38美元間，而且在那裡劇烈震盪，然後回跌。圖表專家會說，股價在20美元時出現「支撐區」。如果股價跌回那個價位，他們可能會願意多買一些。或是這樣說，有人正在觀察這檔股票，而且看到股價「離他們愈來愈遠」，他們不願意用更高的價格追價，但是如果股價回到他們感興趣的價位，他們就會買進。相反地，有人在38美元的時候賣出，現在股價回檔，或許他們會願意在38美元時賣出更多股票，或是第一次沒有賣到股票的人會願意以38美元的價格賣出。

如果數位數據殺手電腦公司的股票回跌，然後突然快速飛

升突破38美元，那麼舊的壓力區就變成新的支撐區，而且整個過程會重複發生。

你可以看到技術分析有個潛在的假設，那就是昨天的真實到了明天也是真實的，也就是歷史會重演。除了考量過去的時間之外，時間這項因素基本上是被忽略的。如果有新的因素必須在未來反映出來，那麼當數位數據殺手電腦公司的股價突破壓力區或跌破支撐區時，它們的影響就會體現出來，而理論上你就會知道有其他事情正在發生。

多年來，圖表專家可能比基本面專家承受更大的壓力。基本面專家能夠向你報告公司的最新資訊，並歸納結論，提供適當的布局建議。基本面專家可能會這樣說：

利許聯合企業（Zilch Consolidated）最近的股價疲軟引發投資人關切。新的利許寵物狗食外包裝生產困難，導致生產費用超過預算，雖然銷售增加4％，但毛利卻下降7％，而且這個部門的淨利下降10％。利許公司其他部門的銷售則反映經濟成長放緩的態勢，因此淨利可能只比去年好一些。雖然短期因素也許會決定近期價格的變動，但是我們仍然認為利許聯合企業會為耐心的投資人創造可觀的長期價值。

分析師會報告股價重挫之後發生了什麼事，但是如果你耐心地長期持有，你也許會有很好的報酬。「長期」是關鍵詞，它

可能在任何時刻用在80％還沒破產的股票上。不用太在意「**長期就是一連串短期的結合**」，或是「長期來看，我們都死了」這樣的說法。「耐心的投資人」和「長期看漲」是資本家性格的美德，大多數華爾街作家都假設，他們的讀者是由擁有火車專用車廂的百萬富翁組成，這些富翁會在沉默的僕人服侍下，以及若有似無的時鐘滴答聲中，從加州薩拉托加（Saratoga）坐火車到棕櫚泉（Palm Springs）。他們是真正有耐心的長期投資人，而且簡而言之，他們的錢多到不希望被打擾。當然研究部門並不會真的假設他們的讀者是擁有火車專用車廂的百萬富翁，但是他們選擇的語言，以及他們得出的結論，都會讓你認為模稜兩可，對他們而言，說「儘管近期的表現很不穩定，但是長期持有不需要擔憂」比說「賣出」來得容易。

圖表專家能報告的素材比較少，而且他們沒有「**長期**」這種「**免責區**」可以逃避。他們的論點是，過去的模式可以告訴我們未來的模式，因此他必須說市場大盤（一組平均數字）或是一檔特定的股票未來會上漲或下跌，而且非常容易檢查他們的預測對不對。所以他必須這樣說：

　　除非大盤能突破920點這個高檔壓力區，不然我們就預期不會出現大幅上漲。最近石油類股的走勢疲軟，以及航空類股的強勢，顯示類股正在輪動。大盤的支撐位置在885點，除非放量下殺，不然我們預期近期的情況不變，大盤還會維持在這個區間。

簡而言之，除非市場上漲，不然它不會上漲；除非市場下跌，不然它不會下跌，而且不管是哪個情況，它都會保持不變。

這種說法看起來有點像廢話，但也不盡然。有時這個祕訣和咒語會變得相當有趣，特別是當圖表專家從相同的技術線型圖表中發表相反結論的時候。但是一張圖能夠告訴你已經發生什麼事，而且這與你**認為**會發生的事不同，那麼即使未來並無法從茶葉占卜中預見，也許你應該再重新思考一次。技術分析的假設是你應該關注這些圖表，因為已經採取行動並因此創造這些圖表的人比你還聰明，或是知道一些你不知道的事。你也許會拒絕這個假設，但這依然是很好的預測方式。

那麼，過去的走勢真的可以預測未來嗎？

如果真的是如此，那麼這個方法很快就會失效。因為當每個人都知道某件事情，就跟沒有人知道這件事情一樣。市場很快會變得太有「效率」，也就是說，現在價值與未來價值的差距，很快就會因為預測工具而消失。但是圖表專家就像德爾菲的神諭（the oracle of Delphi）一樣，必須持續發布預測性的格言，創造如宗教般的異端與虛偽空話。

但這是否意味著可以忽略技術線型圖表？即使技術分析的天生預測品質不佳，但還是一個有用的工具。一張技術線型圖表能提供股票特性的即時樣貌，不論它的步伐踏的是小步舞曲、華爾滋、扭扭舞或最新的搖滾曲風。圖表有時也會告訴你舞者的舞步似乎已經改變。甚至有些數學工具支持這種趨勢會持續的論點；最近羅伯特·列維（Robert Levy）發表的博士論

文《普通股預測的相對強弱概念》（*The Relative Strength Concept of Common Stock Price Forecasting*）便探討了這點。這本書的前60頁或許清楚展現了「技術面」市場分析的威力。而剩下的內容則對股價走勢進行充滿爭議而深具啟發性的檢測，但是由於這個檢測大量使用電腦與高等數學，對於用股價軌跡來進行預測的圖表學家來說似乎幫助不大。

最後，儘管技術分析圖表可能不符合圖表專家和圖表銷售業者的要求，但是他們試圖描述蓄勢和轉手階段的行為，已經成為華爾街用語的一部分，雖然不是非常準確，但是已經廣泛到應用在其他領域。我記得有次午餐在跟人討論人際關係時，一個紳士說：「在婚姻中，釘峰（spike）[100] 的形成基本上是一件壞事。」其他人也說：「但島狀反轉總是不可避免。」而且沒有人特別注意到這些描述。在技術分析的語言中，最令人興奮的時刻就是一檔股票長期在相同價格水準之後，突然劇烈變動。有天一個朋友和我正在吃午餐的時候，我們看到坐在對面的同事滿面紅光，喜形於色。「不，肯定不是因為市場的關係。」我的朋友說。「他剛交了女友，而且昨天他們第一次對彼此說我愛你。你還記得那種突然成功的美妙感覺嗎？」

圖騰也許是迷信，但是如果迷信是故事場景的一部分，而目的是要預測群眾的行為，那麼了解這些圖騰必然會成為預測的一部分。

---

100 譯注：指短期大幅波動。

所有的技術分析圖表都有一個論點可以單獨檢視與檢驗，那就是過去的走勢有助於決定未來的走勢，而技術線型圖表可以顯示這種動能。所有圖表專家為了推斷並展現股價的動態，必須針對不同時間的股價畫出一些線，可能是平均線，也可能是高點相互連結、低點相互連結、或是高低點連結的線，然後假定股票（或類股）**很有可能**沿著這條線發展。別管「很有可能」的機率是 51％還是 99％，那就是敵人發動攻勢的起點。而且敵人非常認真，有各式各樣的技術線型圖表，而且到目前為止，我們只是快速瀏覽入門的書籍而已。讓我們暫停一下，觀察敵人的攻勢吧。

第十一章

到底什麼是隨機漫步？

　　技術分析就跟埃及紙草紙（papyrus）一樣古老。「隨機漫步」（random-walk）的論點也有久遠的起源，但在穩健的發展下，現在跟電腦一樣新奇。技術分析是要從過去發生的事情中找到一些規律，而隨機漫步的論點則斷言過去發生的事件沒有規律。如果擁護隨機漫步理論的人是正確的，那圖表專家就會失業，而所有證券分析師都會有麻煩。

　　擁護隨機漫步理論的人是商學院和經濟系的大學教授，他們精通很多高深數學，而且很喜歡拿來應用，而且事實上，這些學者撰寫的多數隨機漫步論文必定晦澀難懂，而且充滿很多符號，這樣才能讓同事刮目相看。如果你想要閱讀其中幾篇論文，可以試著看看《Kyklos》期刊，裡面收錄了不少。我們要一瞥敵人攻勢的素材都在這裡，也在保羅・庫特納教授（Professor Paul Cootner）編輯、麻省理工學院出版的《股票市場的隨機

性質》（*The Random Character of Stock Market Prices*），以及芝加哥大學商學院精選論文第16篇：尤金・法馬教授（Professor Eugene Fama）撰寫的〈股票市場價格的隨機漫步〉（Random Walks in Stock Market Prices）。

什麼是隨機漫步？這個主題的論文我也是一知半解。我對布林代數（Boolean algebra）的了解有限，而且不懂隨機序列（stochastic series）。但是在跟隨機漫步專家多次談話之後，我發現整件事可以用一句話來定義，而且庫特納教授後來告訴我的一位朋友，這個定義很不錯，因為不需要任何式子、Σs或△s，這個定義就是：

價格沒有記憶，而且昨天與明天無關。每天開盤上漲和下跌的機率都是一半一半，昨天的價格是由昨天的事情決定。引用法馬教授的說法：「過去歷史的（股價變動）序列無法以有意義的方法預測未來，市場價格水準或一檔股票的未來走勢，並沒有比一系列累積下來的隨機數字更有預測能力。」

當然，不只學者會把隨機性視為打敗市場的方法。新罕布夏州民主黨參議員，也是具有影響力的參議院銀行委員會委員湯瑪斯・麥坎迪爾（Thomas J. McIntyre）有天把他的飛鏢盤帶到議會，然後把股市行情表貼到飛鏢盤上，然後射出飛鏢，後來他用飛鏢選出的投資組合表現幾乎贏了所有共同基金。〔在參議院考慮要對共同基金立法時，麥坎迪爾參議員的飛鏢還因此成為麻省理工學院保羅・薩穆爾森教

授（Professors Paul Samuelson）[101]和耶魯大學亨利‧瓦利池（Henry Wallich）[102]支持隨機漫步理論的證詞。〕

如果像薩穆爾森教授、瓦利池教授和參議院銀行委員會這樣的重量級人物都認真看待隨機漫步，那麼每個人最好準備採取行動，因為如果隨機漫步確實是正確的，那麼所有的圖表和大多數的投資建議都沒有任何價值，而這又會影響遊戲的規則。

隨機漫步的第一個前提是，像紐約證券交易所這樣的市場是「有效率」的市場。也就是說，這個市場裡，有很多理性、追求獲利最大化的投資人擁有幾乎相同的資訊，試著在預測未來股價走勢上相互競爭。

第二個前提是股票確實有實質價值，以經濟學家的說法是均衡價格，而且在任何時間點，股價都是估計實質價值很好的依據，而實質價值取決於股票的盈餘能力。但由於沒有人完全肯定實質價值是多少，「許多競爭的參與者行為，應該會導致有價證券的實際價格會**圍繞著它的實質價值隨機波動。**」（法馬的說法）。

隨機漫步的研究人員已經測試了理論的「實證性證據」，而且這項研究的目的是要用數學來說明：股價的連續變動是相互獨立的。下面的樣本檢定可能會讓你震驚，這是由麻省

---

101 譯注：諾貝爾經濟學家得主，是新古典學派的代表人物。
102 譯注：德裔美國經濟學家，曾經進入聯準會擔任理事，也曾是《新聞周刊》（*Newsweek*）著名的經濟專欄作家。

理工學院的威廉・史泰格（William Steiger）所做，收錄於《股票市場的隨機性質》。

　　這個檢定是奠基於統計學的抽樣分布，樣本來自我從其他地方取得的純隨機漫步統計數值。[103]令 t 為一個隨機變數，代表連續隨機漫步序列的第一個觀察值到最後一個觀察值的標準差，與樣本增量的標準差之間的比率。這個分布代表 t 小於或等於所有 t 的機率，以 Pt 表示。

　　考慮下面的連續隨機流程，令

$S(t) \ (m \leq t \leq n)$

表示一個從 m 到 n 的一段純隨機漫步，其中 m 是整數，t 在 m≤t≤n 之間連續變化。令

$$S_n = S(t)_{t-n} \qquad (1)$$

我們把 t 從 m 到 n 變動的 S(t) 數值，轉換成一個平均增量為 0 的函數。令

$$S^*(t) = S(t)\frac{S_m(n-t)+S_n(t-m)}{n-m} \qquad (m \leq t \leq n) \qquad (2)$$

代表（m, Sm）到（n, Sn）連線的離差，而且

$$R_m(t) = \max_{m \leq u \leq t} S^*(u) - \min_{m \leq u \leq t} S^*(u) \qquad (3)$$

這是指在時間 t 時，(m,n) 線段的離差範圍。

---

103 譯注：這是指沒有截距項的隨機分布。

而增量是：

$$d_i = S_i^* - S_{i-1}^* \quad （i\text{是整數}；m+1 \le i \le n） \qquad (4)$$

我們定義

$$S_{m,n} = \sqrt{\frac{1}{n-m}\sum_{j=m+1}^{n}(d_j^2)} \qquad (5)$$

是在範圍內各時間的增量標準差。

最後，令隨機變數

$$t_m(n) = \frac{R_m(n)}{S_{m,n}} \qquad (6)$$

那麼樣本分布函數為：

$$H(t) = P_r\big(t_{m,n} \le t\big) = 2\sum_{j=1}^{\infty} \frac{1-\left(\frac{N-2}{N^2}\right)4J^2t^2}{\left(\frac{1+4J^2t^2}{N^2}\right)^{\frac{n+1}{2}}} + \frac{\left(\frac{N-2}{N^2}\right)4J^2V^2-1}{\left(\frac{1+4J^2V^2}{N^2}\right)^{\frac{n+1}{2}}}$$

其中

$$N = n - m \le 2$$

而且

$$V = \begin{cases} 1, & N\text{是偶數} \\ \sqrt{\dfrac{N}{N-1}}, & N\text{是奇數} \end{cases} \qquad (7)$$

式子(7)在隨機漫步的抽樣區間有兩個解釋，其中一個是可以在連續的隨機漫步區間 $S(t)$ $(m \le t \le n)$ 中抽樣 S_i^*，其中 i 是整數，而另一個是不能像式子(3)那樣抽樣 $R_m(t)$，只能做如下的抽樣：

$$R_{m,i} = \max_{m \le j \le i}\big(S_j^*\big) - \min_{m \le j \le i}\big(S_j^*\big) \qquad (8)$$

因此只能抽取如下樣本：

$$t_{m,n} = \frac{R_{m,n}}{S_{m,n}}$$

在某些情況下，$R_{m,i}$也許等於$R_m(i)$，然後，而且也只有這時候可以將式子(7)解釋為$t_m(n)$的精確抽樣分配函數。

一般來說，$Rm,i \le Rm(i)$，而當$i \to \infty$，m固定時，這個等號成立的機率是1。

你可能沒有意識到這是序列相關係數的問題，它們給我的感覺就跟給你的感覺一樣。另一個方法是測試不同的機械式交易法則（mechanical trading rules），來看它們是否比一般買進並持有的方法得到更多的收益。例如麻省理工學院西尼・亞歷山大教授（Sidney Alexander）測試各種濾嘴法則（filters），推斷如果按照其他機械式交易法則來操盤，會出現什麼結果。

（5％的濾嘴法則會這樣進行：如果股票在任何一天上漲5％，就買進並持有，直到股價從接下來的高點下跌5％，到那時再賣出股票，然後放空。維持放空直到某一天的收盤價從低點上漲至少5％，那時再回補並買進。）

你可以看到，濾嘴法則確實與趨勢分析、或是價格變動的衡量有關。亞歷山大教授發表從1％至50％的濾嘴法測試結果〔見〈投機市場的價格變動：趨勢或隨機漫步〉（Price Movements in Speculative Markets: Trends or Random Walks）〕，發現買進並持有策略打敗了濾嘴法則。

因此，支持隨機漫步的人會說前提是，在一個趨勢裡的一檔股票**更有可能按照趨勢發展**，這是無稽之談，因為股票跟著趨勢發展的機率都是50％。

　　你可以說這與擲硬幣一樣。如果你連續擲5次硬幣的結果都出現人頭，那第6次出現人頭的機率是多少？如果你連續擲100次硬幣，出現100次人頭，那第101次出現人頭的機率是多少？機率都是50％。

　　「如果隨機漫步模型是對真實世界的有效描述，」法馬教授說，「圖表專家的工作就像占星家一樣，沒有真正的價值。」

　　隨機漫步的研究員似乎特別想給圖表專家難堪。就像我說的，一個擁護隨機漫步理論的教授在我家享用甜點時，因為有人建議要認真看待圖表而噎到。（因此我家現在有個規矩，所有擁護隨機漫步理論的教授在提到圖表的話題前，必須先吃完甜點。）另一個我熟識、擁護隨機漫步理論的教授要自己的研究所學生擲硬幣，人頭朝上就畫加號，人頭朝下就畫減號，然後填到圖上，沿著x軸，人頭朝上就向上移一格，人頭朝下就向下移一格，當然，後來製作出一個很漂亮的點數圖，有完整的線型、頭部和肩部、反轉、雙頂，以及所有股市圖表的特徵。

　　但是隨機漫步的研究人員不只批評圖表專家，他們也把證券分析人員踩在腳下。而他們的推論是這樣的：

　　股票的實際價格與真正的實質價值之間有差異，分析師蒐集所有資訊，應用他們的訓練與見解，進而決定買進或賣出。

他們的行為有助於縮小價格與實質價值之間的差異，分析師的分析愈好，精通市場的分析師就愈多，他們的分析就會變得愈無效，也就是說，市場會變得更有「效率」。一個「有效率」的市場會與隨機漫步模型相當吻合，其中的價格會反映真正的實質價值的折現值。

現在，在一個效率市場中，顯然一個領先其他人的分析師會勝過一般分析師，但當然所有分析師都認為他們比平均水準更好，一個分析師的見解必須持續比代表一般看法的隨機選擇投資組合表現來得好，因為每個分析師都有50％的機會做得比隨機選擇還好，即使他完全是個傻瓜，或是用射飛鏢選擇標的，而不是用計算尺來選股。

實質價值真的存在嗎？

這是一個冷酷、嚴峻的世界、一個隨機漫步的世界，也是一個消極的世界。擁護隨機漫步理論的人的確相信一檔股票有著實質價值，但是對我們沒有太大的幫助，因為不論市場過於樂觀或是悲觀，一檔股票只會用實際價值的價格賣出，不論那個實質價值是什麼，所以實質價值就像一個停止的時鐘，但一天總有兩次會是正確的。

就像我們知道的，市場上有**16,000名**證券分析師，當然也有幾千位圖表專家。圖表專家並不相信隨機漫步，因為那會使他們正在做的事毫無意義，而且沒有人想要感到自己的努力

跟射飛鏢選股有一樣的結果；至於對分析師來說，他們覺得隨機漫步並不重要，因為他們的見解和資訊會使他們遙遙領先。他們都不會真正遵循隨機性的數學證明，如果他們這樣做，而且相信隨機漫步，他們也許會被減薪，轉型去商學院教書，但是現在並沒有看到有大批的分析師離開業界。

要支持這些懷疑論者，我們只好再看一次這個前提，也就是市場相當「有效率」，那裡有很多理性、追求獲利最大化的投資人在相互競爭。但是投資人，即使是冷酷、嚴格自制的專業基金經理人，也許都不理性，或是並不是百分之百的理性。也許他們寧願只有**一些**獲利和擁有公司的感覺，而不是得到最大的獲利和焦慮感。隨機漫步模型的投資人很可能是**經濟人**，而且我們的確某種程度上認為人可能不像經濟人那麼理性，凱因斯說：「在非理性的世界，沒有什麼比理性的投資決策更具災難性。」

到現在還沒有人了解要怎麼將情緒放進序列相關係數進行分析。從統計學來看，股票的價格跟明天和昨天的價格沒有關係，這是絕對正確的。但是人們，也就是群眾，確實有著日復一日延續下去的記憶，你確實可以在隨機漫步的世界和技術線型圖表世界中注意到一件事：它們都沒有考量到人的存在。價格在那裡、係數在那裡、過去的資料在那裡（或不在那裡，這取決於你支持技術分析，還是隨機漫步）。柏克萊主教在森林裡的那棵樹已經倒下了，不論是否有人聽到，它都會發出讓人敬畏的聲音。

如果市場真的是一場遊戲，那很可能有個根本不存在實質

價值的遊戲。如果這個遊戲有一部分是當每個人都決定柏克萊主教的樹要倒下時，樹就會倒下來，那麼甚至不必有樹存在。如果印刷廠可以印製實體股票、紐約證券交易所保持開放，而且銀行偶爾會發放股利，即使所有煉鋼廠、倉庫和鐵路都神祕地消失，只要沒有人知道它們消失，那麼我們還是能夠擁有這整個遊戲。

擁護隨機漫步理論的人正在利用電腦來為這個理論進行更複雜的驗證，而且它們將會產生很大的影響。技術面分析師也在利用電腦，他們抽取樣本、應用濾嘴法、不只研究價格變化，還研究上漲家數和下跌家數、移動平均、外盤量與內盤量，以及任何想得到的序列關係。人們寫電腦程式，但因為電腦並不會自己推論，所以相同的電腦會提出不同的證據。對擁護隨機漫步理論的人來說，在數學語言上面臨的第一個挑戰就是羅伯特·利維（Robert Levy）寫的《相對強弱指標》（*Relative Strength Concept*）；但直到今天，依然無法對此用數學做出清楚的解答。

從定義來看，擁護隨機漫步理論的人帶來的影響很好，因為他會讓每個人檢測自己的績效表現，而不是接受神話和空泛的論點。同時，依靠隨機漫步理論致富的人很少，有錢的圖表專家也很少，但並不是完全沒有這種人。但是周遭有些相當成功的投資人並沒有使用特定的系統。或許他們只是一直以來操盤都很幸運的股民，或許他們更為理性，或許他們可以得到更好的資訊，而且或許他們是研究人類心態的優秀學生，雖然在

嚴格的統計學世界中有時候並不會考量這點。

擁護隨機漫步理論的人並沒有全都堅持市場符合隨機漫步理論。有些人承認，市場不符合隨機漫步理論，因為市場會偏離「完美」或「效率」。總而言之，有人為因素在裡面。「我的模型，」庫特納教授說，「跟我解讀的華爾街圖表內容完全沒有矛盾。就像發現鎮靜劑的印度民間醫生一樣，華爾街的巫醫如果沒有發現科學方法的好處，就會用他們的魔法創造出一些東西，即使他們無法告訴你那是什麼東西，或是要怎麼使用。」亞歷山大教授在一篇論文的總結做出這個聲明：「長期來看，投機市場中的股價變動似乎符合隨機漫步理論，但是一個變動一旦開始，往往就會持續下去。」

你可以用會持續的變動繪製出一幅圖表（亞歷山大教授說：「『統計學家』對長期隨機漫步的發現，與股價變動方向的非隨機趨勢的觀察是一致的。」）

實在地說，你必須把書裡**坦承的偏見**應用在圖表理論與隨機漫步理論上。圖表只能看到股價的變動，而技術面分析可以涵蓋價格變動以外的因素（成交量、上漲家數和下跌家數等等），這些最容易用圖表顯示。

這裡要坦承的偏見是，那些偏愛複利盈餘的人其實來自一種老舊的基本面概念，就是「未來盈餘的折現值」，這只不過是從傳統基本面中**未來股利的現值概念**往前跨了一步而已。不可否認的是，這些加速成長的盈餘包含了所謂的實質價值，但即使的確有實質價值，還是可以當成一場遊戲去玩。而且如果

市場是一場遊戲，那麼統計學家對圖表的詆毀聽起來可能就沒那麼重要了。如果有足夠的圖表專家一起行動，可能會形成市場的一股力量，或許圖表專家只是市場裡非理性、到目前為止仍難以捉摸的南方古猿派。

還有一個對學者的偏見應該記錄下來，那就是他們會說著聽眾不會說的語言，也就是二次方程式。「在數學和對普通股的投資態度間有個特別的矛盾關係。」證券分析之父葛拉漢在《智慧型股票投資人》（*The Intelligent Investor*）中寫到：

> 數學一般被認為可以產生精確、可靠的結果，但是在股票市場中，如果我們使用愈複雜、愈深奧的數學，那從中得到的結論就愈不確定與投機。在華爾街工作44年的經驗與研究中，我從沒有看過對普通股價值或相關投資決策有什麼可靠的計算方法，這些計算都超出簡單的計算或最基本的代數。不論哪個時候，只要應用到微積分或高等代數，你就可以當成是一個警訊，認為操盤的人試著要用理論取代經驗。

就像你預期的，我也要坦承自己有偏見，我發現自己很難不去同意權威分析師的看法。我想就算有個擁護隨機漫步理論的人公布一個對隨機性的完整數學證明，我也會繼續相信長期來看，未來盈餘會影響現值，而短期來看，主導因素則是難以捉摸的南方古猿，那些群眾的心理。

直覺能寫成程式嗎？

1881年卡爾頓公司（G. W. Carleton & Company）出版一本由成功操盤人寫的《如何在華爾街取勝》（*How to Win in Wall Street*），成功操盤人在伊利公司（Erie）和路面電車公司的投資奇蹟我們不必關注，雖然他的故事聽起來很像是真的，但是他的操盤遠遠不及偉大的交易員基恩（Keane）成功，在他觀察偉大的基恩使用的靈活投資戰術後，這位成功操盤人聯繫基恩，問他是否有什麼買進或賣出的原則。

「先生，」偉大的基恩說，「我沒有什麼原則，我買賣股票就像女性一樣，靠的是直覺。」

直覺仍然跟著我們，即使它不能寫進電腦程式裡。幾乎每件事都能寫成程式，我的**圖表大師**朋友艾伯特（Albert）是一位頂尖的電腦工程師，艾伯特從沒有聽過隨機漫步理論，直到我告訴他，他才知道。所以你會發現兩派的人都可以使用電腦。

有一天，艾伯特打電話給我，就像剛得到320 c.c.黑色聖母選美冠軍機車的9歲男孩，他像跟地獄天使（Hell's Angels）[104]幫派一起騎車一樣興奮。「快來看新電腦！」他說。

市中心的人稱艾伯特是技術面專家。技術面專家認為，市場唯一必須了解的事就是供給和需求，不要在意盈餘、股利、商業前景，那些都是基本面專家才會去看的。供給和需求顯

---

104 譯注：這是由白人男性為主的飛車黨，通常會穿印有幫派標誌的皮夾克，騎哈雷重型機車，進行暴力犯罪。

示在價格、數量，以及其他技術面專家會整理在紙上的統計數據上，也就是技術線型圖表。就像狒狒的天敵是花豹一樣，技術面專家也有個天敵，這個天敵並不是基本面專家，因為基本面專家總是會容忍他們，天敵是反技術面專家，也就是我們剛剛碰到擁護隨機漫步理論的人。但是就像我們知道的，到現在並沒有隨機漫步理論家設法用英文寫出一篇完整的論文，而且大多數的華爾街人士可能不懂那些躺在平方根號裡的小寫希臘符號。

　　無論如何，艾伯特非常興奮，所以我很快就去看新電腦。艾伯特在一家法人機構工作，那裡累積大量急切想要投資的資金。當艾伯特第一次去那裡工作時，他坐在一個小房間裡畫圖，而且沒有人注意到他。後來，當我知道這個法人給了艾伯特一整間辦公室時，就知道他備受重用。這些在組織高層發布命令的人，雖然用嚴肅的口吻說不怎麼注意艾伯特，但艾伯特的**戰情室**（大家都這樣稱呼）現在已經成為銷售員與分析師早上最常過去喝杯咖啡的地方。

　　我之前去過艾伯特的**戰情室**，而且他總是讓我想起軍隊的營本部。牆壁上貼滿圖表，而且有些圖表還立在辦公室中間。你預期會有個陸軍中校拿出一個簡報指揮棒說：「先生，有情報說查理（Charlie）在Z區**這裡**出現（輕敲地圖），所以我們要動用直升機在**這裡**攻擊（輕敲地圖），並在他到達寮國邊界前超到前面。金斯堡（Ginsberg）、歐萊里（O'Reilly）和阿柏格葛蒂（Alberghetti）會帶領他們的公司到**這裡**……」等等。

通常當我想要知道技術面專家對我查看的市場有什麼看法時，艾伯特就會耐心跟我解釋整個市場。「這裡我們看到，」在我們走路的時候他說，「那裡有專門交易零股的投機客正在賣股票。很好，而這裡我們看到他們還在放空。很好，現在，在南面牆上200天與21天移動平均線上，我們看到A線還在B線上方。現在很好。」我們到處逛逛，就像在畫廊裡，藝術蒐藏家走過描繪上漲家數與下跌家數比的肖像、描繪洛里差分（Lowry's differentials）[105]的肖像，以及在艾伯特畫廊的其他肖像。

艾伯特是我認識真的很樂於工作的人。我記得他小時候會把兩大職棒聯盟的所有球員打擊率分類，而且記住一半的資料，然後根據失誤和刺殺出局等等統計數字給他們評價。當他離開商業學校（不是像哈佛那樣的商學院）後，他在一家滾珠軸承公司擔任會計師，當時他還沒拿到會計師證照。這家滾珠軸承公司的副總正進出商品期貨市場，而且畫了很多技術線型圖表。不久之後，艾伯特開始畫商品交易的技術線型圖表，副總的操盤還不錯，於是他要艾伯特不要做工廠的事，讓艾伯特幫他進行技術分析，一年後，他讀了每個已經發表的技術分析資料，然後開始對各種圖表進行實驗。那時技術分析還是一種18世紀的科學，全都是靠經驗觀察而來，而且沒有人真的在傳授，要從師徒相傳和反覆試驗來學習。艾伯特是早上第一個到

---

105 譯注：這應該是洛里研究中心（Lowry Research）開發的指標。

工廠上班的人，也是晚上最後一個離開的人，不過他很樂在其中，副總和商品市場的營業員也樂觀其成。

這個時候，滾珠軸承的銷售情況出現惡化，正如你的預期，當副總正在擔憂5月的小麥和10月的水銀價格時，他們解雇了這位副總，在這個過程中，艾伯特也被解雇了。艾伯特這時對技術分析已經很有心得，而這個副總賺了很多錢，在佛羅里達買下1,000畝的椴樹林。他熱情地握著艾伯特的手，祝他過得很好，然後艾伯特就找到了圖表專家的工作，他發現這是他可以從事一生的工作。

無論如何，艾伯特的公司還不是真的最技術面導向的法人機構，因為最高層的主管不是這樣的人。但是走在先鋒的年輕人、分析師等諸如此類的人，還有艾伯特身為圖表大師的名聲，讓客戶總是會來這裡報到。當然，艾伯特現在是用自己的新電腦畫出統計圖表。

我到的時候有兩個分析師在他旁邊，其中一個正在與艾伯特看一張圖表，而另一個則在洛里差分圖的前面來回踱步，等著換他跟艾伯特討論。

「我剛才看過這家公司，」分析師說，「毛利正在增加，銷售金額會增加20％……」

艾伯特舉起手制止他。「不要告訴我這些，」他說，「我不想要知道這些。」艾伯特專注地看著圖表，分析師屏住呼吸

等著巫師從蠑螈的眼睛與青蛙的腳趾[106]間變出東西。

「這是頭部和肩部嗎？」分析師緊張地指著圖上的一段圖形問到。艾伯特輕蔑地看著他。艾伯特是非常友好、非常客氣的人，但是當外行人試圖用新方式解讀圖表時，他就會覺得很惱人。艾伯特說，這不是由圖表判定，而是由解讀圖表的人判定。而我不得不相信這點，因為如果你找兩個圖表專家，給他們看相同的圖表，他們有一半的機會會給你相反的意見。

「它找到了其他支撐，」艾伯特最後說，「也許在17、18美元吧。」

「但是當盈餘公布之後……」分析師表示反對。

「不用理它。」艾伯特說，而這時下個分析師走過來。這位分析師發現一個1960年代中期的公司，叫阿爾法紐曼尼克公司（Alphanumeric），他們的產品是新型的印刷設備。雖離賺錢還有一段距離，但是股價已經從7美元漲到200美元。因此阿爾法紐曼尼克公司的股價在底部1英寸的地方停留很久，然後直線上漲3英寸。事實上，他們不得將兩張圖表紙黏起來，讓股價能夠直線上漲3英寸。分析師非常樂觀，但是想要知道風險有多大。他指著圖上大概170美元附近的小區域，而且想要知道如果股價下跌，艾伯特是否認為可以進場買進。

「不。」艾伯特簡潔地說。

「你認為哪個位置是強力的支撐？」分析師問。

---

106 譯注：蠑螈的眼睛與青蛙的腳趾（Eye of newt, and toe of frog）出自莎士比亞的劇本《馬克白》。

艾伯特指著底部上方1英寸的線。「我會說在7美元，但這種事很難說。」他說，因為他並沒有認真看待阿爾法紐曼尼克公司。這檔股票默默地自行上漲，實際上圖表是看不出來的。現在，診斷時間結束，「病人」都離開了，我終於獨占圖表大師了。

　　「你看。」艾伯特說。在戰情室中間的桌子上有個看起來像電視機的東西，那是個顯示器，在顯示器前面有個像打字機或計算機的按鍵。

　　我看不出這是什麼玩意兒，但艾伯特對電腦並不陌生，他之前一直在使用分時系統的程式（time-sharing program）。現在我坐在他旁邊，他則在綠白相間的電腦列印紙上把紅色的小數字圈起來。

　　「這是即時連線資料。」艾伯特說。「連線」聽起來就像所有的資訊都在同一個系統上。「即時」就像是瞬間完成的。這意味著這個系統就像其中一台可掃描所有飛機座位的航空電腦，而且告訴你聖誕夜在一號航班上是否有座位。也許這個比喻並不正確，而且我甚至認為艾伯特是錯的，為了讓這台電腦知道將會發生什麼事，交易必須確實發生，而且必須被列印出來和記錄下來。無論如何，姑且可以說這是台聰明的年輕電腦；艾伯特讓電腦自己跑程式。艾伯特就像范・克萊本（Van Cliburn）[107]或葛倫・古爾德（Glenn Gould）[108]那樣坐在鍵盤前

---

107 譯注：美國著名鋼琴演奏家，曾獲得萬萊美終身成就獎。
108 譯注：加拿大著名鋼琴演奏家，是公認20世紀最著名的古典鋼琴家之一。

面，或著更像是葛倫・古爾德，襯衫捲起袖口，雙手已經準備好。

「各類股的動能！」艾伯特大叫，而且一直答答地敲著鍵盤，顯示器亮了起來：

　一、航空類股
　二、電子類股
　三、航太類股

電腦顯示。這就是資金的趨勢流向，這就是擁護隨機漫步的人拒絕承認的股價變動。

「是哪些航空股在動呢？」我問。艾伯特又去敲了鍵盤。

　幹線航空公司（Trunklines）

聰明的電腦這樣說。

「太感謝了，」我說，「我想也是。」

「航空公司、幹線航空公司、加權計算。」艾伯特敲著鍵盤。

　東方航空
　環球航空
　西北航空

電腦說東方航空的股價發展得最好。

「現在來看，」艾伯特說，「東方航空相對同類股的動能、相對於市場的動能。」

　　東方航空

　　1：4　　17：5　　4×1×3

「我看不懂，」我說，「那些數字是什麼意思？」

「那是我的系統，」艾伯特說，「那些是參數，不用理他。」

「運氣真糟，我對電腦什麼都不懂，每次碰到都覺得它們只是在說像是01001100100101101等愚蠢的東西。」

「現在這個是東方航空，根據目前股價加權後，與前幾天和前幾周比較。」艾伯特說，然後敲著鍵盤，螢幕亮了起來：

　　東方航空

　　99：97

　　3×4×1

「現在買家比賣家多。」艾伯特說。

我彎著身子按了另一家航空公司的符號，然後按下艾伯特按的相同按鍵。

　　錯誤

「這台機器看來只會聽一個人的話，」我說，「除非你親自坐在這裡，不然沒有用處，它認得出主人的手。」

艾伯特笑了出來。我們又坐在那裡15分鐘，繼續敲鍵盤。你可以看到一個少年時代的夢想最後終於成真了，所有球員的平均打擊率；身高排序；體重；在大聯盟的資歷；面對左投手與右投手時，哪個表現比較好；球員在左外野或右外野、在陰天或晴天時，哪個表現比較好。

「我可以看到這個新發明可以處理大量的資訊，」我說，「但是在任何一天，整個情況都可能會徹底改變。」

「可能會這樣，」艾伯特說，「什麼都有可能發生。」

「很好，」我說，「現在你要告訴我的是，在擁有這些複雜的工具之後，為什麼圖表專家會認為7月是多頭行情，9月是空頭行情，跌到低點？」

「有人必須主動出擊，」艾伯特說，「但不是我們。」

「這個新玩具很有趣，但是它也不是在做你真的沒有做過的事情。」我說，「就算你可以更快地掃描更多股票，你可以對一個小時前發生的每件事情排序，但大家還是在玩相同的遊戲：別人都在做些什麼？」

艾伯特笑了出來。「這是這個遊戲的名字。」他說著，一邊用拇指指向天空，「『他們』會對此印象深刻。」「他們」指的是樓上那些辦公室鋪著地毯、負責做決策的人。

現在突然間我看到整個遊戲的樣貌了。對於在嚴肅的喀爾文主義格言下成長的謹慎人士來說，證券投資就在於「品

質」，而「品質」是指長期的經營情況，而且通常事業會愈做愈大。對於這些人來說，圖表專家是手上沾著炭筆灰、坐在畫板前三腳凳上的奇怪小伙子，但是現在他可是擁有電腦的技術面專家，這也正是其中的奧祕，誰會對電腦嗤之以鼻呢？它不是可以很快把薪水算出來嗎？所以我明白為什麼艾伯特會這麼雀躍，這不只是一個聰明的新玩具，雖然的確有很多樂趣在其中，尤其當你模擬一個股票市場並檢測模型的時候。讓艾伯特如此高興的地方是一種新的地位。**電腦正讓技術分析得到認可**，圖表專家正往這個方向邁進。

當然，多年來有很多圖表專家，而且其中只有非常少人致富，所以我們沒必要害怕。到最後，我們還是要用自己的雙眼讀取這些數字，而且讀取的人要嘛很聰明，要嘛不聰明，聰明的程度各不相同。在這個時候，我們還是先為艾伯特感到高興吧。

你確實看到很多可能性。為了在市場上賺錢，我們要做的就是找出電腦認可的圖表可以做些什麼。現在已經有個粗略的版本，與1920年代那些在紙帶上畫上的美麗照片沒什麼不同，當時已經有些很有藝術天分的紙帶畫家。

這個粗略的版本我稱為「第四次進攻和第一次進攻，衝啊」（Fourth and One, Let's Go for It）。這意味著股價到了自己的45碼線上，第4次進攻，還有一碼的距離就可以達陣，而且會一直往上漲。如果它向上突破技術線型圖上的線，那就重新取得第一次進攻，還剩下10碼（first and ten）。比如說，我們現在在股價12美元買進賓士域。

我們正坐在電腦前面，其他人也都坐在電腦前面。這個遊戲的名稱是：**其他人正在做些什麼？**電腦正縮短了時空範圍，改善溝通狀況。根本不需要使用電話。如果賓士域上漲到12.5美元，突破技術線型圖上的上升趨勢，那每個人都會立即看到，而且重新取得第一次進攻，還剩下10碼達陣。

你幾乎可以聽到群眾開始咆哮，空氣中瀰漫著一股氛圍，「第四次進攻和第一次進攻，衝啊」，股票正被搶購：12美元、12.125美元、12.25美元、12.5美元、12.625美元！重新取得第一次進攻，還剩下10碼達陣！你甚至不必拿出測鏈測量（measuring chains），不必擔心股價突然退回到7美元，古老的突破線現在已經是防守線，呈現穩固且足以擺脫攔截的態勢，我們準備好進攻，傳球達陣，在人群中取得勝利。

我可以看到這一切會怎麼成功。但還是有人不會只對普通的勝利感到滿足。這裡有句非常適合的格言：**一檔股票只要正在上漲，那它就會上漲**，這是身處市場一種非常沉著的態度。而且因為我們都彼此關注，所以處於非常舒適的狀態，這就是所謂的「趨勢」。而且如果我們都保持這種趨勢，接著只要擔心趨勢反轉時要怎麼出場就好，但是也許屆時所有大眾都會加入我們的行列。

有一天晚上，一名維修工人走進艾伯特的辦公室，我可以想像他戴著像鐵路比爾（Railroad Bill）[109]的帽子，帶著一個長

---

109 譯注：鐵路比爾的本名是莫里斯·史萊德（Morris Slater），是一個非洲裔美國人，曾經擔任松節油工人。有天他離開工作的地方，腋下夾著福槍走到市中心，一個警察要他把槍交出來，他不從，於是警察就動手搶槍，結果他扣了扳機把警察給打死了，接著他就沿著鐵路線逃跑。因此被稱為鐵路比爾。

嘴油壺，口袋裡有著螺絲起子和小扳手等諸如此類的東西，所以如果有人碰到他，也沒有人會懷疑他。他們假設他在這裡只是要讓走廊上的螢光燈不要再閃爍。鐵路比爾環顧四周，很快地進入艾伯特的戰情室。

啊哈，我還沒講接下來的故事，你應該就猜到了吧，你知道他根本不是鐵路比爾，不論如何，他走到電腦前面，用螺絲起子轉個幾下，很快地把一些電路板拆下來，從口袋裡掏出一些奇怪的磁帶電路板。鐵路比爾就像個保險箱竊賊一樣快速，再多點幾下，口袋裡的手電筒就熄滅了，人已經到了走廊，看著還在閃爍的螢光燈。

隔天早上艾伯特到辦公室工作，跟一個分析師討論，他們拿起一張技術線型圖表，就像外科醫師看X光片一樣。然後艾伯特坐下來操作電腦，捲起袖口，一個華麗炫技的合聲四處迴盪。

「動能最強的股票。」艾伯特問今天的吉普。（每個人都忘記，在吉普被用來當作車的名字之前，還只是一個會說真相的小動物。[110]）而現在吉普亮起燈卻說了：

穆加塔德・邦邦（MURGATROYD BONBON）

「穆加塔德・邦邦？」艾伯特問。「從來沒聽過這家公司。」

分析師爭先查閱他們的股票手冊，在那裡！是一家沒有人

---

110 譯注：這是指1930年代流行的《大力水手》漫畫中的主角，是一個又像貓又像狗的動物。

感興趣的小公司。

「喔，好吧。」艾伯特說。「真是幸運，」然後艾伯特問漲幅最大的股票是什麼。」

穆加塔德・邦邦

圍在艾伯特旁邊的人愈來愈多。「問問壓力區在哪裡。」大家大聲說道。「問問可以漲到多高。」這群人感覺到有機會賺到史上難得的巨額財富。

艾伯特敲敲鍵盤，問問在所有股票中，哪個股票的漲幅會最大。

穆加塔德・邦邦

「從技術面的策略來看，我想我們必須買一點。」有個聰明的人可能會這樣說。而一個先進、有遠見的基金經理人則會打定主意，決定買進。

同個時間，在城市的另一邊，一個裝修過的小房間裡，鐵路比爾正等著夜幕降臨，磨亮他的工具，檢查他的股票清單。

而那天晚上……

第十二章

電腦選股可以打敗人腦嗎？

　　你也許會覺得我是要介紹艾伯特和他的電腦，還有鐵路比爾的故事。奇怪的是，鐵路比爾這類的事確實正在發生。這裡的鐵路比爾當然不是歷史上那個鐵路比爾，它是一台電腦。為了讓你看到鐵路比爾這台電腦如何運作，讓我們來從旁看一下整個電腦的發展。

　　當電腦一開始引進的時候，華爾街和基金管理界的很多人都趨之若鶩。電腦是一種創新、是一個科學，而且是未來的潮流，每個人都登記購買一台電腦，原因是其他人都已經買好了。這是在電力時代古斯塔夫‧勒龐所謂的群眾現象。每個人用電腦做的第一件事就是交給這台機器最隱密的東西，像是薪資、計算保證金帳戶等等。這都不是在投資方面的應用。

　　接著，電腦變得愈來愈強、愈來愈快，而且用極高效率完

成工作，讓人省下一下午的時間去看球賽。所以大家紛紛雇用擅長電腦的人，這些人很快就影響整個業界。「事實」（facts）離開了，「位元」（bits）進來了。一個位元是一個0或1的資訊，而電腦不只能記住幾百萬位元，還能記住每個位元在哪裡、以任何特定的順序重新排列、計算加減乘除、算出比例，而且還是讓你有一下午的時間看球賽。（所有閒置的電腦時間都很珍貴，這導致「分時系統」出現，讓相同的電腦可以讓不同的人因為不同的目的使用。）證券分析師習慣在口袋裡帶著計算尺到處走來走去，現在計算尺就好像鑽木取火一樣落後，所以分析師現在已經喜歡使用電腦術語，像是「輸入」。

電腦的下一步稱為**篩選**（screening），功能如其字面意義，你剛剛看到艾伯特已經做了一些。取得所有字元之後，電腦就能根據要求，以任何指定順序來排序。當問答系統的程式設計完成，就像艾伯特那樣，分析師就能夠坐下來說：「電腦，給我50檔本益比最低的股票。」而且電腦會很快把排序好的結果列印出來，或是顯示在像電視一樣的顯示器上。然後分析師可能會說：「電腦，請你告訴我這些股票中，哪10檔的投入資本報酬率（return on invested capital）最大？」而且電腦也能夠提供。然後分析師會無止境地操作下去。他可能會說：「電腦，把目前這10檔的本益比調整為3年的移動平均盈餘。」然後電腦就會把結果跑出來。

電腦的所有計算，優秀的分析師都能夠辦到，但是沒有一

個分析師能夠執行上千次的計算。電腦所做的是對數百萬位元的資訊進行篩選，而且從中創建不同的模型，這些是分析師實務上無法做到的。

因此，今天任何一個人都可以訂閱一項服務，提供一檔股票超過10年的情況、以各種特性為標準在同業中的排名，或是所處的產業在所有產業中的排名。

此外，分析師和軟體工程師也繼續涉足其他新的領域，其中一個就是**預測**，意即建立一個產業的模型，然後針對不同的情況試著去預測產業的獲利。這只是投入產出分析（input-output analysis）的變型版本，電腦甚至能根據季節變化來調整。

最後，分析師可以只坐在那裡指揮電腦，試試移動平均數、指數平滑法（exponential smoothing），以及各種不同的序列與比率，就可以看看自己思考的假設是否與情況相符。〔這就是為什麼華爾街上的書店能夠大量賣出《離散型時間序列的平滑化、預測與預言》（*Smoothing, Forecasting and Prediction of Discrete Time Series*）之類書名的書。〕分析師可能只是試著去「感受」統計學，或只是試著研究與本益比相關的多種衡量指標，像是銷售成長率、盈餘、這些銷售和盈餘的離差，透過多元迴歸分析（multiple-regression analysis，這就是他們的說法），將這些似乎會影響本益比的變數獨立出來。分析師的確可以辦到這些，但是他們是藉由視覺、感覺和計算尺來做這些事，因此只會有近似的結果，而且無法分析大量股票。電腦不只能夠印出所有的資訊，而且如果有

股市圖表軟體，還能改變這些圖表的線性資訊，畫出你要的圖表。

〔如果有機會，你可以試著操作裝有股市圖表軟體的電腦，你可以拿起光筆（像是一台口袋型的手電筒），在螢幕上畫一個圓圈，然後電腦會修正成一個完美的圓圈。這對航太工程師來說毫不新鮮，但是對業餘人士來說，卻是自童年以來最有趣的一件事。〕

電腦做的這些工作都要處理基本面、以及跟基本面相關的因素，像是經營情況、銷售金額、獲利、毛利等等。當電腦被用在技術面分析時，也就是說要「知道其他人正在做什麼」的時候，真正有趣的地方就來了。當艾伯特要電腦列出動能最強的股票，也就是在所有股票中找出股價變動最大的股票時，你已經看到一些端倪了。

我有個朋友叫做厄文（Irwin），他是美國頂尖大學裡的教授，是用電腦來進行技術面分析的頂尖程式設計師。厄文是科技專業教授，60多歲，工作傑出，也就是說，他除了教導這個國家的年輕學子之外，還要忙著做其他16項工作，而且他的大學薪水只占收入的1/3，其他2/3來自顧問服務與各種投入的商業活動，當然有人會幫他做苦工，那就是找他指導論文的研究生。

不久之前我才去找厄文。你在距離大學3英里以內的地方就能找到他，他在學校附近的辦公大樓裡有個時髦的辦公室，

裡面有簡斯・里森（Jens Risom）[111]設計的家具和接待員，那是他三家公司的所在地。我不能告訴你公司的名字，但是它們的名字裡都有像「電腦」、「決策」、「應用」、「技術」等等的詞。有家經常面對重大決策的大公司副總裁以高薪聘請厄文，他可以建立一些複雜的模型，以及讓電腦跑資料過後，告訴副總裁新的甘草牙膏不會成功，因為它是黑色的。美國人不想要黑色的牙齒，而那些想要黑色牙齒的人已經在嚼檳榔了，而且他們只占牙膏市場的4.6623%。

厄文的電腦系統是由幾個機構資助，而且都有連線和即時更新等功能。它與紐約和美國證券交易所的報價連線，甚至不需要用光學讀取磁帶，只要獲取驅動股票行情的電脈衝（electrical impulse），就可以直接把資訊存進記憶體。對厄文的電腦來說，篩選、預測，以及進行多元迴歸分析，簡直就是輕而易舉。我想要知道厄文的電腦如何對市場的技術面資料進行分析。

「它做的第一件事是監控每筆股票交易、價格、成交量和百分比的變化。」厄文說，「我們為每檔股票建立**行為模式**，當一檔股票的表現超出模式時，螢幕就會亮燈，它在說：『嘿，看看這個。』」

（就像很多擅長電腦的人一樣，厄文往往會把自己的電腦看成是一隻大型、忠誠、會說話的狗，而把掃描的標的視為總

---

111 譯注：出生在丹麥的美國傳奇家具設計大師，特色是將北歐風格融入美式現代主義中。

是會脫隊的羊。）

厄文按了幾個按鍵，但是他桌上的大螢幕還是暗的。

「目前市場沒有什麼變化。」厄文說，「那我們暫時玩一下電腦好了。」

我們很高興地跑了一些多元迴歸分析資料，我想的測試是，如果在每天11點以前買進，而且在下午2點半前賣出，能不能賺得比股市專家還多？接著厄文的電腦亮出監控的信號，

監控

電腦說，我們屏息以待。

數位數據殺手公司
超出限價
38.5　2:14　500
58/56　54/52　12/12/12　47/47　42/56

「數位數據殺手公司的漲幅已經超出正常狀態，」厄文說，「這件事發生在60秒前，在2點14分，成交500股。」

「那剩下的數字是什麼？」我想要知道。

「參數。」厄文說，「別理它，我們來看數位數據殺手公司今天有哪些交易。」

厄文的電腦顯示著這樣的表格。

200	10:12	36¾
100	10:15	36
600	10:27	37
200	11:38	36¾
500	1:51	37¼
1100	1:59	37¾
3000	2:05	38
1000	2:07	38¼
500	2:14	38½

「這就是今天數位數據殺手公司的每一筆交易，發生的時間與成交量。」厄文說。

「聽起來很像圖表分析。」我說，「向上突破之類的。」

「大多數圖表專家使用的模式都只是迷思。」厄文說，「除了電腦可以同時監控數千檔股票，而且我們的模式經過統計測試以外，股票變動的原理其實是一樣的。」

然後厄文坐直身子，螢幕仍然不停地亮著數位數據殺手公司的資料。

「嘿！」厄文說，「還有另一台電腦在操作，還有另一台電腦在操作。」

就像警報聲已經響起，喇叭裡的聲音大喊「就戰鬥位置！」那般，兩名研究生從隔壁房間衝進來。厄文實際上的意

思並沒有真的「在廣播」，但是大家都明白他的意思。

數位數據殺手公司

54/52　52/52/52　61/65　99/99/99

厄文的電腦顯示。

其中一個研究生忙著從書架上把龐大的電腦印表機拖過來。

「我敢賭那是在明尼亞波利斯（Minneapolis）的IBM360/50，前幾天買的波音公司股票。」另一個研究生說。

「這是不科學的猜測，」厄文說。「接上大型電腦。」

「大型電腦？」

「我們的電腦無法儲存所有東西，」厄文說，「當它遇到無法處理的問題時，就會連上共享的IBM7094。我們給7094一條開放的電話線，7094保存了所有的股票模型。」

「你的意思是電腦正在買賣股票？」

「大多數的股票買賣都是由散戶和法人完成的，」厄文說，「就像以前一樣。」（厄文指的「以前」是1962年左右，當時電腦還只是做文書工作。）

「但是，」厄文繼續說，「有幾個老牌的基金跟我們一樣有連線的電腦，那真的很有趣。我們的電腦會掃描其他連線電腦的模型，看它們可能有什麼買賣程式。一旦我們了解它們的模型，好玩的就來了。我們可以嚇跑它的股票，或是更好的是，我們可以確定其他電腦想要買的價位，舉例來說，這台電

腦剛在38.5美元買進數位數據殺手公司，但實際上它的程式卻設定股價在42美元的時候會買進股票。也許我們可以在40美元和41美元買進足夠的股票，然後讓另一台電腦在42美元時自動執行買進，而它的買進就會使數位數據殺手公司的股價上漲到46美元，然後我們就勝券在握了。」

「就像是『第四次進攻和第一次進攻，衝啊』的策略。」我說。

「原則一樣，」厄文說，「只有在圖表專家做完記號之後，遊戲才會結束。圖表專家必須坐下來拿著羽毛筆，盯上好一會，連墨水都乾了。除此之外，圖表專家的模型很可能是錯的，並不科學。」

「也有另一台電腦在搜尋你的電腦嗎？」我問。

「可能會，」厄文說，「我們還沒有真的採用防禦策略，因為沒有足夠的電腦，但很快會開始。不幸的是，到現在並不是每個人都相信電腦。即使我們自己的訂閱客戶，很多時候也是猶豫不決。他們堅持要依循自己的判斷、自己的直覺，以及前電腦時代留下來的古老構想。這意味著我們的電腦還沒有證明自身完整能力的機會。」

「但你的電腦的確有在買賣股票啊。」我說。

「不幸的是，還是要**有人**來下單，」厄文說，「因為證券交易所並不接受來自電腦的下單，儘管電腦可以直接下單。但是，的確，我們的電腦正在操作一個投資組合。」

「那表現如何？」我問。

THE MONEY GAME

金錢遊戲

「當我第一次讓電腦連線時，我們問它應該買進什麼，而且我們迫不及待想要看它的投資標的，它回答：『國庫券和現金。』所以我們不能買任何東西，所以我們再次檢查了程式，而在我們檢查程式的時候，股市開始下跌。然後我們再問了一次，電腦堅持還是要保留現金。市場又再跌了更多。我們乞求它能買些股票。『一定有一檔股票是可以買進的吧？』我們說。你看，即使擅長用電腦的人，也會受前電腦時代的古老原始本能影響。電腦只是無動於衷，什麼也不買。然後在我們擔憂它永遠不會買進任何東西的時候，市場正好到了底部，它開始進場。市場開始上漲，而電腦則持續買進。很快地電腦就會滿手股票，而且市場還在繼續上漲。」

　　「那它後來做了什麼？」我問。

　　「市場還在繼續上漲，」厄文說，「然後有一天它終於要我們**追加資金**。它想要繼續買股票。所以我們給了一些保證金，在市場再上漲一些之後，它賣了一部分的股票，回到滿手股票的狀態。現在它已經擁有了購買力。」

　　「厄文，」我說，「現在告訴我實話。如果所有電腦都能連線工作，就像你說的，那散戶有任何機會嗎？」

　　「總是要看機運。」厄文說，「機運，也就是說一連串的隨機數字，任何時候都可能會發生。電腦真的有很突出的績效表現，而一個人要長時間做到這點的確很勉強。整體來看，在任何特定的期間，電腦總會是贏家。它必須是贏家。投資界會如封建時代劃分為各個封地，農民投資人們會聚集在各個屬於

自己的電腦城堡裡面。」

正如厄文教授預想到的情況，我對未來某些可能的影響感到些許不安，所以我拜訪另一家投資機構，不是厄文的公司，我知道那裡有一個完全由電腦選股的機器人投資組合，而且可以跟一個認識的分析師聊聊。

「所有機器人投資組合一開始都表現很好，」分析師說，「很快地，當人們識破電腦的投資邏輯，它們的表現就開始走下坡了。」

「為什麼它們的表現會變糟？我以為它們應該會進步。」

「嗯，我們這裡還有一個由分析師選股的投資組合，用來對抗機器人投資組合，當然分析師可以使用電腦進行基本面的篩選等等。」

「但是如果電腦也在篩選股票，為什麼它不能打敗人？」

「因為電腦必須隨時更新分析師的新意見、新資訊等等。」

「所以呢？」

「嗯，我們有21個分析師在這裡工作，而分析師提供電腦新的資訊。而且這21個分析師每個人都知道，如果機器人投資組合可以持續成為贏家，那21個分析師就會被掃地出門。」

「你的意思是分析師會**巧妙地破壞電腦程式**，而且是一次破壞一點，好掩人耳目？」

「這是你說的喔，不是我說的。破壞是一個很強烈的詞。只是你要相信我，機器也會失靈。雖然失靈的情況不多。但是當最後結算分數時，血肉之軀終究會擊敗那個怪物。」

第十三章

財報數字可信嗎？

　　你可以看到華爾街是個瀰漫著數字的地方，而這個遊戲就是用數字玩的，而有了電腦，更多人可以利用更多數字，做出任何在 1960 年代之前、前電腦時代的人夢想中更多的組合，來參與這場遊戲。但是，什麼是基本要知道的數字？那就是以公司為主的財報數字，像是銷售金額和盈餘，而在任何人的選股系統中，盈餘都是其中一個最重要的因素。

　　那什麼是盈餘？

　　這很簡單。你拿起報紙，看到利許聯合企業表示，本年度的淨利最後是 100 萬美元，或是 1 股 1 美元。當利許聯合企業公布年度財報時，財報會說公司盈餘 100 萬美元，或是 1 股賺 1 美元。財務報告會由一家會計師事務所簽證，表明事務所檢驗過利許聯合企業的財報，而且「我們認為，附上的資產負債表、

損益表和目前的保留盈餘，公允地呈現利許的財務狀況。這裡的審查根據的是一般公認會計原則。」

最後八個字是關鍵。「一般公認會計原則」可以翻譯成「利許賺到的可能是一股0.5美元或1.25美元，如果你仔細檢查我們在後面1至16的附註，你會看到利許的盈餘可以根據我們決定哪些要計算、哪些不要計算，像彈吉他一樣任意把玩。我們列出1股賺1美元，跟其他會計師在今年的做法是一致的，下一年就不一定了。」

數字意味著準確性，所以一間公司的淨利可能會根據不同的會計師簽證變得完全不一樣，要習慣這種想法可能有些困難。尤其當市場正要拿這些盈餘數字來推斷趨勢、成長率，以及丟進電腦裡跑程式的時候。而且即使一切不涉及任何詐欺行為，還是有可能會被送進監獄。

怎麼會這樣？

假如你是一家航空公司，而且買了一架全新的波音727飛機。假設這架飛機花了500萬美元，到未來某個時間點，這架飛機的價值將會是零，因為它的使用壽命會結束。所以你必須每年把一小部分的盈餘認列為飛機的成本。那架飛機的壽命是多久？你可以說使用壽命是10年，所以根據直線法折舊，今年你要認列50萬美元，相當於飛機成本的10％。如果你的乘客與貨物運輸產生的淨收益是100萬美元，當你認列折舊費用後，淨收益就會剩下一半。顯然在你購買飛機那年的盈餘，會比明年充分使用飛機，並一直讓飛機往返的時候還糟。如果在

第11年還繼續使用這架飛機，那你的獲利肯定會更好，因為那年完全不用認列折舊，成本已經完全註銷。

但這才是複雜的開始。機場隔壁正好是另一家航空公司，它也買了一架全新的波音727飛機。所以當財報都在同一天公布時，你和競爭對手就會被拿來並列比較，對嗎？

幾乎不行。隔壁的航空公司說它的飛機可以用12年，所以這家飛機要花12年來折舊，因此一年的折舊費用是成本的1/12，而不是1/10，所以它一年只會從盈餘中拿出41萬6,666美元，而不是50萬美元，而根據這個折舊基礎，這家公司賺得比你還多。

會計師不能讓同一架飛機做出相同的攤提嗎？不會，他們不會這樣做。但是證券分析師就要多花點腦筋了，他們必須將折舊率的不同調整為常數。會計師不是某種超級權威，他們只是客戶雇用的專業人員。你必定知道自己的經營狀況，所以如果你宣稱飛機壽命是12年，那飛機壽命就是12年。而達美航空的波音727飛機是用10年來折舊，聯合航空則是用16年。

當然，飛機是個很簡單的例子，但是第二代電腦呢？例如漢威聯合（Honeywell）H200和IBM 1400系列的產品呢？它們有相同的壽命嗎？如果看的是可以使用多久，也許有相同的壽命，但是如果你考量的是未來是否容易賣出或交易，也許IBM的產品比較容易。但是，為了鼓勵資本支出，買新設備可以取得投資貸款與稅收減免。那麼用行話來說，投資貸款要「認列」在第一年的營收？或是要分攤認列到設備的整個

使用期間？

　　如果每個人都用相同的折舊方法，但使用的期間不同，那麼使用壽命的計算就很複雜了，而且設備並不總是用直線法來折舊，也就是每年折舊相同的費用比例。有些公司在一開始認列大量的費用，像是150％餘額遞減法（150 percent declining）。有些使用的折舊方法名稱很吸引人，叫做「年數加總折舊法」（sum-of-the-years-digits）。如果你真的想要詳細了解，你可以打電話給會計師，問問這些折舊法的定義。

　　這還只是個開始，現在來看庫存：有些公司評估庫存的方法是後進先出法（last-in, first-out）。有些公司則是在產生研發費用時就馬上攤銷，有些則會攤提好幾年。有些公司會攤銷尚未支付的退休金，有些則根本不會攤銷。有些公司會在子公司獲利時提列所得稅準備，有些則在子公司還沒分配股利上繳母公司之前，沒有對所得稅提列任何準備。

　　當公司併購其他公司時，會計會變得更為神祕難懂。收購可以用購買法（purchase method）、權益結合法（pooling of interestmethod），或是把兩個方法結合起來。商譽可以被攤提，也可以不攤提。折舊的基準可能會非常不同。

沒有任何數字不能被人為改變

　　總之，沒有一家公司的損益表和獲利不能透過人為調整，管理階層和會計師總是可以在計算某件事時，用某個方

法來替代另一個方法。不久之前，普華會計師事務所（Price Waterhouse）[112] 做了一項研究，標題用了一個誇張的提問：〈一般公認會計原則對所得稅的認列，難道不會誤導投資人？〉

一般來說，一個真正的分析師如果不必花時間接電話、跟客戶溝通、賣股票給退休基金，以及參加會議，就能夠在幾天內破解損益表和資產負債表，雖然並非總是如此。這意味著相當乏味枯燥的工作，像是解讀財報附註、進行比較、找出蛛絲馬跡，以及透視著色圖表背後的真相。但是大多數分析師都必須自己接電話、賣出股票、參加會議，而且仍然要追蹤負責產業的所有發展。所以沒有很多人能夠做好上述的工作。即使每個分析師都能做到，但經紀商的人數比分析師多10倍，而很多急切的客戶人數是經紀商的200倍，所以你能夠預見他們在任何時刻都要對抗這樣的真實情況，當電話響起時，一個聲音說：「利許已經賺1美元了，但本益比只有12倍。」另一方面，就像我們知道的，真相不會讓利許的股價上漲，但是群眾對利許的普遍感受會推升股價。

受大多數會計師都受人尊敬，試著要做好這份工作。但是他們都受公司雇用，而不是受投資人雇用。不只是因為專業而被公司雇用，他們也常常擔任稅務和管理顧問，進一步參與公司事務。

多年來，華爾街一直把註冊會計師的證書當作宗教信仰

---

112 譯注：普華永道會計師事務所（PricewaterhouseCoopers，PwC）的前身。

般信任，視為是好管家認證章（Good Housekeeping Seal of Approval）[113]，尤其是那些大型全國性的會計師事務所，像是普華會計師事務所、哈斯金與賽爾斯會計師事務所（Haskins & Sells）[114]、安達信會計師事務所（Arthur Andersen）[115]等等。後來出現幾個案例，雖然公司財報公布的獲利經過他們的稽核與認證，但幾年後卻回過頭來說，原來認證的財報因為某個原因有很大的出入。最廣為人知的案例就是耶魯快遞（Yale Express），雖然幾年來公司財報顯示都有獲利，卻仍陷入破產。（現在正以破產法第10章進行重整。）憤怒的股東向法院提告，不只控告耶魯快遞，還控告幫耶魯快遞簽證的畢馬威會計師事務所（Peat Marwick）[116]。現在這行充滿各種訴訟，不過這並不是我們在這裡談論的目的，我只是要說，在律師與證券交易委員會的大力呼籲下，會計師已經開始試著要列出一些一致性的法則，但是這些會計師的困惑在於，真正的盈餘是什麼。他們說，每間公司都不一樣，而且為了反映出企業的不同，必須有些彈性。

我對會計師有些同情，但也不是特別同情。我對財報數字一直都很懷疑，因為我曾經相信會計師做出的財報而虧錢，沒有什麼能比虧錢帶來更深刻的教訓。一家華爾街主要

---

113 譯注：這是 1909 年以來美國《好管家》（*Good Housekeeping*）雜誌的發明，它發給通過審查並在雜誌上刊登廣告的產品，並向美國消費者保證產品的品質，深受信任。

114 譯注：德勤會計師事務所（Deloitte）的前身。

115 譯注：曾經是前 5 大會計師事務所，2001 年因為安隆的會計醜聞案而解體。

116 譯注：KPMG 會計師事務所的前身。

的出版社說，CPA這三個字母並不是指註冊會計師（Certified Public Accountant），而是「註冊的公眾殺手」（Certified Public Assassin）。我會簡短地告訴你我反對註冊會計師的起源，這也許能讓你更注意聽我的說法。

如果損益表上的獲利數字會受到崇敬的對待，那麼顯然遲早會有一些聰明的傢伙在創立公司時，心裡想的並不是企業的發展，而是如何讓財報數字變得更好看。

這樣的公司稱為「企業集團」（conglomerate）或「自由形式」（free-form）公司，當市場狂熱的時候非常受歡迎。一個企業集團是一家靠著收購其他公司成長的公司，而且收購的公司做的業務跟原來的公司截然不同。集團公司經理人應該是新一代出色的河輪經銷商，而這整個遊戲的構想是接手一家冰淇淋製造公司，並與一家真空管公司、一家麵粉廠合併。除了在資產負債表和損益表上，真空管、麵粉和冰淇淋並不會有形式和實質的整合，但是華爾街尋覓的是持續成長的盈餘，而找到適合的會計師，就可以使盈餘瘋狂成長，資本主義於是進入新的階段。

我碰巧正處於一個新誕生的企業集團裡，所以你可以看看這個過程。整件事是從康納利餐廳（Colony）的一場午宴開始。

我很清楚知道，在巴頓公司（Batten）和德思廷奧斯本公司（Durstine and Osborne）決定合併進入廣告業，成為黃禾廣告（BBDO）那個歷史性的日子裡，他們在大中酒店的記者會不會邀請外人參加；而且阿許先生（Mr. Ash）和桑頓先生（Mr.

Thornton）顯然不是會亂出主意的人，他們正醞釀要創立一個頂級的企業集團──利頓工業（Litton Industries）；還有，有個叫西尼（Sidney）的人打電話給我，約我到市郊的康納利餐廳吃午餐。

在康納利餐廳吃午餐遠遠勝過在華爾街附近吃午餐，因為穿著璞琪（Pucci）印花春裝的女孩會經過你的桌子，直接到靠著西牆的座位上。在那裡，等著她們的慈祥紳士顯然很有財力，想要牽起她們的手。這給我的未來一個希望。我在這個具有歷史意義的午餐傾聽西尼勾勒的新企業集團，但是我承認，在我聽他講的時候，我正看著那個有錢的老男人輕咬著甜美女孩的指尖，那些甜美女孩們對這些老男人沒有興趣，只是狼吞虎嚥地吃著中餐，就像永遠不會再來似的。我甚至有一兩次打斷西尼的話問他，那些衣冠楚楚的老人家在吃完午餐之後有什麼豔遇嗎？西尼說並不多，但他們一直躍躍欲試。無論如何，這次午餐之後，我中年之後的人生有了新的野心：我想要坐在康納利餐廳的西牆座位上，跟一些皮膚細緻、全身散發香氣、笑起來像小溪的流水聲般婉轉的女孩坐在一起，讓這些年輕有活力的女性站在桌子中央展現魅力。

那次午餐之前，我只見過西尼一次。西尼是一個經紀商，手上有一個客戶，那是一家從事很多零售業務的公司。他穿著伯納德韋瑟爾（Bernard Weatherill）的西裝，打著瑪拉伯爵夫人（Countess Mara）的領帶，手帕的一角總是恰當地從胸前的口袋露出來。所有人都認為他很聰明，尤其是他的哈利叔叔

（Uncle Harry）。他幫哈利叔叔的操盤非常不錯，哈利叔叔最初投資在高彈性增強公司（Wide-Stretch Flexi-Boost）等等的股票，那是一家製作胸罩的公司。

西尼經驗豐富，而且他對企業集團的興趣來自於，如果沒有真的身處其中，就永遠看不到任何機會。其實會約在康納利餐廳也不是西尼選的，而是哈利叔叔選的。而且我必須說明，這餐的費用是拿投資在高彈性增強公司賺的錢付的。哈利叔叔還帶了兩個充滿熱忱但不是那麼有錢的生意夥伴過來。

我還不太知道西尼工作的細節，但是當他開始談話的時候，顯然在他心中有想像的企業集團。他已經看過好幾次企業集團的成立過程，那現在為什麼不試著自己去做？西尼開始激動地說著現代流行的詞，像是「輸入」和「綜效」。「輸入」來自與電腦專業人士的談話，一個朋友打電話告訴你的訊息就是「輸入」，而電腦稱這是一個「位元」；「綜效」則是指把所有部分加總起來的效益會超過整體效益，這是哈佛商學院畢業生最喜歡的一個詞。

哈利叔叔喜歡西尼，而且信任他在市場上的能力，但是他慢慢意識到，西尼想的是使用高彈性增強公司當作新自由形式公司的基礎。當然，對哈利叔叔來說，自由形式也許就是新胸罩的名字。

「賣掉公司的股票？你瘋了嗎？」哈利叔叔說。

「沒有要賣，沒有要賣，」西尼說，「只是要公開上市，創造一種新的賺錢工具。」

「賺錢工具，」哈利叔叔哼了一聲，「華爾街不喜歡這種垃圾生意。」

　　「我要說的是，」西尼說，「一家有著經驗豐富的管理階層、使用複雜金融科技工具的企業集團，一家成長型公司。」

　　哈利叔叔開始認真地聽，因為高彈性增強公司本身永遠不會自行上市，而且這個侄子幫他買進達美航空的股票後，股價漲了 10 倍。

　　「我們的公司**生產什麼**並不重要，」西尼說，「重要的是形象、管理和概念。華爾街喜歡這 3 件事。」

　　「我公司的管理者就是我，我的經驗並不豐富，」哈利叔叔說，「但經驗不豐富，我也一樣做得很好。」

　　「每個部門都會獨立運作，不會互相干涉，除了需要彼此合作的時候。我這裡說的是，在整個企業層面上經驗豐富的管理階層，要去負責併購，與華爾街溝通。」

　　「去**騙**到那些錢。」哈利叔叔說，看來他聽懂了。

　　「我已經找到一個非常聰明的經理人，他 6 月才要從華頓商學院畢業，」西尼說，「而且我有一個非常非常精明的公關，負責傳播公司的理念。只要我們很快地改好公司名稱，並讓股票上市，我們就可以收購其他公司，也許可以找個曾在利頓工業工作過的人進來。」

　　「我知道你可以買一家公司，」哈利叔叔的第一位生意夥伴突然開口說話，引起我們的注意，「但也許它不夠大。」他猶豫了一下。我們拱他繼續說下去。「那是我姐姐姪女婿的公

司，」這個沒什麼錢的生意夥伴說，「那是一家在皇后區的尿布服務公司[117]。」

哈利叔叔哼了一聲，我以為西尼也會有這個反應，但他沒有。我可以看到他正在思考。

「這主意不壞，」他說，「我可以預見一個新的公司誕生。人口研究，不，不，我知道了！人口爆炸公司！」

「尿布服務能賺錢嗎？」哈利叔叔想知道。

「還是有些問題……」

「管理階層可以解決這些問題，」西尼說，「我們可以改變會計制度。尿布公司的卡車折舊可能太快了。人口爆炸公司！聽起來真是好名字，而且這個公司有部分還要致力於避孕藥的研究和產品製造，這是另一個跟人口有關的龐大領域……那誰來銷售避孕藥？」

「我的表弟卡爾（Carl）在賣避孕藥，」第二位沒什麼錢的生意夥伴說，「他是布朗克斯藥局（Bronx）的藥劑師，也許他可以把藥局賣給你。」

西尼現在處於高度興奮的狀態，但是哈利叔叔想要知道西尼怎麼籌集資金。「我們可以用股票交換，可以發行可轉換公司債、可以發行優先股。」西尼說。

當然，這些都是完美的工具，但是優秀的企業集團家馬書拉姆・瑞克里斯先生（Mr. Meshulam Riklis）最近在一個研討

---

117 譯注：定期提供清潔過的尿布並回收髒尿布的公司。

會提到如何建立一個企業集團，而他稱這些工具就像「卡斯楚比索」和「俄國盧布」[118]，這確實讓人感覺到這跟這些工具舊有的用法並不一樣。

「電腦。」西尼說，「電腦很流行，看看控制資料公司、科學數據系統公司（Scientific Data Systems, SDS）、系統工程實驗室公司（Systems Engineering Laboratories, SEL）等電腦程式設計公司，我們需要一個電腦部門。」

「我不懂電腦，」哈里叔叔第二個不太有錢的生意夥伴說，「但是我的表弟卡爾有個姐夫在修理計算機、銷售計算機、租借計算機、檯燈、文件櫃，任何你喜歡的東西都可以借，價格非常合理。」

「那家店在哪裡？」哈利叔叔問。

「下萊辛頓大道（Lower Lexington Avenue）。」第二位朋友說。

「萊辛頓！」西尼從椅子上站起來大叫，「很棒！萊辛頓電腦科學公司（Lexington Computer Sciences）！這家公司可以自己上市！」

---

118 譯注：卡斯楚比索指的是古巴用的錢幣，俄國盧布則是俄國用的錢幣，這裡拿共產主義國家使用的錢幣表示沒什麼用處。

企業集團的魔法

到目前為止，你已經了解到，按照我的習慣，我已經改變玩家的名字和數字，而且我的描述甚至稍微誇大了一點，但沒有誇大太多。哈利叔叔的胸罩公司若要稱為太空時代材料公司（Space Age Materials）其實也並非不可。我們的確**處在**太空時代，而且公司**確實**使用原物料。泰洛公司（Teledyne）有一個材料科技集團（Materials Technology Group），之前叫做瓦斯科金屬公司（Vasco Metals），再之前則叫釩合金鋼鐵公司（Vanadium-Alloys Steel），但現在這些都是低本益比的股票，而遊戲的目標卻是要讓市場追逐股票。這就是為什麼企業集團的年報會像藝術品一樣如此美麗、華而不實，甚至在專業公關人士操刀之下，艾伯特‧史基拉出版社（Albert Skira）還打算推出 25 美元的大開本精裝版年報。

在比佛利山（Beverly Hills）小聖塔莫尼卡大道（Little Santa Monica）上，以前 MCA 公司所在的一棟殖民地式大樓，現在由頂級的企業集團利頓工業進駐，而利頓工業非常成功，這個集團備受尊敬，曾經嘲笑他們的人現在都只能甘拜下風。利頓已經收購船運、計算機、出版產業，並使這些產業都被賦予最現代的經濟理念。他們甚至發明自己的證券形式，因此每當利頓收購公司時，每個人都很高興。利頓也有理著平頭的商學院出身團隊，在一般業務陷入困境的時候，競相努力把公司變好。

盈餘成長導致的會計舞弊

儘管我認為做每件事都有正確的方法，但有一次卻上了一家會計師事務所的當。就像你知道的，股票的價格一定程度上取決於財報數字，像是描述獲利的數字。如果你做的只有封蠟的業務，那麼獲利的空間就只有那麼多，很難實際做出捏造數字的違法行為。但是如果你的業務是買賣公司，每筆交易經過會計師事務所查核時，你都有機會試著將一些資產描述為盈餘，把先前的支出成本變成資本，而且創造出華爾街正在尋找、一個盈餘不斷成長的漂亮模式。

如果你真的想要知道所有的會計舞弊方法，請問你的會計師。如果他正直地忠於這個行業，不願意告訴你，那你可以打電話給在康乃狄克州操盤的避險基金經理人巴頓‧畢格斯（Barton Biggs），他擅於揭發會計舞弊。我不認識畢格斯，但是最近他發的牢騷讓我覺得他也曾上過會計師的當。因此，我不是要討論權益集合法（pooling-of-interests），即在價格高於帳面價值時買進一家公司；也沒有要討論資產買進法（purchase-of-assets method），即在價格低於帳面價格時買進。我只想說，會計方法應該是統一而一致的，但實際上並非如此，而會計協會正在研究這個問題。

只是你可能不相信我說的每句話，所以我要告訴你為什麼我要這樣大聲疾呼。幾年前，我正操作一檔很小的基金，那檔基金就像蝌蚪一樣，全都只靠尾巴在行動，身體還未成形。有

一天，一個銷售員走進我的辦公室，那是一個向法人推銷的股票銷售員。經紀商派他出來拜訪共同基金、退休基金、保險公司等法人機構，因為在我們的門上也有「基金」兩個字，所以銷售員就來拜訪了，即使這個蚪蚪基金的總資產可能只有保德信金融集團（Prudential）花在郵票上的費用而已。

現在我已經完全認識這個穿著體面的布克兄弟（Brooks Brothers）西裝搭配背心的銷售員了，但他當初留給我的記憶與當初的經驗實在太深刻了，現在我想起他時，我還是以為他是電影《歡樂音樂妙無窮》（*The Music Man*）裡的哈諾希爾教授（Professor Harold Hill）[119]，穿著條紋西裝外套、戴著一頂草帽，腳下穿著白色的鞋子。如果你是那間公司的接待員，你並不會問銷售員說：「嗯，那你今天要來推銷什麼？」你會說：「你有什麼新概念？」而且你會用十指搭成一個小小的帳篷，顯示出你沒那麼容易被說動。如果你真的想要讓銷售員感覺不舒服，你可以在他講話的時候，用大拇指在帳篷裡轉個不停，但是哈諾希爾不是會知難而退的人。

「你說你想要一些點子？」他說，「你說你想要一個新概念？告訴你我準備做什麼。我準備要給你一個新概念，讓你容光煥發，輕鬆自信，把這樣的人生放進投資組合裡，你的老闆會認為你很聰明，而且你的妻子會認為她好像在過另一個蜜月期，絕對是這樣，鮑伯！」

---

119 譯注：1962 年上映的歌舞喜劇片，內容是說，一個樂器商假扮成音樂教授，到一個小鎮裡說服居民成立一個男孩樂團，但是他連一個音符都不懂。

我的大拇指在帳篷裡一直轉啊轉，但卻有點顫抖。

「從你聰明的臉上我看得出來，這裡很歡迎我。」哈諾希爾說，「歡迎在這個多頭市場中最獨特的一個概念，那就是一檔會漲一倍的股票，也許還會再漲一倍。當然，這檔股票就在我這個公事包裡，如果你能在我這裡下單，我就會告訴你那檔股票的名字。只要買一點點就好，例如5,000股，你就能確保有個成功的人生，我可以保證，當然。」

所以我買了很多瑟藤替德產品（Certain-Teed Products）的股票，那時正流行空殼房（shell homes），有點像是「我們會給你四面牆，而你周日可以與做水電的表弟一起把房子蓋好」。而瑟藤替德過去一直是默默無聞的屋頂板和瀝青屋頂製造商，現在成立一個部門來蓋空殼房，這使他們在市場上吸引力大增。新部門稱為「基本住房研究所」（Institute for Essential Housing），這個名字聽起來還不錯，就像「普林斯頓高等研究院」（Institute for Advanced Study at Princeton）一樣。

「這不只是另一個部門，」哈諾希爾說，「這不只是一種新產品，這是一場社會革命！你正在支持這場社會革命！」

如果我的記憶沒錯，你可以付4.95美元的頭期款得到其中一間房子，而且你可以用很輕鬆的條件來付剩下的5萬美元，像是一個月25美元。即使購屋者實際上只付4.95美元，但是瑟藤替德卻把整棟房子的銷售價格當成收益，因此，瑟藤替德財報上的盈餘因此飆升。

然後，股價在60美元高檔的瑟藤替德發展有點不平衡，

THE MONEY GAME 金錢遊戲

開始盤旋墜落，冒著黑煙，而且投資人打來跟我們的服務人員發牢騷，認為這可能是另一檔瀕臨倒閉的梅賽施密特（Messerschmitt）[120]。我有個朋友打電話來跟我說，這些房屋的買家愈來愈不耐煩，他們沒有做水電的表弟能讓房屋完工，於是只能放棄4.95美元的頭期款。我打電話給瑟藤替德的副總，他之前做出一個數字很大、完整的盈餘預估，我問他是否還堅持這個預估，他說，當然沒變。實際上，隨著股價崩盤，我打電話給瑟藤替德管理階層的次數多到可以乾脆住進副總家裡。

我繼續煩惱著拋棄4.95美元頭期款與付出全部房價的人數差異，最後我想到一個好主意。我可以去看看幫瑟藤替德簽證財報的會計師事務所，這是世界上最好的會計師事務所之一。壁板很奢華，地毯非常厚，牆上掛著資深合夥人的相片，他們的眼光惡狠狠地瞪過來。我感覺就像處在《孤雛淚》（*Oliver Twist*）的小說場景。一位重要的資深合夥人迎接我，他蓄著落腮鬍，而且繃著臉，就像哈諾希爾穿著條紋西裝一樣。我膽怯地問，到目前為止公司只收到4.95美元，但財報上卻以整間房子的價格認列收益，這整件事是否都沒問題。而這個魁梧高挑的資深合夥人站直身子，以宏亮的聲調說道，世界上最好的會計師事務所不會為任何不真實的東西簽名背書。

兩年後，他們在公司的財報上列出一個小附註，他們說財

---

120 譯注：著名的德國飛機製造商，1968年被合併。

報有「一定的調整」，承認了很多房子依然沒有銷售出去的事實。這種非比尋常的盈餘回溯調整似乎很早就反映在股價上，市場很早就察覺這點。「對此感到抱歉。」那個附註只有這樣說。

當然，這時股價已經從62美元掉到11美元，所以那個小附註已經晚了兩年。雖然我設法在中途就出場，但是這讓投資組合報表裡的數字外面多了一個括弧，顯示投資虧損，而且數字非常糟。這家基金的董事長對我很好，他帶我走到窗戶旁邊，像慈父一樣勾著我的肩膀，然後我們從33樓向外看著美麗的景色。

「每個人都會犯錯，我的孩子。」他說，「沒什麼好擔心的，這全都是學習的一部分，是整個偉大生命旅程的一部分。」

然後他作勢要把我推出窗外。

所以，或許我不是個合格的觀察家，而且或許這些企業集團的確是一種新的生活方式。如果聯準會像香蕉共和國[121]一樣印製鈔票，為什麼民眾不會嘗試呢？只要有市場在的地方，就會有人去滿足市場需求，而且現在華爾街的企業正忙著操作那些大銀行與保險公司交易清淡的投資組合，用來證明他們沒有炒作「業績」或股價的行為，而且華爾街的企業需要用破紀錄的盈餘數字和新概念轟炸長期沉睡的古老藍籌股，讓它們恢復活絡。轟炸開始後，華爾街人就可以把買賣股票的佣金收進口

---

121 譯注：指宏都拉斯、瓜地馬拉等生產香蕉的中美洲國家，這些國家的經濟命脈都操縱在國外的大公司上。

袋。而支持反托拉斯者也正證實了企業集團的合理性，因為如果你買進的是毫無關聯的企業，那也不存在任何反托拉斯的問題了。企業集團的經理人比任何封蠟師傅更聰明、更有趣，而且就像凱因斯說的，採取任何行動都比沒有行動好。

第十四章

為什麼散戶總是會犯錯？

如果所有的財務數字、會計認列改變、電腦系統和無限的可能性已經開始讓你困惑，那麼有個專業人士還在使用的指標或許比較簡單。那個指標就是找出一般投資人或散戶正在做的事情，然後反其道而行。除非那些資訊相對較少的投資人和自己背道而馳，不然投資老手會覺得很不安心。這全都跟吃貨（Accumulation）和出貨（Distribution）有關。當老手正在吃貨時，必須從其他投資人手上買進，而當他們要出貨時，也要有人後來接手。

這裡面沒有什麼新概念。1881年寫下《如何在華爾街取勝》的成功操盤人煞有其事地問道：

是誰資助那些臉色紅潤、大腹便便的經紀商？讓他們用絲絨和黑檀木來裝飾自己赤色砂石的高檔房子？讓他們的桌子擺

上美酒和銀製餐具？讓他們的妻子和女兒，哎呀，還有情婦，都穿著絲綢，搭配鑽石和蕾絲？就是那些待宰羔羊，那些目光柔和、輕信別人、無辜的小羔羊。

1881年以後，有些事情已經改變。臉色紅潤、大腹便便的經紀商正試著透過運動和麥得里卡爾（Metrecal）減肥藥來消去圓滾滾的肚子，他們在1881年的時候並不會擔憂肚子太大。但除此之外，嗯，除此之外，還是很多事情實際上並沒有改變（沒有人使用「情婦」這個詞了，而且成功操盤人包養的女性對於幾百股超級熱門的新上市股票與加勒比海公寓的股份更感興趣，而不是絲綢和蕾絲，這就是進步）。但這些老手仍然用如狼眼般的銳利眼神緊盯著那些羔羊。

舉例來說，我有兩個朋友負責一檔非常活躍的基金，每當對行情有些焦慮的時候，他們就會到美林證券（Merrill Lynch, Pierce, Fenner & Smith）的後台。世界各地眾多美林證券分行用電報傳來的委託單全都會在那裡列印出來，就像你知道的，美林證券是投資界的A＆P超市[122]，被認為是「我們美國人」，來服務散戶。

「我們在這個房間裡晃來晃去，」一個朋友有次特地去那裡之後說道，「全國各地的委託單大量湧入，我們看到所有的委託單都是賣出、賣出、賣出。所以我們知道市場表現還是不

---

122 譯注：1859 年在紐約創立的大型超市，2015 年已經破產。

錯。」換句話說，小人物正在賣出，所以市場表現還不錯，因為小人物總是錯的，至少市場神話是這樣說的。

這裡的小人物不是指身材矮小的人，而是他們帳戶裡的錢不多，買進的股票總共不到100股，因為他們擁有的錢就只有那麼多。你可以持續從報紙上的零股交易統計去追蹤他們，而且還有很多專家學者在分析這些統計數字，告訴你是否能夠真的繼續與小人物反其道而行，或是是否有些**不明智的舉動**參與其中。**不明智的舉動**是專家學者使用的藉口，就像經紀商報告會在最後使用法律術語的免責聲明：**這裡提到的任何內容也許有錯，儘管我們會銷售本報告推薦的商品，但我方的律師已經閱讀這份報告，對於涵蓋的內容真偽不負任何責任。**

在我的朋友去券商後台後不久，一個我熟識、真正的零股達人過來串門子，我們吃了一頓百感交集的午餐，在那裡我能夠預見周遭情勢，看出在**做相反的事的理論**下，接下來可能會發生什麼事。

對我來說，光是從投資的規模來看，要跟真正的零股達人談話實在有點難以適應，因為我大多是跟專業基金經理人閒話家常，聽到的都是他們拿多大筆的錢去投資。他們會這樣說：「司法部否決美國廣播公司與ITT的合併時，我虧了2,200萬美元。」當然，他們說的是事實，但是那些並不是他們的錢，那只是他們的工作；或是我坐在某個人旁邊，他滿意地看著股市報價，賣出斯培瑞蘭德公司的股票，然後說：「喔，看啊，格里（Gerry）正要賣出斯培瑞，今年已經玩第三輪了。」這段

話暗藏玄機，換句話說，他們周二跟格里吃早餐的時候，格里一直在買賣斯培瑞蘭德公司的股票，而且已經設法用5,000萬美元進出一輪，賺了一些錢。

無論如何，我得為這頓午餐做好準備，因為我剛才讀了一篇與小人物有關的市場通訊。這篇通訊的作者認為，散戶的行為是一種集體被虐狂的顯現，他們會不斷虧錢是因為受傷的感覺很好。他說：「……零股達人繼續賣出股票，滿懷幼稚的信心，認為在報紙上讀到的『糟糕』經濟新聞很快會被市場『理解』。但是直到大盤開始做頭，這些散戶才會了解，他們正開始『理解』的市場看到的究竟是什麼。」據說，零股達人在1962至1966年大盤上漲時一路賣出股票，然後在一路下跌時愈買愈多，而現在他們再一次隨著行情上漲一路拋售股票。總有人必須站在市場的另一邊。

「首先，我可能是個散戶，但是我不是你認定的一般散戶。」我的午餐同伴零股達人說，「我是個投機客，而且我承認這點；第二，我擁有的資訊比一般散戶好得多，我可以得到很多內線消息。」

內線消息一直是很多聰明人失敗的原因，所以我問他從哪裡得到這些消息。

「我有個很棒的經紀商，」他說，「當有事情要發生的時候，他真的可以提前知道，他會告訴我股票什麼時候會分割。」

「股票分割通常會折價，而且新股票要兩股才會等於一股

的舊股票。」我感覺很像是老人家在說教。

「二月分割股票的時候我賺了3個點的利潤。」羅伯特（Robert）說，「然後我從同事那裡得到更多消息，他的姐姐在市政府為某個人工作，那些在政府工作的人真的知道即將會發生的事情。」

我開始對羅伯特的世界有些了解：他們很典型，總是會做一些固定的事情。對我來說，他們就是下午5點會悠閒坐在奧斯卡餐廳的人，你可以隨時跟他們聊天，喝一杯酒；訣竅是知道他們什麼時候會告訴你實話，以及什麼時候會騙你。

「我的經紀商和同事的姐姐做得非常非常好，」羅伯特說，「確實非常非常好。」

「我替你們高興，」我說，「現在你在市場上怎麼操作？」

「我正在賣股票，」羅伯特說，「也就是說，我已經把股票全部賣掉了。」

「你是覺得經濟正在陷入困境嗎？」我猜測。

「那是報紙上說的，」羅伯特說，「所以我才會賺錢。我有幾檔特殊的好股票，只要它們下跌，我就會很快回補。」

「你真的有勇氣在大盤下跌的時候買進股票嗎？」我問羅伯特。

「當然，我非常勇敢。我告訴你，我很有膽量，我是個投機客。」

我不得不佩服羅伯特，因為如果你認識任何真正投機的操盤手，特別是有管理績效基金壓力的操盤手，就會知道他們會

焦慮得咬到沒有指甲，而且總是吃著胃腸藥，抱怨自己經常失眠。不過，他們其實都沒有膽量。

「你必須考量像我這樣的人有哪些東西可以投資。」羅伯特說，「我曾經買過戰爭債券（War bonds），買進債券後，收取利息，時間到了領回本金，但那時的理髮費用已經增加一倍，西裝價格增加一倍，而且看診費用增加一倍，就算你已經有了戰爭債券和利息，資產增加幅度還是落後物價，很多人都沒有看清楚這個情況，但是我看到了。」

「貨幣貶值是世界上的主要問題，」我再次倚老賣老地說，「世界主要強權都在印鈔票。」

「沒錯，」羅伯特說，「壽險也是如此，你得到的錢與付出的錢不成比例。」

「非常聰明，」我說，「這是很好的想法。」

「所以你必須買些會跟上物價的東西。」羅伯特說，「我有11枚甘迺迪五角硬幣（Kennedy half-dollars）[123]，已經漲了不少，當然其實也沒多少。而且我也有很多1937年丹佛發行的鎳幣（1937 Denver nickels），價格幾乎已經漲了一倍。」

「我不知道你還是硬幣蒐藏家。」我說。

「我接觸很多東西。」羅伯特說。

「去年市場突然大跌的時候你怎麼操作？」我問。

「我幹得很漂亮，很漂亮。」羅伯特說，「不過，最後我

---

123 譯注：這是 1964 年為了紀念遇刺的甘迺迪總統發行的硬幣，很快被搶購一空。

的運氣不太好。去年春天，我認為彩色電視類股的漲幅會非常大，我現在還是這樣認為，每個人都會有一台彩色電視，所以我買了一些羅托羅拉的股票。」

「幾塊買的？」

「我在204美元的時候第一次買摩托羅拉。」羅伯特說，「然後它被打到低點，我又多買了一點，我的平均成本因此顯著降低，我第二次只用156美元就買到摩托羅拉。」

「但是摩托羅拉跌得更低，跌到大約100美元左右，」我說，「還是虧錢。」

「損失稅金而已，那是去年的事，」羅伯特說，「我在98美元賣出，所以你看，我賣出之後，股價都沒有上漲。」

「這是真的。」我說。

「後來我把股票換成寶麗來，我知道那個小小的時髦相機會很受歡迎，而且有個擁有非常非常大型連鎖商店的朋友說，相機幾乎都銷售一空，沒有庫存。」

「太棒了！」我說，「如果你用那個價格賣出摩托羅拉，換成寶麗來，你手上的錢可以賺80％，能夠彌補虧損。」

「是啊，」羅伯特說，「只不過我並沒有買進寶麗來。你知道嗎，就在那個時候，妻子和我周末去度假，回來的時候，在梅里特大道（Merritt Parkway）上，車子發出框啷的聲音，汽車修理廠的人說需要大修，所以我們買了一輛新車。」

「所以你退出股市？」

「除了放空部位以外，都賣了。」

「你放空哪些標的？」

「我在38美元放空道格拉斯飛機公司（Douglas Aircraft），我在一本商業雜誌上讀到一篇文章說，它們生產每架飛機要損失60萬美元，實際上已經破產，而且我認為我們正陷入經濟衰退，大盤會下跌。」

「你有些看法沒錯，道格拉斯的股票跌到30美元左右。」

「對啊，但是我那天不在，無法打電話給經紀商，而且當我回來的時候都在流傳道格拉斯會被收購的謠言，所以我在40出頭回補，只要看到情況跟我的預想不同，我會馬上停損，除非我打算把它當成長期投資。」

「妻子對你買賣股票有什麼看法？」我問。

「她試著要我別進場，」羅伯特說，「但是女人真的懂嗎？去年秋天我退場一段時間，你知道後來怎樣嗎？我好懷念市場，我每天都悵然若失。我很喜歡跟一個聰明的經紀商聊天，交換看法。事實上，**我完全無法退場不採取任何行動。我熱愛股市。**」

「告訴我，」我說，「我知道很難算清楚，因為你已經拿錢去買新車等等，但是你有沒有算過整體下來的績效是多少？」

「當然有啊，」羅伯特說，「我的本金是9,000美元，那是在我叔叔去世之後留給我的錢，我還拿了一些錢買車、學到很多教訓，我知道我做錯哪些事，而且我對未來充滿信心。」

「那麼那9,000美元現在變成多少？」

「我還有2,100美元。」羅伯特說。

散戶一直是賣家

我必須承認，羅伯特幾乎讓我完全相信一個相當古怪的理論，而且我希望可以一直相信下去。實際上，羅伯特只是市場全貌的一部分：現在每個散戶多年來都一直是賣家，不管他們的帳戶裡有多少錢，是買大量股票還是零股，因為退休基金一直是最大的買家，而每個買家都必須有個賣家賣股票給它。買賣數量很龐大，部分是因為一些法人忘記自己的資金規模已經很龐大，而且試著把股票賣出換成現金，然後又回頭買進股票，就像大象試著要跳芭蕾舞一樣。我把羅伯特在市場上的努力故事告訴你，現在我正在試著蒐集一些1937年版的鎳幣，因為我從一個擁有真正內幕的人中得到這個小道消息，它們的行情真的要來了。

PART III

關於他們：
專業人士的角色

THE MONEY

GAME

第十五章

績效崇拜

不管是成功操盤人聽取偉大交易員基恩的故事，或是零股達人羅伯特聽從同事在市政府工作姐姐的朋友的消息，你都會注意到他們有個相同的心態：有個「**他們**」在市場上。1881年，成功操盤人說，**他們**要對伊利公司發動空頭突襲；零股達人羅伯特說，**他們**正要股票分割。

他們是誰？嗯，**他們**是讓股價變動的人，**他們**會先得到消息，甚至可以創造消息，而且**他們**會推動股價上漲或下跌。**他們**很神祕、不知道名字、權力很大，而且無所不知。沒有什麼事情會讓**他們**煩惱，**他們**是市場的動力。

真的有個**他們**存在嗎？幾年前，這樣的問題會引來噓聲，當然，答案是肯定的，在偉大基恩的時代有**他們**，你必須避開約翰·摩根和詹姆士·希爾（James J. Hill）[124]會經過的路，

---

124 譯注：19世紀著名的鐵路大亨，經營美國中西北部（Upper Midwest）、北美大平原北方與太平洋西北的路線。

因為當大象打架時，草都會被踩躪。當然，在20世紀也有**他們**，如果你不知道約翰・甘迺迪（Joe Kennedy）[125]和麥克・梅漢（Mike Meehan）[126]正在做些什麼，你最好遠離收音機，以免他們走過水池把你濺得一身濕。但是現在我們有充分披露的資訊、證券交易委員會、司法部、國稅局、法規、畢馬威會計師事務所和哈斯金與賽爾斯會計師事務所的財報查核、你在投資前可以做好調查、美林證券的辦公室已經遍布每個街角，還有2,600萬投資人。該改革的都改革了，**他們**已經不存在了。

他們還在嗎？嗯，像約翰・甘迺迪、麥克・梅漢和詹姆士・希爾這類的人確實已經不在了；市場太廣大了，即使是查理・艾倫也無法跟1907年的約翰・摩根相提並論，所以**他們**不在了，所以他們只是神話嗎？

不，維吉尼亞，他們還是在那裡。[127]這可能讓人覺得意外。**他們**確實會先得到訊息，**他們**確實有能力去影響股價，而且如果你知道**他們**正在做什麼，會有很大的幫助。

不過，跟過去不一樣，今天的大戶不多，在歷經管理革

---

125 約翰・甘迺迪曾經是美國證券交易委員會主席、美國駐英國大使，兒子就是美國第35任總統。

126 譯注：麥克・梅漢是1920年代和1930年代著名的股票交易員，1935年因為操縱伯蘭卡飛機公司（Bellanca Aircraft）的股票被美國證券交易委員會裁罰，是第一個被罰的人，交易所之後也不准他交易。

127 譯注：這裡修改1897年一則流行的短文〈聖誕老人是真的〉，有個叫維吉尼亞的小女孩問爸爸，聖誕老人存在嗎？他爸爸說可以寫信問《紐約太陽報》，後來《紐約太陽報》用社論來回答這個問題，因為引起讀者的注意，使得內文中「是的，維吉尼亞，聖誕老人真的存在」（Yes, Virginia, there is a Santa Claus）成為流行語。

命、新工業國家等等風潮下，大多數的公司都是由經理人替上萬個股東來經營公司。相同的情形也出現在投資界，大戶被經理人取代，這些經理人稱為法人，像是共同基金、退休基金、保險公司等等。

多年來，經理人取代大戶這點並不重要，投資組合不再是一種展現**投資風格的工具**。管理投資組合的經理人受到指示，讓投機留給投機客，他要參與美國經濟的長期成長。投資組合裡有200檔股票，那是美國最大的200家公司，這200檔股票占整個投資組合的2/3；另外1/3則是債券。管理投資組合經理人遵守的綱領來自一個古老的判例：1830年「哈佛學院訴阿莫里案」（Harvard College vs. Amory）規定信託行為「應該要跟任何一個謹慎人士一樣」。一個謹慎人士是能夠保護資產、保守行事、記得吃早餐、在俱樂部吃午餐、而且死後留有的財產，就連律師也對其有條理的安排與效率而欽佩不已。管理證券的謹慎人士恰好會跟也是經紀商的同學做生意，而且只要股價大幅波動，他可能就會把投資組合裡的鋼鐵股比重從3.3％降到2.9％，然後買進更多的電話公司股票。

然後發生了一些事情。一個是有一群新的經理人出現了。你應該記得，華爾街曾經出現「失蹤的一代」（Missing Generation），因為在1929至1947年，沒有人要加入華爾街。而在1920年代進入華爾街的那代人，現在已經60幾、70幾歲了；下一代則是30幾歲或40出頭。這兩代所展現的心態差異甚至比一般父子間的鬥爭還大。對於老一代的人來說，1930年代的大

THE MONEY GAME

金錢遊戲

蕭條是一個非常深刻、讓人恐懼的經驗。股市在1929年崩盤，但那還不是最糟的情況。1930年股市反彈，然後開始盤跌，任何經歷過那時的人都傷痕累累。美國鋼鐵公司（United States Steel）從1929年9月3日的262美元跌至22美元，通用汽車（General Motors）從73美元跌至8美元，蒙哥馬利沃德公司（Montgomery Ward）[128]從138美元跌至4美元。投資信託公司的表現更糟糕，聯合創辦人公司（United Founders）從70美元跌到0.5美元，美國創辦人公司（American Founders）則從117美元跌至0.5美元。

如果像我一樣讀過1929年到1933年《華爾街日報》和《霸榮周刊》（Barron's）的所有文章，就會得到一個讓人警醒的經驗。每一季都會有報導說：「前景相當看好」、「正在持續復甦中」等等。但是沒有人在聽。那些融資已經在1929與1930年耗盡。但是從1930至1933年，投資人的心理才真正產生陰影。相信美國經濟會長期成長的謹慎人士，而非融資戶，看見他們沒有使用融資買進的美國大型藍籌股重挫80至90％。

耶魯大學爾文・費雪教授（Professor Irving Fisher）在1929年10月17日提出一個永留青史的觀點：「股價看起來已經處於永久的高原。」現在則不得不把高原的高度降低90％，加入古斯塔夫・勒龐所謂的群眾行列。「這是恐慌心態。」他解釋，「這是烏合之眾的心態，主要不是因為市場的價格處於離譜的

---

128 譯注：芝加哥一家郵購公司，2000年破產，2001年停業。

高點……市場的下跌很大部分來自於心理作用，因為現在股價還在下跌，所以未來股價還會下跌。」

老一代那些堅持下去的人不僅活著看到更美好的日子，也看到真正的繁榮，但是對其中大多數的人來說，通貨緊縮的陰影總是揮之不去，總是有可能再次發生，而且這種感覺即使是無意識的，也得有意識地花很多力氣去克服。

對於下一代來說，大蕭條只是一個模糊的記憶，相較之下，通貨膨脹其實更為明顯可見：一次0.5美元的理髮變成0.75美元，然後變成1美元，接著變成2美元。沒有了會壓抑野心的30年漫長學徒制度，下一代便到了要承擔責任的時刻，因此他們急切地想要進行大刀闊斧的改革，因為老一代的人已經在這錯誤的遊戲裡玩了20年了。

同時，薪水扣除食物、衣服、住宿等基本費用的可自由支配所得（discretionary income）開始急速成長，中產階級的儲蓄成為一股金錢洪流，使得共同基金的投資從1946年的13億美元增加到1967年的350億美元，退休基金的規模也增加至1,500億美元。

接著有一天，如猛虎般的新人所操盤的一筆4,000億美元巨額資金，強占了紐約證券交易所一半的業務量，他們認為自己是正確的，只是因為老一代的人是錯的。這都為了「績效基金」奠定基礎。

「績效基金」就像字面上聽起來的樣子，這意味著你的基金要比其他基金表現更好，淨值的成長幅度要更高。換句話

說，基金裡的所有股票都要漲得更多。

現在，就像我們之前見到的，美國成熟的大公司不可能一直提供最多的資本利得，因此，「績效基金」經理人把200家最大型公司的股票換成會上漲的股票，他們買進成長股，還有IBM、寶麗來和全錄等超級成長明星，雖然它們在那個時候還沒有那麼受歡迎，因為還不到它們大漲1000％的時候。

「績效基金」不只買進成長股，他們還買賣成長股。謹慎人士並不適合買賣股票，不適合承受市場的短期波動，不過「績效基金」經理人認為，保護資本最安全的方法就是將資本的價值翻倍。

一直到幾年前，如果身為基金經理人的你買的是大型藍籌股，像是美國鋁業（Alcoa）和美國聯合碳化物（Union Carbide）、電信公司（Telephone）和德士古（Texaco），那就很安全，即使績效很糟，你也不會被批評，因為這樣的批評就像批評美國一樣。然而，如果你在本益比60倍的時候買進寶麗來，只有寶麗來繼續上漲，你才會被認為做得很好，不受批評。如果你在40美元買進，70美元賣出，而且回檔時在55美元買進，90美元賣出，試圖追趕行情，那你最好別出差錯。

後來證明有幾個基金和經理人眼光非常精準，然後基金銷售員注意到，當他們將所有基金的過去紀錄拿到潛在客戶面前時，很多客戶不再對持有好股票、均衡分散的基金感興趣，他們想要漲幅最大的基金，他們認為那些基金會繼續有最大的漲幅。所以德萊福斯基金、富達資本基金和富達趨勢基金的資產

成長幾億美元，而且每個地方的銷售人員都打電話跟基金管理公司說：「給我更多像富達那樣的基金。」因此績效基金的誕生是出於對固定收益的不信任、出於對美元貶值的懷疑、出於認為公司可能會封鎖某些消息、技術或其他事情，因此無法從中獲得資本利得。

你幾乎可以看到「績效基金」浮現的時間點。1966年2月，出生在上海、接受富達訓練的蔡至勇來到紐約。他一直負責操作富達資本基金，他已經以精明的交易員聞名，而且他也做得不錯。但是就像他告訴詹森先生的：「我想要擁有一個屬於自己的小型基金。」蔡至勇想，他也許可以募集2,500萬美元，承銷商貝奇證券（Bache & Co.）也這樣認為。不過人們出乎意料地積極認購，基金規模很快就超過5,000萬美元到1億美元，結果在上市第一天就達到2億7,400萬美元，而且一年內就超過4億美元。

蔡至勇並不是第一個「績效基金」經理人；詹森先生和傑克‧德萊福斯才是先驅，但是他是第一個真正的「明星」。這就像喬‧納馬斯（Joe Namath）[129]可能不是10年來最好的四分衛，但是桑尼‧韋伯林（Sonny Werblin）[130]在一個四分衛上花40萬美元的想法，把職業美式足球聯賽帶到一個新的局面，因為沒有人在四分衛上花這麼多錢。所以蔡至勇成為**他們**的一部

129 譯注：1960與1970年代的傳奇美式足球員，有「百老匯喬」（Broadway Joe）的暱稱。
130 譯注：著名的娛樂產業與體育經理人，發明「球星」的概念，第一個發明的球星就是喬‧納馬斯。

分，而且一個人如果能看著股市報價然後說：「喔，蔡至勇又再買進了。」大家就會覺得你很內行。

「績效基金」的風潮一旦開始，就不會停止。更多基金公司開始推出積極型、追求資本利得的基金。退休基金的負責人認為，他們可以在這些基金裡面納入一些成長股，而不是始終握著債券。羅徹斯特大學和衛斯理大學（Wesleyan University）透過積極投資，將擁有的小型投資部位轉變成可觀的校產基金，而且其他大學的受託人很快就成為管理自家校產基金的大型信託公司，而且提到：「羅徹斯特從一無所有變身第五有錢的大學，魏斯理正在到處興建新大樓，它們會有這樣的發展是因為買了全錄股票，我們來找另一個全錄吧。」在這場狂歡中，福特基金會（Ford Foundation）的負責人麥可喬治·邦迪（McGeorge Bundy）的話還在耳邊迴盪：

受託人是否有理由因為幫大學賺錢的好績效感到自豪還不明確，我們認知到非傳統投資的風險，但是真正檢驗操盤績效的是已經達到的成績，而不是受人尊敬的評價。我們有個初步印象是，長期來看，小心謹慎使我們大專院校付出的代價，遠大於輕率魯莽與甘冒風險造成的代價。

這段話讓每個人震驚到忘了邦迪基金會的績效其實很糟糕。

集中投資與周轉率

那麼，「績效基金」經理人到底在做些什麼？沒有人受過「績效基金」訓練，所以沒有任何原則，只有務實地追求成長。績效基金的特點是**集中投資**和**周轉率**。就像我之前說的，集中投資的意思是限制投資標的的數量。限制投資標的數量的意思是，更關注在這些股票上，而且在實際表現不好時就賣出。如果你有200檔股票，你不會認為哪一檔股票有真正的不同；但是如果你只有6檔股票，就真的要緊盯這6檔股票。此外，你會尋找最好的6檔股票，因為如果你發現一個更好的標的，也許就得拋售手上擁有的其中一檔標的。

周轉率意味著持有股票的期間。如果你買進股票然後放著不管，那麼周轉率就是0。如果每年12月31日，你都把前一年年初的所有股票全都換掉，那麼周轉率就是100％。過去銀行信託部門的周轉率在2％左右，基金的周轉率在10％。現在銀行信託部門的周轉率正超過10％，而積極型的基金周轉率超過100％。這幾年來，所有操盤的周轉率都增加一倍，因此經紀商變得非常有錢。

你可以看到，如果「績效基金」經理人喜歡一檔股票，而且那不是一檔大型、交易熱絡的股票，股價就會推升。如果他們擁有這檔股票，而且情況有些惡化，那就會快速拋售。1966年有些受人注目的例子，當時快捷攝影器材公司（Fairchild

Camera and Instrument）[131] 的股價在一年內從28美元漲到220美元之後，在6周內下跌100美元。在這樣的集中投資下，持股的時間更為縮短。如果下一季的財報令人失望，為了打敗其他經理人，就會試著把這檔股票剔除，或許在未來某一天買回。

這導致對短期資訊的渴求變得很大，再加上艾伯特和厄文的「技術面分析」與電腦幫助，標記出每次的變動，就算整體股市的波動和敏感度沒有很大，也會看到有這些現象的類股。這一切使得聯準會主席威廉·麥克切斯尼·馬丁（William McChesney Martin）在去年開始擔心，他的聲明成為一些媒體的頭條新聞：

愈來愈多基金經理人、投資組合和退休基金的操盤人員以相對短期的績效表現來衡量自己的成功。事實上，他們對成長股設定一個目標，達成那個目標、賣出，然後尋找其他機會。在他們所屬的法人機構有強大購買力的情況下，這存在一個明顯的風險，這種投機的買賣可能會導致某些股票被實質壟斷……這種意圖可能會受人讚揚，但是在我看來，這種做法本質上包含的毒瘤特性就讓人想起1920年代的老牌基金經理人（old pool operations）。

---

131 譯注：快捷半導體的母公司。

你只要說到「1920年代」，大家就會緊張起來，因為每個人都記得那之後發生的事，或是至少讀過其中一些驚心動魄的故事。但是當馬丁先生說到經理人「設定一個目標……達成那個目標、賣出，然後尋找其他機會」時，那些經理人會回答：「不然你想要我們做什麼，讓股票跌回去嗎？」

「績效基金」有個真正明顯的威脅，那就是流動性的威脅。所有基金都無法同時賣出股票。

在股票交易所裡，各個職位的人都稱為專業人士，他們要設法確保市場可以平穩、有秩序地運作。當一個經紀商拿著一檔股票要賣出時，他們就會買進股票；如果有人拿著現金要買股票時，他們就要賣股票給對方。或許他們會把自己庫存的股票賣給他，而且他們買進股票會使用自己的資本。這樣可以緩和市場的波動。這對100股與500股規模的委託單來說可以運作得很好，雖然我（和其他人）親眼看過有些因為別人先發動攻勢就讓步的專業人士。這裡並不打算討論**專業人士的角色**，但是**角色**的確是某些專業討論的主題。

當3檔基金都要在同一天早上的開盤賣出10萬股的時候，專業人士根本無法處理。他會通知證券交易所的一個董事，要求留點時間召集買家，他們會「關閉股票報價」，停止股票交易。如果你晚5分鐘要來賣50股股票，你就倒楣了，也許你把股票賣給你的姐夫還比較好。股票交易也許會在那天、隔天或後天重新開放。在那個時候，流動性已經停止，而你應該記得，流動性是市場的基石。（當股票重新開放交易時，很有可

THE MONEY GAME

金錢遊戲

能會跌20美元，如果你沒有聽到基金經理人得到的相同消息，你就會真正開始感受到**他們**的存在。）

如果這使身為散戶的你感覺很緊張，那可以想想一個基金經理人如何掉進陷阱。他把利許聯合企業停止交易的消息記在心裡，很快地去找出發生什麼事，但他什麼事情都不能做。如果一些基金已經賣出股票，那股價就會跌得更低。但是如果他在這季結束的時候，投資組合裡還有這檔股票，在基金的財報公布的時候，那檔被轟炸到投降的股票就會在媒體上引發陣陣硝煙，報導會說：「我們的基金經理人遭到突襲。」

這就是操盤手的磨練過程，沒有人天生是操盤手。

這些事情並不新鮮，新鮮的只在於聳動的程度。我們的大師凱因斯在1935年發現這點，寫下最嚴厲的一段話：

可能有人認為，專業人士比一般業餘投資人擁有更多判斷力與知識，所以在相互競爭下，可以修正無知散戶變化無常的作為。然而，專業投資人與投機客的能力與技能主要在其他方面。事實上，對於其中的大多數人來說，主要關心的並不是對投資期間可能的收益做出優異的長期預測，而是比一般大眾在更短的時間內，以傳統的價值評估基礎預見價值的改變。他們並不像買進「並持有」的投資人一樣，關心這項投資真正的價值，而是關心在大眾心理的影響下，從現在起的3個月或1年間，市場如何評估它的價值。而且，這種行為並不是固執己見所導致的結果。如果你相信一項投資的預期收益價值可以達到

30美元，而且從現在開始的3個月後價值只有20美元，那麼用25美元買進顯然是不明智的。

因此，專業投資人被迫去關注在新聞或市場氛圍上，以及從經驗得知可能會對市場大眾心理產生最大影響、即將出現的改變……（因此，）從整體來看，根本沒有流動性的問題。技巧高超投資人的社會目標應該是打敗時間與無知的黑暗力量，它們會掩蓋我們的美好未來。美國人說得很好，今天大多數技巧高超的投資人實際上的個人目標是「搶先交易」，要去欺騙大眾，而且將劣質、貶值的半克朗硬幣丟給其他人。

這種用傳統評估價值的方法來預期從現在開始幾個月後股價的鬥智活動，而不是預期多年來長期投資的預期收益，甚至不需要拿大眾裡的「笨蛋」去餵養專業人士的胃口，專業人士自己就可以玩。沒有人應該要單純地相信傳統的價值評估方法會真的長期有效。可以這麼說，這是撲克牌的心臟病遊戲、抽鬼牌遊戲、大風吹遊戲，這是一種消遣，把手壓在牌上的速度不能太快或太慢；在遊戲結束以前擁有鬼牌的人要讓牌給下家抽走，當音樂停止時，要保護椅子不被搶走，這樣才是贏家。這個遊戲樂趣無窮、令人享受，雖然所有玩家都知道鬼牌正在流傳，或是音樂停止時，有些玩家會發現自己沒有位置。

事情就是這樣，沒有人比他說得更好了。

在可預見的未來，沒有什麼東西能夠阻擋股價起伏的衝動。如果所有基金經理人都買進航空類股，而且如果（就像他

們近期的做法）基金擁有超過40％的西北航空股票，而且如果有好幾個基金想要同時拋售西北航空的股票，那會很難找到買家，西北航空的股價就會有很大的起伏。

當然，還有另一種鮮少被討論到的危險。共同基金是一個「開放式」基金，這是指基金投資人可以在任何工作日將持有的基金單位贖回。如果很多投資人都要一起贖回，而且基金沒有足夠的現金，那基金經理人就必須出售一些股票才能夠應付贖回的需求。

近期對績效的渴望，直接影響到有些基金去買進沒有在公開市場交易的公司股票，期望從現在開始到公司股票上市後，能夠有很好的收益。如果反覆無常的投資人同時要贖回，那這些基金就必須在市場上找到這些股票的買家，使得市場看起來像是1956年的德索托汽車（De Sotos）創造的流動性奇蹟。還有些基金則去買限制性股票（restricted stock），這種股票稱為非註冊股票投資（investment letter stock），它們在特定期間不能合法出售。這個程序可以讓經理人從市場上用很好的折扣買進股票，或是擁有一批很難累積的股票，但不用說，流動性因此也不高。

1968年有一段時間，績效表現最好的基金是馬特基金（Mates Fund），由基金公司的董事長弗雷德・馬特（Fred Mates）操盤。這檔年輕基金因為投資在一些大幅波動、整體流動性不足的股票，在很短的時間讓績效破紀錄，不過在那一年結束以前，馬特基金不得不停止贖回申請，因為很多理由，

使得基金持有的一些股票缺乏流動性。所以你如果是馬特基金的投資人，在停止贖回基金那天之後，你的資金就被綁死了，除非它們再次開放基金贖回，不然你就只能請姐夫買走你持有的基金單位。

很顯然，如果反覆無常的基金投資人有天會集合起來，把持有的基金單位都換成現金，而基金沒有現金，持有的股票又沒有流動性，那應該不是非常好的情況。事實上，這會使得穿著西裝背心的謹慎人士成為受歡迎的對象，而時尚、留著小鬍子的績效基金經理人則成為被嚴加懲罰的對象，但還是別想像那個情況了吧。

市場上有些矯正力量很有效。一方面，按照現在消費的速度，可能沒有足夠的胃腸藥和鎮靜劑來服務每個心思敏捷的基金經理人；更合理的情況是，一些基金經理人會受到其他基金經理人的影響，使得預期持有股票的時間延長，回頭再一次把操盤變得更可以控制。管制機構甚至會制訂一些規則，不過如果歷史可以做為任何借鏡，那這些規定只是用來應對當下的情況，並無法應對未來可能的發展情況。

你應該會注意到，這些描述中帶有我的偏見。從前面列出的許多偏見中可以看到，除了「績效」之外，用大師的話來說，都是「難以忍受的無聊與吃力」，這場遊戲的名字就是賺錢，而不是一直在遊戲裡拖延時間。

我碰巧認識一些基金經理人，他們對華爾街老舊的陳規感

到失望。對大多數凡薩學院（Vassar College）[132]畢業的年輕人與許多人來說，基金經理人必須是個沉悶的傢伙，穿著西裝背心，而且很無趣、自命不凡加上傲慢。「績效基金」經理人可能是非常好的夥伴，就像是外交官、外國記者或任何展現出學識淵博的群體一樣。他們必須保持警惕，持續監控環境的改變，並尋找新的構想，因為實際上來看，任何改變都有可能影響所有的財富。他們必須是很好的情報蒐集人員，而一個很好的情報人員通常會是一起吃晚餐的好夥伴。

當然，「績效基金」仍然只代表一小部分的基金，但它對趨勢的影響遠遠超出實際操盤的資金規模。還是有很多穿著西裝背心的傳統操盤手，而且很多銀行家並不贊成這一切的改變。也許這樣的改變都太過度了，而且他們也許是對的。目前，「績效基金」似乎是對全球性通貨膨脹的合理反應，但是通貨膨脹所反映出社會上大多數人的期望，已經超出這個社會在現有基礎下滿足這些期望的能力，或是傳統方式已無法滿足這些期望。

---

132 譯注：紐約著名的私立文理學院，早期有很多社會菁英會把子女送進去念書。

第十六章

華爾街操盤手的午宴

當所有錢都掌握在少數人手上，無可避免會有人私下以愉快、紓壓的方式將錢挪作他用。有個紳士可說是法人投資圈的德‧斯達爾夫人（Madame de Staël）[133]，大家稱他為斯卡斯代爾胖子（Scarsdale Fats），真的有這個人。他常舉辦午宴來證明自己的存在，而所有人都會到場。在華爾街，午餐時間還是工作時間，因此斯卡斯代爾舉辦的非正式午宴，後來發展成賓客都得事先準備並勤做筆記的宴會。

不論是哪一天，每個參加斯卡斯代爾午宴的賓客都可能負責管理數十億美元的資產。當你手上有這麼多錢可以動用的時候，相信我，你絕對到哪裡都受人歡迎。你可以免費在華爾街的任何私人餐廳用餐，那裡的鑲板可能來自倫敦破產的商業銀

---

133 譯注：18 世紀法國女浪漫主義小說家、政治家，母親常舉辦沙龍，從小浸淫在資產階級知識分子聚集的氛圍裡。

行，銀製品則印有餐廳商標，房子則是雷曼兄弟、伊斯曼狄龍（Eastman Dillon）[134]、勒布‧羅德斯（Loeb Rhoades）[135]等銀行所有，甚至在餐廳外的街上掛上自家銀行的旗幟。而在另一間私人餐廳裡，客人觥籌交錯時，服務生放輕腳步，上菜時杯盤也沒發出聲響，還提供前卡斯楚時期出產的雪茄。飯後，在愉悅而充滿男子氣概的哈瓦那煙霧繚繞之中，你可以感覺到耳語間隱約有個紙上帝國，這裡提到1億美元、那裡談到2億美元，這個紙上帝國很完美，如果有任何麻煩，只要隨便對某個地方開炮，痛宰那裡的窮人就好。

　　既然如此，這些有錢有勢的人為什麼要參加斯卡斯代爾的午宴呢？這裡既沒有法國名廚、自家專屬銀器、鑲板、地毯，也沒有手腳輕巧、穿著完美制服的服務生。這裡只有金屬折疊椅、塑膠桌上一大碗醃菜、紙餐巾。假如這是紐約證券交易所的私人餐廳，則華爾街也不會是我們想像中的華爾街了。如果這股潮流會持續延燒，那羅伯特‧雷曼（Robert Lehman）[136]將看著他空蕩蕩的私人餐廳，想著廚師已經把麵粉和入肉汁裡；約翰‧勒布則會坐在**自己的**餐廳裡，像電影《史黛拉恨史》（*Stella Dallas*）[137]的情景般，心想是不是每個人都搞錯聚餐日期了，而沒想過是否每個人都變窮了。

---

134 譯注：1914年成立的美國房地產投資銀行。
135 譯注：1931年成立的華爾街證券公司。
136 譯注：雷曼兄弟創辦人。
137 譯注：1937年上映的電影，入圍奧斯卡最佳女主角與最佳女配角。

重點在斯卡斯代爾本人。據我所知，這是一些波士頓的金融機構幫他取的暱稱，而這也顯示波士頓金融機構已經不像過去那樣古板。以往，他們不會與非格爾頓學校（Groton School）[138] 出身的人交談，但現在他們倒是會與任何能帶來賺錢機會的人接觸。無論如何，斯卡斯代爾正以如同母親對孩子一般，不停地敦促客人吃著開胃菜，他也狼吞虎嚥地吃下桌上將近三分之一的魔鬼蛋[139]（deviled eggs），所以其他想吃的賓客最好動作快一點。他顯然吃太多了。他的合夥人把體重機放在桌前提醒他，以免他吃太多。有個追隨者曾形容他的身材像球形。撞球界的傳奇人物——明尼蘇達胖子（Minnesota Fats）有著吃不胖的瘦長體質，而好萊塢演員雪梨‧格林斯特里特（Sydney Greenstreet）如果按照斯卡斯代爾這樣的吃法，肚皮很快就會撐破！斯卡斯代爾只會說，他超過90公斤才舒服。他根本就是矮胖體型。瞧瞧他就知道。

斯卡斯代爾介紹與會來賓。一位在非常大的銀行負責信託帳戶操作。一位來自第二大銀行。還有兩位來自非常大的基金公司、一名績效基金的年輕操盤手、一名避險基金經理人，以及一位任職統計數據研究公司。光是介紹這些客人，就讓斯卡斯代爾壓力大到變得神經兮兮，以至於他拿奶油配著麵包，囫圇吞棗解決了所有開胃菜。

這些人為什麼會在這裡？都是斯卡斯代爾請來的。他的說

---

138 譯注：格爾頓學校是麻州非常著名的高中，產生很多政治人物，包括兩位美國總統。
139 譯注：西方派對上常見的前菜。Deviled 指的是調味料中的辣粉。

法是：「為了保有競爭力，我不得不這麼做。我得到什麼？什麼都沒有。那些在帝傑證券（Donaldson Lufkin）工作、炙手可熱的年輕研究員能撰寫數百頁的報告；貝奇證券能網羅上千位股票銷售員；歷史悠久的大型投資公司則可以掛著老華爾街白人盎格魯─撒克遜新教徒（WASP）的旗幟。於是我想：誰擁有錢？基金公司。那我做個好人，請他們吃午餐。」吃個醃牛肉或肉丸吧？「這些傢伙無論去到什麼地方，都會有人想推銷東西給他們。我不會。我沒有這種念頭。」

所以，斯卡斯代爾做的只是打電話。比方說，他會打給威靈頓（Wellington），說基斯通（Keystone）和蓋米克（Chemical）會來午宴；然後他再打給基斯通，說其他兩位會參加；接著他再致電假設是蓋米克好了，很快地，前美國駐盧森堡大使佩爾·梅斯塔（Perle Mesta）答應會來。還有兩件事對於這場宴會的誕生有幫助。一是規則：參與午宴期間每件事都不公開，非正式、不具名、不強迫。你不願說自己買了什麼，這很好，但你不能說你正在賣你其實要買的股票，否則斯卡斯代爾會親自過來威脅你，而你將再也沒有肉丸可吃。

另一件事則是斯卡斯代爾本身，他經營午宴的態度嚴謹務實，好像他就是勞倫斯·斯皮瓦克[140]（Lawrence Spivak），汲取真相加上廣告的時間只有30分鐘。

現在換個角度來看。你是一名32歲的投資經理人，年薪

---

140 譯注：美國出版家暨記者，他是討論公共議題的電視節目《與媒體面對面》（Meet the Press）的製作人兼主持人。

2萬5,000美元。你的工作是管理2.5億美元，確保其他人的投資組合不會比你更好。你接到兩通午餐邀約的電話，一通來自老牌公司約在私人餐廳，用的是英國國寶級品牌瑋緻活（Wedgwood）高級餐盤；另一通則是斯卡斯代爾的邀請。你已經知道在瑋緻活餐盤私人餐廳裡的與會人士，賣的是什麼股票了。在斯卡斯代爾的午宴上，你可以發現一些同伴在做什麼，也許還有某種猜別人手上的牌的感覺，而且沒有人試著向你推銷。可以確定的是，斯卡斯代爾不會向你推銷。他以什麼都不知道自豪，雖然他的醃牛肉三明治能買到全國最好的研究報告。你所能做的，就是維持友誼。或許你有時可以給他一些訂單、買1,000股電話公司的股票，當作午餐的費用，而且還不一定要這樣做。你會選擇跟誰吃飯？

「好了，大家請坐下。」斯卡斯代爾說。他先是問了來自非常大銀行的那個人，情勢會怎麼發展，還有他們正在買些什麼？

大銀行的人開始談到國民生產總值、生產力，以及其他煙幕彈般的遁詞，斯卡斯代爾打斷他的話。

「上週你手上有7億美元現金，現在還有嗎？」

「我們花了5,000萬美元。」來自大銀行的男士承認，「我們在低點買了一些公用事業股票，在上周股價上漲前。」

「當然會在上漲前買進啊。」斯卡斯代爾說，「還有其他的嗎？」

「空頭市場還沒結束，」來自大銀行的男士說，「你們這些還沒到40歲的小伙子們，你們沒見過真正的空頭市場。你們

不知道那是什麼。」

「你還買了哪些股票？別這樣，快說嘛！」斯卡斯代爾說。

「沒別的了。」來自大銀行的男士說，但沒有人把身體向前靠過來聽，因為在場大多數客人都不到40歲，不知道什麼是真正的空頭市場。他們才剛看到市值跌了1,000億美元的慘況，而且手上持有最好的資產全都消失，如果這還不算是真正的空頭市場，那他們不知道什麼才是。也許下一次空頭市場是中國人擁有洲際彈道飛彈的時候吧。

「好吧。」斯卡斯代爾胖子說，「給那邊那位男士一些肉丸子。」他交代女服務生。斯卡斯代爾胖子會在賓客結束發言時出其不意地補上肉丸子，設法在那位來自大銀行的男士回到座位時奉上兩顆肉丸，表達感謝。然後斯卡斯代爾又在麵包上塗了奶油，轉身面向一位在基金公司工作的人。

「星期二有個叫查理（Charley X）的人在這裡吃午餐，」他提到另一名競爭對手基金的經理人，「他說這個市場就像是1957、1958年的行情。他說他在股市低點時買了股票。」

「他今年在每個低點都買股票，」這位在基金公司工作的人說，「而且每一個低點都比上一個還低。我很訝異他居然還有籌碼。」

「這個市場會怎麼走？」斯卡斯代爾問。

「我們都已經看到低點了。」那個在基金公司工作的人說。每個人幾乎同時發出驚呼聲，大家都很訝異他的坦白。道瓊指數反彈後又跌到744點，這傢伙承認自己犯了錯，但他還

是堅定相信自己的看法。

「你最近喜歡哪3檔股票？」斯卡斯代爾問。

「我們一點一點地買進幾家航空公司的股票。」在基金公司工作的人說。

「航空公司現在狀況很糟；我們正在賣出航空公司的股票。看看罷工協議，看看因此誤點的航班吧。當然你還是可以買啦。」桌子另一頭持反對意見的基金經理說。

「所以你還是賣掉航空公司的股票吧！」第一位在基金公司工作的人說。賓客們的討論愈來愈熱烈，證明這場午宴相當成功。「我們認為成長股會上漲30％至40％，真正的成長股股價會翻倍，其他股票則會跌到消失在市場上。」

「什麼成長股？什麼成長股？」斯卡斯代爾問。斯卡斯代爾根本不知道什麼是成長股，不過他是很棒的主辦人，這時已經快吃光盤子裡所有的麵包。

「我在低點附近買了一些寶麗來，大約是125美元。」那個在基金公司工作的人說。此時又是一陣驚呼聲。其他9個腦袋像是裝有計算尺的經理人不斷盤算：即便他說是在125美元買進，也有可能是在135美元買進。假如他買在135美元，而且只要公司盈餘持續在增加，他就不會反手賣出。在135美元的時候一定要緊抱著寶麗來，啊⋯⋯

「寶麗來明年的盈餘會有多少？」斯卡斯代爾問，「4美元？4.5美元？5美元？」

「有什麼差別嗎？」基金男說。

「說得好，」斯卡斯代爾說，「還有什麼呢？還有買其他股票嗎？還有什麼？」

　　「嗯，」在基金公司工作的人說，「我在低點買了一些快捷半導體。我也許是在96美元買了一些。」

　　「快捷半導體的股價不可能低到96美元！」第二個在銀行工作的人喊道，「低點是97美元。」

　　「別搗亂！」斯卡斯代爾大喊。

　　「也許是98美元，」在基金公司工作的人說，「我記得在98美元時買了很多。」

　　「快捷已經要崩潰了。」在避險基金工作的人說。有了避險基金，你就可以放空。「快捷的庫存已經無法控制了，只是華爾街還不知道而已，其實快捷第四季的表現將不如預期。」

　　「我不在乎。」在基金公司工作的人說。

　　「明年的業績可能會讓人**非常**失望。」在避險基金工作的人說。

　　「我不在乎。」在基金公司工作的人重複說道。

　　現在午宴的討論更熱絡了。或許避險基金在放空快捷，而另一個基金看多，百老街[141]（Broad Street）上彷彿正發生槍戰；也有可能避險基金並沒有放空快捷（他從沒有這樣說過），或許他只是虛張聲勢，好讓人**以為**他在放空快捷。在電影《羅斯柴爾德家族》（*The Rothschilds*）中，羅斯柴爾德家族

---

141 譯注：紐約曼哈頓金融區的一條街道。百老街的南端是南街，北端是華爾街。

（Rothschilds）[142]透過信鴿得知滑鐵盧戰役時，並沒有急著一股腦地買進英國公債。他們先衝進場賣出股票，然後趁著大眾恐慌之際，再買進。

「還有呢？還有呢？」斯卡斯代爾大喊。

「市場行情正在走高。」在基金公司工作的人說，「我不曉得會持續多久，我可能會改變看法。也許是明年春天。但從目前來看是看漲的。」

「很好！」斯卡斯代爾說，「給這位男士一些肉丸！給他一點沙拉！麵包到底都跑去哪兒了？」斯卡斯代爾對著服務生大喊。

午宴結束，斯卡斯代爾回到桌前。有兩位賓客沒吃起司蛋糕，盤子裡的食物已經被一掃而光，剩下一點碎屑，空盤子現在放在斯卡斯代爾的桌上。斯卡斯代爾正在講電話，與其他法人的經理人聯絡，相信一定會有訂單及其他有利可圖的機會。他的筆記本放在一旁，好隨時做紀錄。

「有個叫賴瑞（Larry X）的人今天在這裡吃午餐，他認為我們已經看到低點，而他正買進一些航空股。有個叫喬（Joe Y）的人也在這裡，他覺得大盤會下跌，不打算進場買進。哈利覺得喬的資本支出100億美元太低了。哈利偏好的航空公司有……」

在另一張桌子上，斯卡斯代爾的祕書正在為晚宴邀請的參

THE MONEY GAME

金錢遊戲

---

142 譯注：創建自家銀行業，為19世紀最富有的家族，同時也是世界近代史上最富有的家族，掌控全球經濟200年。

議員名單排序。已經有傳言說斯卡斯代爾要介紹富達公司接班人尼迪‧詹森（Neddy Johnson）給參議員，他會說：「這位男士掌管20億美元。」參議員會說：「那又怎樣？我們半小時內就會花光。」不愧是參議員啊！接下來的事你們都不陌生：斯卡斯代爾的餐廳會出現桌布，醃菜碗會消失，銀器上有註記SF的豹頭標誌，每個人又變得很沉悶，然後我們都得想辦法到其他地方覓食。

自成一格的世界

在避險基金放空快捷，而基金公司則反向買進的午宴之後已經過了好一段時間。醃菜碗還在，而斯卡斯代爾也還沒有註記SF標誌的豹頭銀器，或是像布朗兄弟哈里曼銀行（Brown Brothers Harriman & Co.）飄揚在華爾街上的自家旗幟。當參議員前來午宴時，會以牛排三明治取代醃牛肉三明治，有時候也會鋪上桌巾，這是真的，就連總統候選人都來過。假以時日，整個「業務」規模將升級至與羅伯特‧雷曼自家餐廳相當的水準，來**這裡**用餐的人沒有年輕人。然後某個聰明、出身耶魯的年輕後進會準備塑膠桌、醃牛肉三明治，聯絡6名基金經理人，但到時斯卡斯代爾可能取代勞倫斯‧斯皮瓦克或邁克‧華萊士[143]（Mike Wallace）的地位了。也或者他會因午宴客人留

---

143 譯注：美國記者暨媒體知名人士，曾擔任 CBS 電視新聞節目《60分鐘》主持人，採訪過多位重要新聞人物。

下的鉅額佣金變得非常富有，對於午宴也變得興趣缺缺了。由於證券交易所某些規則改變，佣金已愈來愈不足以支付午餐費用。但與此同時，在金融機構圈中，斯卡斯代爾的午宴已自成一個世界。

第十七章

輸家和贏家的差別

　　便捷通訊與市場即時回應的麻煩是，增加資訊不對稱。我有一個朋友叫做查理（Charley），他是非常出色的操盤手，管理一檔操作非常積極的基金。查理的基金操作積極到讓經紀商很喜歡他，因為可以抽取比大型保險公司還多的佣金。查理的股票周轉率肯定有500％。在查理的基金交易室裡，大家的動作快到一個在交易室牆邊的人買進的股票，有時恰好是在窗戶邊的人賣出的股票。因此經紀商讓查理使用他們在牙買加的房子、緬因州的船隻、圓石灘（Pebble Beach）的高爾夫球俱樂部，但是查理很酷，他從沒有使用這些福利，因為他的嗜好就是比別人更早知道訊息。

　　因此，查理能夠對不那麼幸運的弟兄展現慷慨大度。在行情的某個轉折點時，他打電話跟我說：「切斯特（Chester）的圖表正在唱歌。」語氣像是有人從教宗那裡帶來訓諭一樣。

「寬度很漂亮，而且加速上漲的角度也是古巴飛彈危機後最好的。」不用在意這句話的意思是什麼，就像你不必知道側翼、後衛、角衛等等術語就可以看美式足球賽一樣，你只要知道切斯特是在一個大型、有影響力的基金裡擔任圖表專家就夠了。一般大眾和華爾街的大多數人都沒聽過切斯特，但是如果切斯特的圖表正在唱歌，而且加速度的角度正從底部翻揚，就會有行情出現，因為切斯特過去有很好的預測紀錄，他的基金操盤也很成功。事實上，在切斯特提供其他圖表專家一些技術面的消息之後，其他圖表專家就會從切斯特的基金持股中，用x點出每個股價位置，畫出一條**額外**的線。

我們生活在一個圖表與電腦的時代，圖表與電腦研究的是如何呈現股價的變動，而且如果每個人都玩這個遊戲，那麼股價的變動就是已經變動後的樣子。這有點像牛頓學派的說法。也許聽起來很簡單，但這就是這個遊戲的玩法。麻煩在於，除非你有全方位的視野與超強的感知能力，不然你很容易誤入陷阱，很多非常資深的績效基金經理人就在1966年的大空頭時期陷入困境。

事實上，一旦發出「訊號」，就像他們說的，當道瓊指數突破或跌破「鎖定的範圍」時，我的朋友查理就會打電話給我。「一個動盪、誘人上鉤的市場行情要開始囉。」他說。

「所以我一直都有聽你的話。」我說。只有在討論過這些訊號和是否加碼之後，我才會想要買進。

「有件善事希望你去做。」查理說，「窮格林威爾在城裡，

雖然大家都在相互競爭，但是我們還是必須要幫他。」

窮格林威爾負責一檔基金，屬於某個基金系列，而他可以操盤的資金有1億美元左右。這是我第一次聽說他叫窮格林威爾，因為他的曾祖母曾經在我們主要的市中心有個養鴨場，而現在那片養鴨場的上面，現在有些辦公大樓和繁忙的城市街道。現在格林威爾家還是有養鴨場，當然，沒有鴨子了。

但是你永遠不知道未來會發生什麼事，也許他會沒有任何一毛錢，也許他所有的錢都放進信託資產裡，而且他真的需要這份工作。

持有2,500萬現金的災難

我問查理為什麼格林威爾會突然變成窮格林威爾。

「窮格林威爾，」查理說，「被2,500萬美元的現金卡住了，這是一場災難。在看到買進訊號的時候，你怎麼可能會保有2,500萬美元的現金呢？來一起吃個午餐，窮格林威爾馬上就會失去他的現金了。」

我知道有2,500萬現金是場災難聽起來有點好笑。對我來說，「失去現金」這個詞聽起來一樣好笑。首先，這並不是你的現金，你正在做的是拿著別人的錢去買股票，但是專業基金經理人很愛這樣說：「我們這個下午花掉500萬美元的現金。」這意味著他們買進股票。我猜是因為這聽起來比較專業，就像承銷商會說：「我們失去胡頓公司（Hutton）2,000股和霍恩布

洛爾公司（Hornblower）4,000 股。」這意味著他們**賣出**這些股票，而且試著努力達成目標。

至於為什麼窮格林威爾擁有 2,500 萬美元的現金是一個大災難，這更容易理解。如果市場正從底部翻揚，窮格林威爾應該要把手上的 1 億美元全部拿來投資，他的基金是「績效導向」，必須試著去取得最多的資本利得。如果窮格林威爾手上有 2,500 萬的現金，表示他猜測的市場底部完全是錯的。而且在一次職業生涯中，你不見得會得到太多這樣的機會。窮格林威爾在 10 月早就已經為市場大跌做好準備，而現在是 1 月，他完全沒有搭上市場的急速反彈，他必須趕快跟上。

因此，我們不知不覺就進到午餐俱樂部（Lunch Club）的包廂，包括窮格林威爾、查理、我和兩個經紀商。窮格林威爾的指甲咬到光禿禿，清楚顯示出他是交易股票的年輕操盤手。對一般人來說，以窮格林威爾的身高、金髮和斜條紋領帶，看起來就像是大集團顯赫人物的樣板，但是他的指甲並沒有顯示出他的內心很平靜，他的指甲是典型操盤手的指甲。

「你們是我的朋友，」窮格林威爾對查理和其中一個經紀商說，「我該怎麼辦？」另一位經紀商也想從窮格林威爾的苦難中盡可能多獲得一些佣金。

「我一直在思考你的問題，」一個經紀商自以為是地開始說，「我帶來一些公司完成的研究，我認為你會有些發現……」

「這個人是誰？」窮格林威爾打斷他的話說道。

「夠了，」查理說，「如果我們能在這裡幫助窮格林威爾，

你一定會得到佣金的。」

「今天下午我們發現一些非常好的鋁業公司股票，剛好可以幫你脫離困境。」第一個經紀商說，「生產狀況很好，產品價格穩定上漲、沒有庫存問題，而且剛剛走出谷底。很多基金都還沒買進鋁業公司的股票，你從這些股票去選擇還很安全，像是美國鋁業、凱薩鋁業（Kaiser）、哈維鋁業（Harvey）……」

「現在不行，」窮格林威爾說，「那要更早或更晚進場。現在我必須把失去的時間補回來。如果現在真的是多頭市場上的話。」

「不論這時是空頭市場的大反彈還是新的多頭市場，這都不重要。」查理說，「如果你不在其中，你就死定了。」

「還有橡膠類股，」第一位經紀商說，「我們發現一些非常好的橡膠公司股票，像是美國橡膠公司（U.S. Rubber）[144]、百路馳輪胎公司（B.F. Goodrich），市場有更換輪胎的需求，而且產品的價格結構合理……」

「不夠吸引人。」窮格林威爾說，「晚一點再說吧，大概6月。那還有兩季，那時每個人都會說公司的經營狀況會在年底有所改善。所以我不要轉機股，我還有兩季要操盤。」

「我們從後面往前回推，」查理提出有用的建議，「3月31日必須公布季報，你**必須**買進哪些漲幅最大的股票？只要持股裡面有這些股票，他們就不會管你是在3月30日還是1月2

---

144 譯注：後來改名為優耐陸（Uniroyal），1990 年被米其林輪胎併購。

日買進的。」

「寶麗來，」窮格林威爾難過地說，「快捷半導體，」他咳嗽到差點無法開口：「索利通。」

我推了一下查理，問他為什麼窮格林威爾會咳著說完這些話。

「因為他60天前才賣掉，」查理小聲地說，「從那之後，這些股票漲了50%。」

「我還可以買它們嗎？」窮格林威爾問道。他的意思是說，市場有平穩到投入幾百萬美元而不會造成股價起伏嗎？

「在目前這個市場可以。」查理說，「在一天成交量有5萬股的時候，你可以放心。」

「好，」格林威爾說，「還有什麼股票？」

「垃圾股正在大行其道。」查理說，「現在是1961年以來垃圾股市場最好的進場時機。」查理說的垃圾股是指未上市、不符合投資標準的股票，有些股票有上櫃，而且所有股票背後都有驚人的「故事」，它們都有瘋狂的構想。

「告訴我一些故事。」窮格林威爾說。現在兩個經紀商專心聽著查理說話，這真的超出他們的專業。

「好，你知道伊塔克（Itek）嗎？」查理說。

「它相當於另一家全錄，只要它們可以找到讓產品真的夠便宜的方法，就有可能像全錄一樣崛起，而這可能會花很長的時間。」窮格林威爾說。查理聳聳肩。「那你知道EGG嗎？艾哲頓·格梅斯豪森·吉爾公司（Edgerton, Germeshausen and

Grier）？它們打算在枯竭的油井下引爆原子彈，用這種方式提供更多石油。」

「在沒有引爆原子彈的消息之前，股價是多少？」窮格林威爾問道。

「消息公布之後股價已經漲了15％。」查理說。窮格林威爾的身體向前靠過來。「**真正的**垃圾股呢？」他說。每個人都積極得像群獵犬在追逐兔子一樣，追逐著從理髮師那裡得到的傳聞、內線消息和評論，通常聽到這些消息幾乎已經是多頭市場快要結束的時候。這聽起來很像1961年秋天的股票大跌會再次重演：特窗酸類股、電腦類股、新科學類股。查理提到電腦產業周邊一些全新的小公司股票。

「公司獲利有多少？」窮格林威爾問。

「上週的股價是8美元，我聽說每股賺0.4美元。」查理說，「這周股價是11美元，我聽說每股會賺0.7美元。下周股價預計會到15美元，你會聽到他們肯定會輕鬆賺到1美元。」

對一個外人來說，這裡的邏輯是：你有一家股價10美元的公司，而且你做了很多研究，找出公司的銷售額和獲利，你發現如果公司可以賺1美元，那股價可以到20美元。所以你會買進，等到公司賺1美元的故事成真之後，股價達到20美元。

但是市場並不會按照這樣的邏輯發展，它會遵循大眾心理的一些神祕風潮，因此盈餘預測會隨著股價漲跌而跟著起伏，因為華爾街人討厭混亂狀態的不安全感。如果股價下跌，盈餘必定會崩跌，如果股票正在上漲，盈餘必定會比我

們想像的要好。有人必定知道我們不知道的訊息，就算現在有這麼多分析師、這麼多研究、這麼多統計資料，還有這麼多電腦，仍然可能會有51％的機率是錯的，而這樣的結果還不如擲硬幣來得好。

不管怎樣，窮格林威爾後來還是重回市場，一口氣把2,500萬美元投了下去。他買了一些股價居於高位的全錄、寶麗來和一些垃圾股，這也是我們在前一段時間看到動盪、誘人上鉤的市場行情的原因。反映營收下滑的景氣循環股遭到拋售，接著窮格林威爾與互相競爭的操盤手因為看到股價下跌，也順勢賣出股票，而不是逆勢買進。他們之中必定有些人把技術線型倒過來看，或是他們的圖表專家有透過鏡子閱讀技術線型的習慣，使得股價往錯誤的方向走去。當操盤手賣出波動大的股票時，快捷半導體、全錄、寶麗來，以及任何你擁有的股票，股價都會重挫，使得圖上的股價趨勢線下彎，下降的趨勢表明要賣出股票，然後你因為不想要在投資組合中被人看見有這檔重挫的股票，這會讓你看起來很笨，所以你會把所有重挫的股票賣出。在這場遊戲中，有人注定會是最後一名。

接著，當混亂的情況開始恢復，這些股票出現了真空期。成交量急凍後，接著開始漸漸有買單，而當股票，甚至僅有幾只的股票使人賺到驚人的收益時，市場就開始熱絡起來，所有窮格林威爾們充滿期待地蜂擁進入市場，接著技術線型圖上就會呈現出「上漲」的訊號。

窮格林威爾的表現還不錯，我的操作則總是跟著查理的指

示，因為他總是會比窮格林威爾早3個小時先做出反應，而窮格林威爾總是到後面才會趕快回頭。

然而，有時候像窮格林威爾這樣的人可能會集體陷入真正的恐慌，1966年9月27日就是這樣的日子。那是適合產生恐慌的日子，為市場轟隆隆的下跌行情做個不錯的結尾。我不得不佩服查理，他依然保持冷靜。事後來看，老查理的表現確實不錯。那天下午，許多專業人士在同個時間爭相出脫股票，以下的報導就重現那段期間發生的情況，你可以身歷其境。

1966年9月27日那天，就像1941年12月7日一樣，注定會成為歷史上的特殊日子[145]，華爾街從那天開始不再相信任何事情，至少不再相信空頭市場的任何事情，你可以標記這場災難確切的時間，就像記錄災難的書上提到海水淹進鐵達尼號的時候一樣。9月27日就是災難突襲摩托羅拉的日子。

災難降臨

災難發生的時候，我正在銀行家俱樂部（Bankers Club）吃午餐。我的朋友查理，正坐那裡攪拌著咖啡，告訴我各地傳出的空頭消息，像是一個在紐約市的主要銀行已經破產了，只剩下浮動資金，也就是說，銀行整個周末都在開空頭支票騙錢，如果美國郵局的送信速度加快的話，銀行將會遇到麻煩。「整

---

145 譯注：1941年12月7日發生珍珠港事件，日本襲擊美國，使得美國加入第二次世界大戰。

個周末在開空頭支票」意味著在周五開了一張帳戶裡沒有現金的支票，而星期一早上要很快地用新的資金來支付那張支票。

「它們已經耗盡資金，」查理說，「它們不能去聯準會求助，因為如果聯準會看到它們的貸款，就會重重關上貼現窗口，所以他們一直在歐洲爭搶歐洲美元[146]。」

如果你明白查理說的話，那很好，如果你不知道也沒關係，他說的話跟摩托羅拉沒有太大的關係，只是製造一種黑暗不祥的氣氛。資金緊縮，華爾街根本不喜歡越戰。然後我們都認識的一個朋友走了過來，提起摩托羅拉正在遭受突擊，股價被壓到最低點。這時已經有一小群人在鋪著地毯的接待室裡，圍繞在道瓊指數報價機前面。

同時，在威廉街（William Street）15號的幾個街區外，有群人希望能接通電話，來把剩下的便宜股票倒到市場上。這一切都源自於在伊利諾州富蘭克林帕克（Franklin Park）羅伯特・加爾文先生（Mr. Robert W. Galvin）的演講。加爾文先生是摩托羅拉的董事長，摩托羅拉是當時其中一檔投機股。他正在紐約證券分析師協會對著聰明與地位崇高的分析師演講，就像你知道的，摩托羅拉生產彩色電視機的業務正在成長、半導體的業務正在成長、雙向無線對講機的業務也在成長。成長、成長、成長，這使得股價在6個月前漲到234美元，但是到了9月27日，股價只剩下140美元。真是損失慘重，但是事情會變得

146 譯注：是指在歐洲境內的美元，因為在歐洲的美元比在美國的美元有更少的管制，所以比較容易調度。

更糟嗎？標準普爾說它們一股將賺8美元，不過加爾文說，業績很好，股價卻很糟。他們能夠處理所有的訂單，只是生產出了問題，一下生產不足，一下人力有問題。他們可以賣出所有製造出來的彩色電視，但是生產得不夠快。盈餘會增加，但最多一股賺5.5美元到6美元。不過其他事情都很樂觀。

聰明與地位崇高的分析師互相對看了一下子：6美元？6美元？那剩下的2美元怎麼不見了？就像白宮記者會結束一樣，除了沒有人說：「謝謝，總統先生。」以外，他們都跑到電話前面，差別只是他們是證券分析師，而不是新聞記者，所以他們使用奧林匹克式競走，而不是直接衝刺。雖然有安排一段問答時間，但是加爾文先生的觀眾都放棄開口了。

回到銀行家俱樂部，查理已經到電話亭打電話，發布指令給女助理。「賣1萬股摩托羅拉。」他說。那大概相當130萬美元。我看得出來那個女助理看著投資組合，尋找摩托羅拉，我甚至可以聽到（因為我刻意這麼做）她在說：「但是我們**沒有**任何摩托羅拉的股票啊。」查理正打算要放空摩托羅拉，所以他抱怨了一下。他要在某個時候買回股票，不過現在最重要的是賣掉它，不論手上是否有股票。這就是操盤績效基金的壓力。

我們站著看股市報價機，看著摩托羅拉的股價從137美元、136美元、喔，134美元，出現大單。

「那是蔡至勇丟出來的摩托羅拉。」在我們身後看來有點聰明的人說，這就是**內行人**的說法。蔡至勇的確進出很快，但

是這樣就能判斷是曼哈頓基金（Manhattan Fund）[147]丟出來的摩托羅拉股票，這已經超出我的想像。蔡至勇可能早就賣掉股票了，但這種說法的確很有用處。你總是會聽到有個聰明人會說出：「蔡至勇正在買進」，或是「蔡至勇正在賣出」。不過蔡至勇最好要注意，如果你是「他們」，必須讓投資有利可圖。我知道有個圖表專家說，道瓊指數會漲到380點，如果是這樣，我就會對不錯的投資標的做多，因為來自各個街角的推銷員有很多的需求，而且他們要尋找替代羔羊。約翰柏奇協會（John Birch Society）[148]在贊助出版的《上海長老協定》（*The Protocols of the Elders of Shanghai*）中證明蔡至勇真的是毛澤東，而且提到，在虔敬的牧師到聯準會前面舉行公開儀式，驅逐蔡至勇這個惡魔之前，他們就會駕著水牛往相反的方向逃離。

現在股價觸底，專業人士的壓力很大。他正站在交易所的18號位置，他的希波克拉底誓詞（The Hippocratic Oath）命令他為摩托羅拉創造一個井然有序的市場，突然間，就像青春期的幻想，他化身四分衛，在洋基球場聽著群眾吶喊。只是這是一個錯誤的夢想，群眾會吶喊是因為他的接球員都被對手攔住，他的防守都無效，而且對手的突襲已經開始：兩噸重的對手嘟嚷著緊抱著他，而後衛殺呀殺呀地怒吼著。除了投降，吞下苦果，然後期望在停止的哨音響起時仍然活著以外，別無選擇。大家正對專業人士施加壓力，看得出來，如果摩托羅拉對

---

147 譯注：蔡至勇募集的基金。
148 譯注：美國極右派反共組織，專門指控共產黨滲透美國。

他的腹部重重一擊，會使他反射性地彎起身子，然後他們接下來就會往他的頭揍下去。這是一個失序的市場，所以他們吹哨喊停，不讓摩托羅拉交易。

查理很懊惱，他需要股價上升，需要成交量愈滾愈大，這樣才能回補放空的部位。在1929年的股災之前，放空的人可以集中火力放空一檔股票，直到股價歸0為止，甚至到負數。

「欸，我下周要去歐洲。」查理說。現在他認為最好還是留在附近。我問查理怎麼看待後市？

查理喜歡把話說得像是德爾菲的神諭（the oracle at Delphi）[149]一樣，因為你是他的朋友，這樣講可以吸引你的注意力。

「一切都會回到正常狀態。」查理說。正常狀態是指100或是原本的價格；而「一切」意味著績效基金操盤手中意的高投機股票。沒錯，投機股在恢復正常狀態前，還會再下跌40美元，自然查理並不是說每檔股票都這樣，因為它們的股價並不相同，但是那就是指會出現大幅下跌。「在摩托羅拉事件之後，任何一件事都不會有人相信。」查理說。「明天他們會開始說快捷半導體有嚴重的問題，全錄影印機會讓你得到癌症，碰到寶麗來的底片會讓你不孕。」所以每件事情都會回到正常狀態。到那個時候，約翰·海克（John Jerk）和他的兄弟會認為賺錢的方法就是放空。

---

149 譯注：德爾菲神廟是古希臘時期重要的信仰中心，以傳遞阿波羅神的神諭聞名。

約翰・海克就是前面提過零股達人羅伯特的叔叔。他、他的兄弟和他的侄子羅伯特生活在偏僻地區，他們和所有普通人一樣，行動都被狼眼般的銳利眼神監視著。

查理和我回到他的辦公室。「對每個人來說，這是個很糟糕的市場，除了我以外。」查理說，「任何一件事都沒有人相信。他們不相信詹森；他們不相信任何跟華盛頓政府有關的事情；他們相信稅率會調漲，但是漲幅還不夠；他們不相信我們會從越南撤退；而且在摩托羅拉事件之後，沒有人相信會賺到錢，就算有畢馬威會計師事務所的註冊會計師簽證，他們還是不相信。」

這就是法國社會學家艾彌爾・涂爾幹（Emile Durkheim）所謂的**脫序**（anomie）。從市場的角度來說，這意味隨著大盤下跌，焦慮會加大，然後你就會聽到像是「壓力區」之類的噪音，而且大盤會暴跌攬破所有支撐，這時就進入**脫序狀態**。這就像所謂的異化（alienation），只想著「底部在哪裡？底部在哪裡？底部在哪裡？」沒有人知道底部在哪裡，沒有人能記得高點的位置，他們一路走來都悶悶不樂，焦慮的把皮鞋磨亮，認為道瓊指數將會歸0。只有查理整裝待發，因為他的基金是避險基金，而且他採取放空策略。

「回到正常狀態時，」查理拖長音調說，「會有一場追逐戰，我們都會追逐約翰・海克和他的兄弟。」

換句話說，海克先生失去他持有的股票，會試著藉由放空來彌補虧損，然後當查理買進股票時，股價會上漲，使得海克先生的放空部位出現虧損，因此他開始恐慌，必須買進股票，

推升股價，查理就這樣追著他跑。

在查理取消歐洲假期後，我坐在他的辦公室。下午3點29分，鈴聲響起，摩托羅拉重新開盤。摩托羅拉的股票就像拳擊手一樣，在裁判數到10以前要設法站起身子。當天摩托羅拉重新開盤並收在119美元，下跌19.25美元。下午3點30分收盤的市值，比早上10點的市值少了1億1,400萬美元，比幾個月前的市值少了6億8,400萬美元。這是同一間公司的市值變化，而且或多或少，今年的業績會比去年好，明年的業績又會比今年好。

現在你可以隨心所欲地談論貨幣緊縮、越戰和稅收，但是在9月27日發生了一些事。事實上，在前一年春天銀行開始抽銀根，然後出現吹哨聲、尖叫聲、鈴聲，顯示器的黃色煙霧訊號消失的時候，事情就已經發生了。9月27日，為這樣的投資信念敲起喪鐘。

那現在是什麼情況？嗯，零股投資人，像是海克先生和他的兄弟說要放空更多股票，而查理的獵犬已經準備好。我們的交易員說，股價必須經過40天的盤整，才會準備好進入下一次的多頭行情。查理打算11月去歐洲，所以在如電影《小飛俠》（Peter Pan）的劇情停止之前，我們進入關鍵時刻，瑪莉·馬丁（Mary Martin）或是誰會踏上通往舞台的階梯說：「你相信嗎？你相信嗎？」我只看過《小飛俠》兩次，而在場的每個人都相信。[150]

---

150 譯注：這是指1953年上映的電影《小飛俠》，女主角是瑪莉·馬丁。

有天，也許不會很久，查理會從歐洲回來，海克先生會住在遠離市區的地方，穿著隨性，而且當第一朵雛菊穿透土壤挺立生長時，他會說：「我相信。」這時遊戲就會再次開始。

從不相信一切到相信一切

到那個時候，查理會過得如何？一切都會像他說的一樣。首先，每個人都停止相信一切，然後，當「一切」變正常時，海克先生和他的兄弟（查理說的，不是我）等小散戶開始放空（從統計數據就看得到），然後查理和他的同伴就會追趕他們，直到進入多頭行情。海克先生會如何徹底輸光已經超出我的想像。

沒過多久每個人又會開始相信一切，在我寫到這裡的時候，「所有人」仍然不相信華盛頓政府的任何言論，他們還是不相信我們會撤出越戰，而且他們肯定不相信一大半公司財報呈現的盈餘。但是當股市漲幅夠大時，每個人會開始相信一些事情，就算只有一些人才要剛開始相信。

有一天，查理緩步經過我旁邊，說他再也無法了解市場。「我和其他人一樣喜歡動盪、誘人上鉤的市場行情，」他說，「但是**這很瘋狂**，最後都不會有好結果。」

我特別注意他說這段話的日期和時間，因為你可以看到查理過去的績效有多好。「那我們現在應該做什麼？」我問。

「新一代的人已經控制一切，把這個垃圾股市變成新一代的垃圾股市。只有新一代的人會買進這種垃圾股。你只能

夠做兩件事，一個是跟我去歐洲，約翰・阿斯賓沃爾（John Aspinwall）[151] 在倫敦有一塊地，泰迪（Teddy）在尼斯（Nice）有一艘船，或是我們可以去日本。對我們來說，暫時遠離這個瘋狂的地方是件好事。你唯一能做的另外一件事就是把自己當成新一代的人。」

恰好那時我無法離開，而我的另一位朋友──偉大的溫菲爾德（Great Winfield）選擇留在這個新一代的市場。以下會重現歷史上那段時間發生的情況。

每個人都有些確實可靠的市場指標，在艱苦的經營後，幫助自己累積財富，我也正在設計一個自己的指標，稱為亞當・斯密・傑里科指標（Adam Smith Jericho Indicator），我可以用1分鐘告訴你這個指標，不過我要先說明另一個相關的市場指標，這是我最近拜訪偉大的溫菲爾德後產生的想法。

「好傢伙，」偉大的溫菲爾德在電話中說，「我們的麻煩是我們對這個市場來說太老了。在這種市場最好的玩家都還沒有超過29歲，過來吧，我會告訴你我的解決辦法。」

新一代所掌控的市場

偉大的溫菲爾德是我的一個朋友，他是解讀市場報價的高手、超級投機客，最近則是萬寶路廣告中的牧場主人。也就是

---

151 譯注：美國企業家，是美國總統小羅斯福最小的兒子。

說，他拒絕華爾街典型的西裝背心與髮型裝扮，變成萬寶路人（Marlboro man）。[152]在偉大的溫菲爾德那個縣警局式的辦公室裡，通常你會發現地板上有最近4天股市報價的字條，還有一些從大集團「逃亡」過來的跳槽者。現在，除了常見的成員外，我還在他的辦公室發現三個新面孔。

「我對目前市場的解決辦法，」偉大的溫菲爾德說，「就是新一代，這是新一代的市場。這是比利小子（Billy the Kid）、強尼小子（Johnny the Kid）和謝爾登小子（Sheldon the Kid）。」

這三個年輕人站了起來，跟我握手，尊敬地稱我「先生」，不過，他們的眼睛沒有從正在變動的股票報價中移開。

「他們聰明嗎？」偉大的溫菲爾德問，「他們可愛嗎？看到他們，就像看到泰迪熊一樣。這是他們的市場，我帶著他們已經有一段時間了。」

偉大的溫菲爾德自在地拍拍Levis牛仔褲上的一些稻草，我不知道華爾街哪裡有稻草，他必定是把稻草放在口袋裡，然後整天一點一點地拍掉。

「我給他們一點資金，他們去找股票，獲利我們平分。」他說，「比利小子在這裡一開始只有5,000美元，操盤6個月後資產已經超過50萬美元。」

「哇！」我說。我問比利小子是怎麼做到的？

---

152 譯注：萬寶路人是指萬寶路廣告中的主角，其中最有名的萬寶路人是著名模特兒戴爾·溫菲爾德（Darrell Winfield）。

「電腦租賃股，先生！」他說，就像軍校學生被學長考試一樣，「我買了可轉換債券，抵押給銀行，然後再買更多股票。」

　　「你的融資比重必定很高。」我說。

　　「不算太高，先生！」比利小子說，「我至少留下3％的現金準備，當我採取保守策略的時候，我會留5％的現金準備。」

　　「呃，」我說，「在紐約證券交易所，你必須留下70％的現金準備。」

　　「我們認識很多渴望放款的銀行，先生。」比利小子說。

　　「這不是很棒嗎？這不是很棒嗎？」偉大的溫菲爾德興高采烈地說，「喚起我們之前的回憶，不是嗎？讓你記起過去的日子，不是嗎？還記得我們當時向芝加哥小銀行借錢的日子嗎？」

　　「真是懷念。」我說。比利小子說他買了雷斯柯數據處理公司（Leasco Data Processing）、數據處理與金融通用公司（Data Processing and Financial General）、藍道夫公司（Randolph Computer），以及其他我沒記住的公司，不過它們的公司名稱都有「數據處理」或「電腦」之類的詞。我問比利小子為什麼這些電腦租賃公司的表現會那麼好。

　　「實際上，電腦的需求是無窮的。」比利小子說，「租賃是銷售電腦的唯一方法，而且電腦公司本身並沒有資本。因此，今年的盈餘會成長一倍，明年會再翻倍，而且後年還會再翻倍。這些股票現在才剛嶄露頭角，上漲行情才剛開始。」

　　「看看這個壞老頭臉上的懷疑。」偉大的溫菲爾德指著我說，「看看他，他在想著折舊的問題，想著這些電腦多快要報

廢的問題。我知道他要問什麼，他要問怎麼讓一家金融公司有50倍的本益比，對吧？」

「對。」我承認。

比利小子體諒地笑了笑，清楚知道老一代在計算新數學、新經濟學和新市場遇到的困難。

「你無法用這些問題賺到錢。」偉大的溫菲爾德說，「這些問題顯示出你是中年人，顯示出你那一代的思維方式。給我看你的投資組合，我會告訴你那一代的選股邏輯。頂著灰白鬍子、**真正老一代**的人擁有的股票是通用汽車、AT&T、德士古、杜邦（Du Pont）、美國聯合碳化物，這些年來這些股票都已乏人問津；中年一代的人擁有的股票是IBM、寶麗來和全錄，而且聽著搖滾樂還可以心平氣和；但是未來屬於這些新潮的世代。這些新潮世代買的股票，可是會把其他世代嚇得倒退。強尼，來告訴他。強尼小子很熟悉科技的東西。」

「先生！」強尼小子大聲地說，「我的股票有卡爾瓦爾（Kalvar）、莫霍克數據、識別設備公司（Recognition Equipment）、阿爾法紐曼尼克公司和艾柏林儀器公司（Eberline Instrument）。」

「看看他，這個頑固的中年人，他有多震驚！」偉大的溫菲爾德說。「100倍本益比的投資組合喚起他1961年股災時的創傷，他正在回憶與期望的拉扯下痛苦不已。回想年輕時的熱情吧，我的好傢伙。」

的確，我可以聽到1961年的老合唱團唱著懷舊的校歌。「我喜歡1961年，」我說，「我喜歡以100倍的本益比賣出股票。唯一的問題是，1961年結束以後，到了1962年，每個人的股票都成了壁紙。」

　　謝爾登小子揮手想要說些什麼。

　　「這個年輕人真的會把你帶回往日的輝煌，」偉大的溫菲爾德說，「謝爾登的西部頁岩油公司（Western Oil Shale）已經從3美元漲到30美元。」

　　「先生！」謝爾登小子說，「美國西部地區的石油存量是世界已知石油存量的5倍，那就是頁岩油。技術正在快速發展，如果真的把技術開發出來，艾柯提石油公司（Equity Oil）一股可以賺750美元，股價現在是24美元。第一次商業性的地下核子試爆正要展開，沒有人能夠了解這有多大的商機。」

　　「頁岩油！頁岩油！」偉大的溫菲爾德說，「有沒有帶你回到過去？我敢打賭你幾乎不記得有這個東西。」

　　「頁岩油投機生意啊。」我喃喃地想像著，「我的老MG TC跑車、在漢普頓（Hamptons）[153]有個被炙熱的夏日陽光曬得皮膚黝黑的金髮女孩、在海灘上喝著啤酒、在鄉村的小酒館裡聽著〈奔放的旋律〉（Unchained Melody）……」

　　「看吧？看吧？」偉大的溫菲爾德說，「歲月流轉，人生又要再次重新開始，真是棒極了，就像有了一個兒子般的奇

---

153 譯注：在紐約長島東部的渡假勝地，離曼哈頓有2個多小時的車程。

蹟，我的好傢伙！我的好孩子！」

偉大的溫菲爾德一語中的。過去的回憶會妨礙你參與這樣欣欣向榮的市場，不安的情緒會瞬間消失，似曾相識的感受忽隱忽現：其實我們之前都到過這裡。

「孩子們的優點就是他們太年輕，記憶裡沒有負面的經歷，而且他們賺太多錢了，他們覺得什麼都可以克服。」偉大的溫菲爾德說，「現在你和我都知道有天樂隊會停止演奏，風會把破掉的窗戶吹得咯咯作響，而這種預言會讓我們感到不安。在這些孩子之中，有人會打破窗戶，有人會成為百萬富翁，成為新一代的亞瑟‧洛克（Arthur Rock）[154]。不過總會有人成為百萬富翁，我們會把他發掘出來。」

我問雇用一個年輕人要花多少錢。「一小時50美元，提供辦公室、食宿、沒有提供保母服務、一周修剪草坪一次，還有獲利平分。」偉大的溫菲爾德說。

於是我也加入這個行列。

現在你已經有種這是新一代市場的感覺，所以我可以繼續談傑里科指標。這與華爾街辦公大樓的外牆崩塌數量有關。隨著愈來愈多的外牆崩塌，警示燈也開始亮了起來。外牆會崩塌的原因是華爾街的景氣開始轉好，合夥人開會時，認為如果有更多代表公司的經紀商打電話交易，那麼他們賺到的錢就會翻倍。所以他們多租了一層樓，然後又搬到另一棟大樓。崩塌的外牆是有點

---

154 譯注：美國矽谷著名的創投投資人，是英特爾、蘋果公司等著名科技公司的早期投資人。

落後的指標，但是在空頭市場時外牆並不會崩塌。你可以自己計算外牆的崩塌數量，乘上正在工作的室內設計師人數。

我的最後一個指標很難解釋，那就是每天晚上打開止痛藥百服寧（Bufferin）或阿斯匹靈瓶蓋的數量。但要注意的是，只能算沒有從裡面拿出任何藥丸時的瓶蓋數量。

新潮的股票走勢很迅速，因此再次產生很多百萬富翁，而這意味著有很多受到激勵的股民被白天發生的事情刺激到很難入睡。他們躺在枕頭上，像念經一樣在心裡反覆思考自己的投資組合：「來看看，寶麗來今天漲了6美元，我有150股的寶麗來；我還有180股的全錄，今天漲了5美元；我也有數位設備公司（Digital Equipment）、300股的控制資料公司。不，我賣了50股，真是笨。但是數位設備公司，我看看，64美元，漲了3倍，持有8股，天啊，我要變有錢人了，所以我有42加16，等於58，再加上13，我剛算到哪裡了，58還是56……」

結果他們開始在心裡計算，很快就發現有問題，所以他們起床，悄悄地走到電話桌前，拿起紙筆，然後偷偷進入浴室，打開燈，開始計算。然後妻子醒了。

「賀伯，你還好嗎？」

「我很好。」

「你在那裡做什麼？怎麼了？」

現在賀伯不能說他正在浴室裡興奮地計算投資組合的市值，因為妻子並不明白市場帶來的渲染力。所以賀伯說他有點頭痛，於是他打開阿斯匹靈的蓋子，搖著瓶身，倒了杯水，但

是並沒有真的從裡面拿出阿斯匹靈。妻子相信了。這些都不是新鮮事，跟巴爾札克（Balzac）[155]的小說場景也一模一樣，除了沒有阿斯匹靈以外。雖然小說場景發生在另一個國家，但是人類的情緒普遍都一樣，只有時光繼續流逝著。

---

155 譯注：巴爾札克是 19 世紀著名的法國小說家，是法國社會寫實主義最具代表性的人物，著名的作品包括《人間喜劇》、《高老頭》等。

第十八章

掌握時機的期貨遊戲

　　我們走得愈遠，就愈能發現經濟大師把市場描述成大風吹遊戲的智慧。你能做的最聰明、最敏銳的分析，很可能就是坐在原地，直到別人也開始相信你，因為這場遊戲的目的並不是像忠誠的狗一樣守著某張股票，而是在人群之前搶到那張股票。價值不只是隱含在股票裡，要為你帶來任何好處，就必須讓它被更多人欣賞。〔懷特威爾登公司（White Weld）[156]的分析師常重複說著公司合夥人的名言：「我更喜歡被人認可，而非發現新事物。」〕

　　由此可見，擁有某種時機敏感度是必要的，你要不就培養這種自覺，要不就對此毫不理會。你可以寫一篇文章討論如何游泳，但這並不會比直接被丟進水裡更快學會游泳。

---

156 譯注：1895 年成立的全球金融服務公司，1978 年賣給美林證券。

討論時機問題最好的文章是2世紀一個不知名的作家寫的，他的筆名是傳教士（Koholeth）。傳教士留下來的文章並不多，但這個主題他該說的都說了。〔如果你好像隱約聽到一些搖滾節奏，那是因為民謠歌手彼特‧席格（Pete Seeger）曾根據傳教士的一段文章寫了一首歌〈轉！轉！轉！〉（Turn, Turn, Turn），而且伯茲合唱團（THE BYRDS）翻唱成暢銷金曲。〕在《舊約》中，傳教士以傳道書的形式出現，所以你的書架上已經有討論時機最好的文章了。

　　凡事都有定期，
　　天下萬物都有定時。
　　生有時，死有時；
　　栽種有時，收成栽種的作物也有時；

　　拆毀有時，建造有時；
　　哀慟有時，跳舞有時；
　　拋擲石頭有時，堆積石頭有時；

　　保守有時，捨棄有時；
　　撕裂有時，縫補有時；
　　靜默有時，言語有時；
　　……

THE MONEY GAME

金錢遊戲

所以我們沒什麼好說的了。有些市場需要週期性的股票；有些市場會跟著利率連動；有些市場則像是在沃爾沃斯商店（Woolworth）[157]櫃台工作的平凡女孩，為了追尋浪漫愛情而傷痛欲絕；有些市場則沉迷於科技的未來；還有些市場根本不相信科技。

如果你在錯誤的時間做正確的事，你可能是對的，但需要耐著性子等待，至少你贏過那些在派對上遲到的人。當音樂停止時，你也不會想繼續待在舞池裡。

假如你做著看似無效的事情，儘管經紀商不斷祭出股票的推薦評等給你，所謂的專家也說情勢前所未有地好，業務員也忙著提供一切會順利的保證，輸贏的機率可能還是不會均等。

可以這麼說：**當沒有遊戲可玩時，就不要參與**，但是那些曾參與遊戲的人會有強烈的玩興。我曾經參與另一場遊戲，因為那時主要的遊戲還沒有開始，我可以說，在正確的時間置身主要的遊戲之外是很好的事。這個深具警示的故事有點離題，但由於它包含了跨國的陰謀、貪欲、非法盜版、權力、勇猛、種族主義、巫術與大眾心理，所以我還是放了進來。

---

157 譯注：1878 年成立的連鎖商店，後來轉型為運動用品連鎖店。

在正確的時間置身事外

當時道瓊指數在1,000點，整個華爾街的年輕小夥子都在忙著打電話推薦客戶買進股票，食指都因不停撥號開始滲血。我那時坐在偉大的溫菲爾德破舊的辦公室裡，也就是那個雇用年輕小夥子的溫菲爾德。我們兩個都懶洋洋地望著股票報價，在炎熱的春天裡，就像兩名阿拉巴馬州的警長坐在划艇裡無聊地看著鯰魚。

「股價變動的情況不大對。」溫菲爾德說，翹起穿著牛仔靴的雙腿。多年前，我還是個認真且真誠的年輕人，看到溫菲爾德身穿Paul Stuart和Tripler品牌的頂級西裝，當時他正努力在華爾街打拚。接下來他賺了點錢，買了個農場，心想著假如高層不喜歡他（事實上也是），那何必要喜歡高層呢。於是他丟棄那些代表高層的衣服，在辦公室改穿燈芯絨外套和牛仔靴，展現出經營農場的形象。你看，鐵鍋裡還煮著咖啡。就像前面說的，一整個像萬寶路農場主人的樣子。

溫菲爾德不會受事實干擾，事實只會令人混淆。他只關注股市走向，每當看到有任何變動，他就會跟上，當變動停止就立刻出場，就像上下公車一樣。這能幫助他一年賺到100萬美元。

像偉大的溫菲爾德這樣的股市交易員，已經可以感應到這些股票的「行動」，無論是寶麗來是否處於活躍期，或是荷蘭皇家航空（KLM）將要下跌，休息一陣子，股票報價可以透露一切，於是他們不停嗅聞與感知市場的氛

圍，隨時發現市場的蛛絲馬跡。

「不，先生，我們不買進了，該回家了。」偉大的溫菲爾德這麼說。從事後來看，現在的情況的確十分嚴峻，因為市場已接近歷史最高點，顯然大多數人都在買進股票，而偉大的溫菲爾德卻打算打包出場，因為從股票報價中得知，遊戲已近終點。

「我們都應該離開一年，當每個人都因為股市走低而疲憊不堪的時候，再以全新的姿態回來。」溫菲爾德說，「但我們也不能一整年什麼都不做，所以我找來一些新玩意，能在半年內賺10倍的錢。」

我開始注意聽了。畢竟，一月份的1,000美元，到了7月會滾到1萬美元，任何時候這都會吸引我的注意！

「可可！」偉大的溫菲爾德說，「根本沒有任何可可了。世界就快要把可可用光了。」

我認識的可可只有在格里斯特超市（Gristede's）[158]的紅色小鐵罐裡，而據我所見，架上還有許多紅色小鐵罐。

但偉大的溫菲爾德愈講愈起勁，彷彿被催眠似的。他對所有的發現都是如此，並為此投注無限的熱情。

「我的好傢伙，」偉大的溫菲爾德說，「當這個世界上想要的東西缺乏的時候，價格就會上漲。可可交易所不受監管。可可的價格上漲3美分，你的錢就會翻倍。到時候會很瘋狂，一起來參加這個派對吧！」

---

158 譯注：1888年在紐約成立的連鎖超市。

可可的價格取決於數量。大多在每年10月到隔年3月收成，因此每年的2或3月就會決定當年的收成數量，並用來預測隔年的狀況。而這也導致了政治和國際陰謀。

　　「我在迦納的線人告訴我，事情不妙了。」偉大的溫菲爾德說，聽來就像要給007一個新的任務。過去，他的線人是一家公司的財務主管，但突然間他的訊息來源變得非常寬廣，而且擴及國際。

　　「救世主夸梅‧恩克魯瑪（Kwame Nkrumah）[159]為自己建造宮殿，建立了一個社會主義國家。這個社會主義國家不斷印製各種表格，政府官員則理應出去計算可可數量，確實填寫在表格上，這樣迦納市場協會（Ghana Marketing Board）[160]才知道可可的生產狀況。但在救世主的領導下，官僚不會確實清點並填寫可可數量，因為假如他們填錯數量，5年計畫的美好狀態就會被戳破，而他們就會被處決。所以他們只會填上自以為正確的數目。結果，沒人知道可可的確切數量。而我的線人告訴我，可可已經沒有任何存貨。」

　　國際陰謀、戳破社會主義假象、利用歷史潮流並從中獲利的機會，這樣的誘惑幾乎無法抗拒。「再多告訴我一些。」我說。

　　「你在紐約可可交易所（New York Cocoa Exchange）買進一口期貨合約，」溫菲爾德說，「賣主承諾會交貨給你，比方說明

---

159 譯注：加納政治家，首任加納總統，非洲獨立運動領袖，泛非主義主要倡導者之一。
160 譯注：迦納政府用來控制可可價格的機構，是目前迦納可可協會（Ghana Cocoa Board）的前身。

年9月以目前23美分的價格賣給你3萬鎊可可豆。10%的利潤，一個不受監管的市場。一口期貨合約，1,000美元。可可漲3美分，你的錢就變2倍。可可漲6美分，你的錢就變3倍。」

「但是可可**跌**3美分，我就會損失所有的錢。」我說。

「可可的價格怎麼可能會跌？」偉大的溫菲爾德說，「可可的價格**最少**會漲到40美分。你的錢會變成6倍。只需要一點運氣，可可就會漲到50美分，你的錢也會變9倍。1954年，可可漲到70美分。」任何人都能在紐約買賣可可，就像你可以自由買賣亞麻、皮革、銀、小麥，以及其他商品一樣。只要把錢交給你的經紀人就好。這些期貨合約使得生產者與消費者都能規避經營的風險，而且有助於商業流動。

我快速計算了一下，假如1954年的行情再現，每口1,000美元的期貨合約就會帶來1萬5,000美元的收入。我打了電話給一位我認為沒聽過偉大的溫菲爾德的經紀人，只為了多一條暢通的管道。於是很快地，只要花5,000美元，9月就會有人送來15萬鎊的可可。

身為一名國際可可的投機客實在是件非常興奮的事。突然間，我遇到從未交手過的人物，他們是國際可可陰謀集團的成員。我認識了一個打扮隨意的顧問，他的事業拓展到西非。我們互請對方飲料。

「我相信，」顧問說，「我們的黑人兄弟編造了這些數據。事實上已經沒有可可。」

2週後，救世主夸梅‧恩克魯瑪在出訪北京的同時，反對

黨從他手中奪走政權，但沒有發現他藏起來的2,500萬美元。當天下午的報紙整整8個版面的頭條新聞標題都是「迦納革命」。我的電話響了，是偉大的溫菲爾德的助理打來的。

「偉大的溫菲爾德先生，」他說，「要你加入這場可可遊戲，因為你是記者，人脈很廣。所以請你聯絡西非的熟人，了解是誰在管理迦納，會對可可市場造成什麼影響。」

偉大的溫菲爾德擁有價值300萬美元的可可，藉由說服我買進5口期貨合約，他也從我這裡得到情報服務。但現在我只想了解自己的投資結果如何，於是我半夜打電話給一個曾碰過面的哥倫比亞廣播公司（CBS）記者。從遙遠的迦納首都阿克拉（Accra）傳來的聲音時強時弱、聽不太清楚。他說當地的情勢非常混亂。我想知道新政權是否出自生產可可的部落。那個哥倫比亞廣播公司的記者並不清楚，但他認為一些新內閣成員來自內陸，也就是生產可可的地方。

出乎意料的是，現在有陌生人直接打電話問我：「你不認識我，但是你聽到迦納哪些消息了？新政府到底支不支持可可生產？」

可可的價格來到25美分。現在我不用再動用其他存款，就可以再買2口期貨合約。

好時巧克力（Hershey）的人在一場可可業界的晚宴上發表演講，表示可可的供給很充足，不用擔心。由於還有大量剩餘，隔天可可的價格出現暴跌，這是個不受監控的市場，所以下跌速度快到必須停止交易。價格到低點時，好時公司的人則

從恐慌的投資人手上買進可可。這讓我困惑，如果以後有充足的可可，他為何要買進？

　　現在，我突然意識到有三大巨頭在其中，分別是好時、雀巢以及M&M，而我們就像是渴望在網子裡抓住獅子的老鼠。好時只要依靠市場，老鼠們就會被踐踏成肉醬。好時、雀巢和M&M未來必須在某個地方買進真正的可可，而在此同時他們也用數百萬美元保護自己，買賣可可契約。

　　對老鼠來說，這個遊戲的目的是讓獅子遠離可可，如此當獅子要製作巧克力時，就必須付錢購買可可。然而，假如獅子抓到老鼠，就會剝了牠們的皮、搶走可可期貨合約，然後就能以先前的價格購買可可。在獅子的口袋裡，多的是老鼠的期貨合約。

　　在好時發表演說之後，引發老鼠的恐慌，可可豆價格跌至22美分，我收到追繳保證金與幾盒胃片。幸運的是，可可立刻反彈到24美分，我得救了。

　　偉大的溫菲爾德在電話中安慰我。「好時和M&M只是想拿到便宜的可可期貨合約，企圖讓投機客恐慌。」他說，「好，我們不要恐慌。**他們**知道已經沒有可可，所以才故意出這一招。農夫不再灌溉，他們正要離開農場。收成情況很糟。如果明年的收成不好，我們會看到可可以40美分、50美分、60美分的價格出售。巧克力公司的人屆時會走投無路，爭先恐後搶著要可可。」

　　可可的價格來到25美分，現在我開始收到經紀商的報告，紛紛說價格很快會再上漲。我應該在這時就有警覺了，但我沒

有。電話響了，偉大的溫菲爾德的助理打電話過來。

「看到可可生產國奈及利亞的暴力事件報導我很擔心。」他說，然後換偉大的溫菲爾德接電話。

「內戰！」他聽起來很高興，「內戰！豪薩族（Hausas）屠殺伊博族（Ibos）！悲劇一場啊！我不認為他們還有辦法收成。你認為呢？」

我不認為。當然，稍微研究一下就可以知道，豪薩族與伊博族的戰爭發生在東部和北部，而可可是在西部生產，那是優羅巴族（Yorubas）生活的地方，但我們這裡的頭條新聞都是內戰消息，現在這個報導來得又急又快。

「我很沉痛地報告，」偉大的溫菲爾德的助理說，「奈及利亞的領導人伊龍西將軍（General Ironsi）被人謀殺了。內戰。沒有可可了。」

可可的價格漲到27美分。

「我很悲痛地報告，」偉大的溫菲爾德的助理說，「今天早上通往海岸的主要鐵路幹線被炸毀了。無論倫敦那邊的人怎麼說，偉大的溫菲爾德跟這件事都沒有任何關係。我們厭惡暴力。我們喜愛真理。事實是，沒有任何可可了，好時只能以60美分的價格搶購。」

「70美分！」偉大的溫菲爾德大叫，「還不錯，在股市崩潰時賺了幾百萬美元，是吧？」

這時我又聽到另一群人的謠言，傳說偉大的溫菲爾德向製藥業的朋友詢問，什麼東西注射到可可樹裡會讓它染上致命的

可可疾病——黑莢病。

「等一下。」我說，「你跟我說已經沒有任何可可，那些樹已經有5年沒灌溉，農夫都離開農場了，內戰、暴動、混亂，沒有可可。怎麼現在突然之間又有可可，需要我們製造一場瘟疫讓它停止成長，好讓價格跟著上揚？」

「別擔心，」偉大的溫菲爾德說，「收成肯定會很糟。現在只要一點小雨，爆發一些黑莢病，然後就成了。你看過全是黑色豆莢的可可樹嗎？實在是太可怕了。我想我們的可可豆會飆到70美分。」

我聽過另一則傳言：一名醫師走進費城的可可倉庫，在裡頭發現老鼠。老鼠！他嚇壞了，於是封鎖那間倉庫。這位醫生是偉大的溫菲爾德的朋友，先前曾買了5口可可期貨合約。2小時過後，好時公司的醫生抵達倉庫並解除封鎖，原先的老鼠都不見了。我無法確認這個傳言的真實性，但我的焦慮卻因此加深了：我們需要雨水、大量的雨水，才能促進黑豆莢生成。假如在迦納上空下起暴雨，我們就有機會看到黑莢病的大傳染，以及60美分的可可。我滿腦子都在想這些，於是在一次雞尾酒會上，我主動向一位迦納外交官自我介紹。

「請告訴我，先生，」我說，「**你們國家現在下雨了嗎？**」

「8月總是會下雨。」他說。

「我知道，」我說，「但雨下得**很大**嗎？**會下暴雨嗎？**」

迦納外交官盯著我看，感覺像是看到瘋子，之後便走開了。

在此同時，對一位老股市交易員來說，可可的表現並不亮

眼。它在27美分時開始盤整。成交量很大，接著價格開始往下跌，誰也不曉得究竟是否還有可可，或是產量到底有多大。偉大的溫菲爾德決定派人去西非，查清楚當地是否下雨、可怕的黑莢病是否正在蔓延，以及是否有任何收成。

偉大的溫菲爾德最後選中布魯克林的馬文（Marvin），一個破產的可可交易商。馬文通常會買5口可可期貨合約，抬高價格，賺到很多錢，然後花光所有的錢，破產，然後四處奔波打奇怪的零工，只為了籌到重回遊戲裡下注的錢。當時，馬文正處於破產階段，因此可以執行這項任務。馬文重達109公斤，戴著眼鏡，從沒到過紐約州卡茲奇山（Catskills）以西或康乃狄克州首府哈特福（Hartford）以北的地方，而且據我所知，他無法從接骨木叢中分辨出可可樹。對馬文來說，可可只是在華爾街交易的一張紙，但他卻是我們在西非的線人。我和他一起到A&F購買服裝。偉大的溫菲爾德價值300萬美元的可可正處於危急關頭，所以他給馬文500美元及差旅費。

當馬文穿上狩獵裝步出試衣間時，我開始有種模糊的預感，這不是件投資，反而更像是易夫林·華歐（Evelyn Waugh）[161] 早期作品的其中一章。

馬文買了一把獵刀、一個指南針、一組讓馬丁尼酒保持低溫的工具、一個防水的卡套。我們花了整整1個小時，認真地

---

161 譯注：英國作家，擅長現代主義反諷敘事，被譽為「諷刺大師」。著有《一掬塵土》（*A Handful of Dust*）、《重返布萊茲海德莊園》（*Brideshead Revisited, The Sacred & Profane Memories of Captain Charles Ryder*）等書。

和銷售員討論獵象槍。

「你不會碰到任何大象，你去那裡是要數可可豆。」我說。

「你永遠不知道自己會需要什麼。」馬文說，小心翼翼地用眼珠打量著店內的電梯，槍管不停地搖晃。

接著我們到一家藥局，馬文買了治痢疾、黃疸、蛇咬傷、黃熱病、豬草（ragweed）過敏、毒藤，以及便祕藥。他還買了100顆抗焦慮劑美普巴邁（meprobamate）。然後我們到甘迺迪機場，馬文背著行李走進泛美航空的一架噴射機裡，勇敢無畏地揮了揮手就走了。24小時後，我們收到他的第一個情報。

> 雨斷斷續續
>
> ——馬文

接著，我們傳電報給在迦納的線人：

> 請根據樹木的數量、天氣、染病樹木的數量、農民期待的價格，回傳有效的預測
>
> ——溫菲爾德

得到的回報消息是：

旅館的英國人說樹木的數量和去年一樣多，衣殼蒼蠅
　　（Capsid fly）在控制之中

「衣殼蒼蠅？衣殼蒼蠅？」我說。

「吃可可樹。」偉大的溫菲爾德的助理說。

「可惡，我派他去不是要他坐在旅館裡！」偉大的溫菲爾
德咆哮著，「叫他去外面檢查可可倉庫、主要種植的地方，查
看收成產量！我砸了300萬美元在裡面，而可可現在只有26美
分！」

「也許少了那把獵象槍，他覺得不夠安全。」我說。可可
價格跌到25.5美分。看來有人知道我們不知道的事，或許獅子
又在嚇唬老鼠，無從得知。下一則電報的幫助也不大。

　　　這裡的英國人說，亞香緹區（Ashanti region）的一些
　　黑豆莢明天會消失，因為雨停了

　　　　　　　　　　　　　　　　　　　　　　　——馬文

　　在接下來的2天內，可可的價格下降了100點到24.5美
分。我收到追繳保證金、被迫賣掉2口期貨合約。偉大的溫
菲爾德沉著臉，想知道天殺的馬文到底跑去哪裡。我可以想
像，馬文以他獨特的方式，走到迦納一家倉庫的外面，問道：
「喂，有人嗎？裡頭還有沒有可可？」而迦納人回答說：「沒

有喔，老闆，沒有可可。」接著，當馬文筋疲力盡地離開之後，這名曾唸過倫敦政經學院（London School of Economics）的迦納人回到裝滿可可的倉庫裡，穿回薩佛街（Savile Row）訂製的高級西裝，打電話到另一個倉庫，以正統英國腔說道：「馬文正往西北偏北前進。」

那是我們在很長一段時間後，最後一次從馬文那裡得知消息。顯然事情是這樣發生的：馬文租了一輛車並雇用了司機。他們開上了泥路，接著泥路無法通行，於是司機繼續往前走，尋求救援。最後司機沒再回來，馬文只好獨自出發，結果迷了路，在黑暗潮濕的叢林裡蹣跚而行。叮人的小蟲和蒼蠅不停在他頭上嗡嗡盤旋。頭頂傳來猴子的嚎叫。6吋長的水蛭緊緊吸附在他腿上。整身的狩獵服全濕透了。

幾個小時過後，情緒失控到幾近發瘋的馬文跌跌撞撞地來到林中一片空地上，發現四周滿是咧著嘴笑的居民，用長矛指著他。咧嘴笑的居民抓住他、剝光他身上的衣服。馬文放聲尖叫。

與此同時，在世界的另一端，可可又暴跌了100點，偉大的溫菲爾德這時又發出另一封電報：

> 從上次倫敦的報告以後一點消息都沒有，至少弄清楚收成數量，馬上回電
>
> ——溫菲爾德

那些咧嘴笑的居民現已放下手中的長矛，正準備吊起馬

文，丟進一大桶用火慢慢加熱的油缸裡。馬文就像是隻即將被拖進牛排館宰殺的公牛。

在紐約，驚慌失措的投機客紛紛拋售持有的可可，價格暴跌至20美分。好時和M&M的男士們趁此價位在可可交易所買進。可可從原來的23美分下跌3美分，M&M持有我所有的可可期貨合約。我已經聯繫不上偉大的溫菲爾德。他的助理說他在閉門思過。

後來馬文發現，原來這些拿著長矛的居民是好心人。他們知道，如果遊客在穿過叢林時被水蛭纏上，洗個溫暖的「油水澡」可以舒緩疼痛。所以他們剝掉馬文的衣服、把他扔進溫暖的油裡，其實是幫他一個大忙。事實上，在馬文又吼了幾聲之後，發現油沒有沸騰便停止尖叫。他體重高達109公斤，理應是可口的食物，但居民將他擦乾、餵飽他，陪他快速走到警察局，最後來到國營的可可交易站，他的司機正在那裡等著他發工資。

奈及利亞和迦納都傳出革命、爆發黑莢病，鐵路也被炸毀，但顯然每年都有類似的情況發生，而可可的收成也沒有因此短缺。

所以，事實上收成還是有的。量不大也不小，剛剛好。

但可可的收成量少於消費用量，因此下一年的供給將明顯不足。

我破產了，偉大的溫菲爾德的助理也是。偉大的溫菲爾德失去一半的期貨合約，另一半還留著。「如果你不能以某種方

法成功，就換另一種方法。」他傲慢地說，接著去放空荷蘭皇家航空公司和索利通，來弭平可可期貨合約造成的損失。

現在，馬文已回來好一會兒了。熱油確實治好他的水蛭咬傷，他樂意在任何時間去迦納或奈及利亞，只要有人願意送他過去。他會帶著狩獵服整裝待發，只要讓他回到遊戲裡下注。

我時不時會看一下可可的行情。奈及利亞真的爆發內戰；迦納的貨幣貶值；黑莢病四處可見。收成不佳的可可，價格可能會到50美分。每年全球的可可消耗量都大過生產量，但可可的價格似乎都平穩維持在相同的範圍。這根本毫無道理可言，所以我不得不假設，在這場遊戲裡，獅子的功力遠遠在老鼠之上。我知道自己位在哪一邊，下一次假如有人說股市沒發生什麼事，但商品市場卻出現有趣的情況時，我一定不會跟著去充滿老鼠的海灘，而會在陽光下等待，直到一切歸於平靜。

（我還要補充說明，1968年，內亂和黑莢病最終還是發揮作用了。可可的價格直線狂飆，來到45美分。但當時馬文忙著追熱門股，而偉大的溫菲爾德則在滑雪，沒人及時告訴我這個消息。真理依然存在。）

PART IV

世界末日的預兆：
這一切會崩盤嗎？

THE MONEY
GAME

第十九章

全球金融危機近在眼前

大家都聽過「蘇黎世地精」（Gnomes of Zurich，或稱蘇黎世侏儒、蘇黎世妖精，或蘇黎世銀行家）[162]，人們在談論黃金問題時也會提到傳說中的蘇黎世地精。但我真的知道他們是誰，我認識一位貨真價實的蘇黎士地精。事實上，他現在就住在我家。這位朋友時常坐噴射機飛來找我，跟孩子們玩耍、用手拍拍狗兒的頭，一邊跟我解釋黃金與國際金融危機。這對我來說可是極有價值的資訊，如果這位蘇黎士銀行家所言不假，我們將會面臨整個世代前所未見的股市大崩盤，就像突然出現龍捲風一樣。

我說的地精，只有一位。真正的蘇黎士地精只有一位，就是我這位朋友。「其他地精，」他說，「其實是國際結算銀行（Bank for International Settlements, BIS）所在地——瑞士巴塞

---

162 譯注：這是指蘇黎世的銀行家，Gnome 為童話故事中的地精或矮人，躲在地底祕密地守護他們擁有的財寶。這個詞是 1960 年代英鎊大貶值時，英國工黨領袖首次提出。

爾（Basle）地精，或者是能拿到阿拉伯石油收入的日內瓦地精，我才是蘇黎世唯一的地精。媒體一直在擔心蘇黎世好像有很多地精，正顯示了他們真的什麼都不懂。」

總之，我和蘇黎世地精之間有協議，像是一種預警通知服務，這位朋友會讓我知道黃金的最新狀況，讓我能在價錢被炒高、投資操盤手又從短期高風險基金中大賺一筆之前，及早退場。

地精本身就是做黃金買賣的投機者。他們的典故來自德國民間故事中在礦坑裡勤奮工作的小矮人（Heinzelmaennchen），更遠還可以追溯到冰島民間傳說中迷戀黃金、通常有點邪惡的精靈（Hulduvolk）。目前大部分的地精都集中在瑞士，因為他們喜歡守著黃金，而且他們還是11號黃金組織（Geldarbeitsgeschrei Number Eleven）的成員，我確信這個組織與美國卡車司機公會（Teamsters）有關。

「這場危機，」我的蘇黎世地精朋友說，「會讓華爾街措手不及。華爾街其實跟經濟與金錢只沾得上一點關係，所以毫不意外的是，整個華爾街只有17個人真的懂錢。」

當然，我本能地馬上想知道這17人是誰。蘇黎世地精拿起一根卡斯楚禁運時期前的古巴雪茄，不急不徐地點燃，再小心翼翼地吹熄火柴。「其中一人，就是布朗兄弟哈里曼銀行（Brown Brothers Harriman）[163] 的羅伯・魯薩（Robert

---

163 譯注：前身布朗兄弟銀行（Brown Brothers & Co.）1818 年在費城成立，是美國老牌的私人銀行。

Roosa）[164]。」他說，「其他16人都非常有自知之明。我只能說到這樣。」要跟這些地精打交道，還真不容易。但為了要知道市場的真相，就要吸收各方資訊。你必須了解，我的蘇黎世地精友人本身也有偏見，因為從107公分跟190公分看出去的世界本來就不一樣。如果他預言的這場大災難真的發生，根據目前的約定，這些地精們會成為所有黃金的保管人，成為一個超富有聯盟。如果你真的對那些技術上的細節有興趣，或許曾經在財政部操弄這些事務的羅伯・魯薩可以跟你講解更多，但就像我說的，我只關心如果地精所說的都是對的，那我們都不用想要猜贏市場了。危機會從背後偷襲而來，把你一搶而空，因為你不懂遊戲規則。

儘管我因此學到不少，但每次見到地精我都不太開心。就像艾略特（T. S. Eliot）[165]說的，世界無法承受太多的真相，而地精就是不折不扣的現實主義者。所以每次開門看到地精和他肩上的瑞士航空包包，我都還蠻沮喪的。但我還是會仔細聽他要說什麼。

「春天的某一天，也許不是春天的時候，可能會下雨，也可能不會下雨。」蘇黎世地精說道，「就跟股市一樣，股市可能大好，空氣中瀰漫著歡樂的氣氛，新屋開工率會上升。交易員會一邊緊盯著行情，一邊以最快速度打電話給客戶。到了星期三，股市失去上漲動力，星期四就開始走弱。這時專家會

164 譯注：美國經濟學家與銀行家，在甘迺迪主政時期曾經擔任財政部副部長。
165 譯注：英國著名詩人、評論家，在1948年獲得諾貝爾文學獎。

THE MONEY GAME

金錢遊戲

說，該獲利了結了，趕快獲利了結。別聽他們的，打給我。

「星期四會上漲的股票，只有在美洲、南非跟加拿大擁有金礦的黃金類股，而其他黃金相關類股會有明顯波動，像是西部深層金礦（Western Deep Levels），還有像布利武雷齊赫特（Blyvooruitzicht）這種連名字都念不出來的南非金礦股。到星期五，市場會更走跌，因為我剛才跟你說的那16個人會開始有所行動，羅伯·魯薩會出現在華盛頓。

「星期五晚上，財政部會低調宣布一件事。這個我以後再細談。財政部會說，我們活在進步的年代，黃金已經是象徵野蠻的遺跡。所以我們會將美元與黃金切割，不再連動。呵呵呵。」蘇黎世地精學著綠巨人廣告中的台詞這麼說。

「到星期一早上，股市會下跌20點，星期二早上，再跌15點。星期三，聯準會主席威廉·麥克切斯尼·馬丁會說，他早就想辭職了。當一切終於結束時，而且會很快結束，股市會下跌400點。市場會混亂不已，大家開始找冤大頭。我就會變成那個冤大頭，大家會說，都是蘇黎世地精害的，但等到那時候，所有黃金都已經到我們手上，管你們怎麼說了。」

「自己來喔。」我告訴蘇黎世地精，因為他的手又往雪茄盒的方向移動，而我想知道為什麼這場危機一定會發生，有沒有方法可以阻止，讓股市行情可以繼續。

「那我就不客氣了。」蘇黎世地精說。

危機，取決於誰在信任的比賽中勝出

「蘇黎世地精」這個詞最早是英國代理首相喬治・布朗（George Brown）自創的。當時是1964年，工黨剛接下內閣。工黨想入內閣很久了，他們迫不及待想大展身手、啟動很多計畫，所以當他們知道那些計畫都因為英國正處於金融危機而必須暫延時，都感到非常沮喪。很簡單，他們，或許是負責外匯部門的那些人，研究了一下英國的貿易餘額還有資產負債，決定要賣出英鎊。接著，所有貨幣投機客也開始賣英鎊，很快地，除了英格蘭銀行逼不得已一定要買進之外，完全沒人要英鎊。

紐約聯邦儲備銀行（Federal Reserve Bank of New York）可憐的海耶斯總裁（Hayes）[166] 整夜不能睡，召集所有金融專家，準備大筆資金跨大西洋輸血。首相喬治・布朗大力譴責害英鎊暴跌的國際共謀，讓英國也捲入其中，「都是那群蘇黎世地精惹的禍！」他憤怒地一個字一個字地說，還特別把地精這個字發音得格外清晰。自那時候開始，蘇黎世的地精就成為國際上這類投機客與懷疑論者的代名詞。但就像我跟你說的，大部分的地精都在巴塞爾跟日內瓦，而蘇黎世的地精就在我家。

「懷疑論者，說的也沒錯，」我的朋友說，「我們就代表不信任。我們懷疑真的有人有能力長時間理性管理事務，特別是政治人物。政治人物特別喜歡向人民承諾他們無法兌現的

---

166 譯注：這裡指的是曾任紐約聯邦準備銀行總裁的美國銀行家阿弗列得・海耶斯（Alfred Hayes）。

事。所以，我們這些地精只在乎現實情況，或者也可以說，我們重視的是紀律。沒有我們，各國政府就會開始亂印鈔票，出現可怕的通膨，很快地世界就會倒退回以物易物的時代。」

我早說了吧，蘇黎世地精原本就有偏見。

「危機會不會發生，」這位朋友繼續說道，「取決於誰在信任與不信任的比賽中勝出。美元是真正的國際貨幣。當然有人總是對美元有信心，因為相反的一面就是國際貿易陷入一片混亂。所以，世界各國集結起來，試圖創立一種國際支票帳戶。同時，對美元的不信任漸漸高漲，因為每年都有國際收支逆差。」

我聽到「國際收支」跟「逆差」，就開始頭痛。但聽到全錄股價從230美元跌到只剩18美元，通用汽車從74美元跌到只剩8美元，又引起我的注意。

「等等，我想搞清楚，」我說，「所以如果我們解決國際收支失衡，讓大家對美元的信心持續夠久，就可以藉此創造國際貨幣。那就是我們該做的事。」

「那會是個好的開始，」蘇黎世地精說，「但不會發生。」蘇黎世地精是懷疑論者，就像我說的。關於國際貿易收支這個議題，你可能已經聽過了。美國在貿易上還算穩健，靠黃豆、小麥跟飛機賺取幾十億美元的外匯，又進口福斯汽車（Volkswagens）、蘇格蘭威士忌和銅。但這時觀光起飛，每年愈來愈多的觀光客到國外大把大把地把美元花掉。一瞬間，完美的貿易收支又不平衡了。

「那好解決啊，」我說，「我們可以針對出國的人在機場課人頭稅。」

「我有預見這個可能，」蘇黎世地精回答，「但這在政治上不可行，會妨礙到美國人旅行的基本權利。那你就離審判日又更近了。財政部已經建議投資外國股票要加徵30％的稅，所以美國人要在海外投資已經很困難。財政部也已重新協商所有的外債，而羅伯・魯薩主導的換匯交易也運行順暢。現在你要拋售美國政府這個名為參與憑證（participation certificates）的資產，在帳上是很漂亮。但時間所剩不多，我們必須解決最棘手的問題。」

「那我們要怎麼樣才能解決問題？」我問，在心裡惦記著手上的持股。

「你們可以把20幾萬的軍隊跟他們的老婆們從德國撤回來，」蘇黎世地精說，「德國的克虜伯公司（Krupp）都在共產國家設廠，義大利的飛雅特汽車（Fiat）也準備移往俄羅斯製造，法國的雷諾汽車（Renault）也是。顯然歐洲人一點也不怕蘇聯。」

「但我們答應要駐軍啊。」我接著說。

「德國人喜歡20幾萬駐軍勝過20幾萬觀光客，但他們不想付錢。」地精回答。

「我們已經承諾了，不然能怎麼辦？」

「還有越南啊。」蘇黎世地精說，「聽著，我根本不在意政治，我只在意錢。而越南正在讓你們流失大量的黃金。你知

道，你們在那邊花的錢都會進到法屬中南半島銀行（Bank of Indochina），由法國人領回去巴黎，讓他們又可以從紐約買走更多黃金。但你知道事實上是中國人把黃金都拿回家了嗎？」

「中國人？中國人是哪裡冒出來的？為什麼？」

「很簡單，透過西貢的黑市，你知道就連配給村民的肥皂都會出現在黑市上，更不要說直接偷來的黃金，經過黑市，變成美元流入河內，再從河內送到香港，由中國銀行換成對外英鎊。這對倫敦黃金總庫（London Gold Pool）來說，顯示出對黃金有需求，所以大批金條再透過巴基斯坦國際航空經由喀拉蚩飛到北京。所以對美國來說，等於虧了兩次，等於為倫敦黃金總庫提供一半的黃金。」

聽到這裡，我也開始充滿懷疑，一切聽起來都太像龐德電影了。

「一點也不奇怪，你們的論文都有研究，例如《工程與採礦期刊》（*The Engineering and Mining Journal*）。問任何人都可以，也可以問問看法蘭茲・皮克（Frankz Pick）。」

法蘭茲・皮克是著名的貨幣專家。我的頭又更痛了。

「如果你知道我們可以如何從越南撤退，我相信詹森總統會很樂意聽你說。」我說。

「政治不是我的本業，黃金才是。」蘇黎世地精繼續說，「我還可以再講更多細節，但用一個概括的說法比較容易理解。美國擁有全世界最繁榮的經濟，就連越戰都無法威脅到你們。你們今年花在武器上的國民生產總值比重已經比6年前減

少了，但在國際上，你們確實有問題。你們在國際上的立場與你們實際擁有的資源並不相符。現在已經不是1948年了，你們已經不再扮演世界慈父的角色。以你們的貿易逆差，實在跟你們表現出來的救世主形象很不符合。我想這可能是因為你們確實拯救了世界，而那些戰勝領袖至今仍握有權力。人通常很難忘掉自己的勝利經驗。所以你們打越戰、繼續在德國駐軍、提供全世界現金，行為模式都跟20年前剛戰勝時一樣。但美國的勝利**是**20年前的事。美好的回憶很短暫，黃金才是最堅實的。你們欠的黃金已經是實際擁有黃金的2倍，即使加上你們用來擔保美元價值的黃金也一樣。負債時，債權人就有話語權。看看1964年時的英國就知道。你對瑞士巴塞爾的那些人拋出救生圈、救他們起來之前，一定會要欠債的人承諾還款的方法，你也的確該這麼做。但是工黨政府卻使工人們失業，這多麼諷刺！」

聽到這裡我的頭愈來愈痛，我必須自己默念「全錄從230美元跌到18美元」才有動力繼續聽下去。現在，我知道危機爆發時會發生什麼事。銀行利率會到7％，企業開始受害，股市化為灰燼。蘇黎士地精成功地讓我開始擔憂這個危機了，但我還是想弄清楚最後的一些細節。

「你會聽到很多很好聽的說法，很多的合理化論點。」蘇黎世地精說，「或是政治宣傳，企圖掩飾錯誤。但在1966年，許多主要國家的黃金類股第一年出現**下跌**，前一年產出的所有黃金都進了黃金儲藏者的手裡，這些人當然是由國際地精結盟的11號黃金組織提供服務。問第一國民城市銀行（First

National City Bank）就知道，他們有詳細紀錄。」

「喬治·布朗說的沒錯，」我說，「真的是巴塞爾地精的陰謀。」

「這是懷疑論者與現實主義者的謀略，」蘇黎世地精說，「事到如今，你們的財政部一定不會願意讓美元貶值，但他們願意以一盎司35美元的價格供應黃金，隨著投機客取得愈來愈多黃金，美國財政部手上的黃金會愈來愈少，很明顯未來有一天，哈伯老奶奶（Mother Hubbard）會發現櫃子空空如也[167]，你就知道會發生什麼事了。財政部自然會很憂慮。」

我問蘇黎世地精，除了他是有證照的專業「地精」以外，為什麼會知道那麼多內幕。

「某個星期一，」蘇黎世地精回答，「早上11點半有一場網球比賽。」

「**網球賽**？」

「球賽就在美國聯準會唯一擁有的網球場上開打。」

「聯準會有**網球場**？」

「我以為大家都知道耶，他們以前有更多球場，但因為需要停車位，所以現在只剩一個球場。那場球賽是雙打，聯準會對上財政部。威廉·麥克切斯尼·馬丁正手拍力道很強，時不時就會把球打出場外。球童負責把球撿回來，我就是那個球童，而且我很認真在聽。」

---

167 譯注：取自英語童謠「哈伯老奶奶」（Old Mother Hubbard）。

聽到這裡，我已經不確定是否可以相信蘇黎世地精，所以我打給在《華盛頓郵報》（*Washington Post*）工作的一位朋友，問他威廉·麥克切斯尼·馬丁每星期一的上午11點45分人都在哪裡。那位記者朋友說，威廉·麥克切斯尼·馬丁通常都在打網球，之後緊接著會去跟財政部長亨利·福勒（Henry Fowler）共進午餐。

「如果你想再進一步確認我說的是不是真的，」蘇黎世地精說，「打給他們任何一個人都行，他們知道我是誰。」

各位讀者也可以打電話去求證，或許你也認識那些人。一起打網球的那些人中，有當時任職希臘銀行（Bank of Greece）總裁的佐洛塔斯（Xenophon Zolotas）、荷蘭銀行的普斯烏瑪博士（Dr. S. Posthuma）、以及兩位英國人：擔任過財政大臣的政治家雷金納·麥德寧（Reginald Maudling）以及麥斯威爾·史坦普（Maxwell Stamp）。

「或許，」蘇黎世地精說，「還有**一個**意想不到的方法可以解決危機。」

「如果你指的是越南、德國或是海外觀光的話，就別想了。」我回答。

「那些不是意想不到的方法，我說的解決辦法，叫作**金手指計畫**（Project Goldfinger）。美國財政部要解決黃金危機，就要找到更多黃金。」

這時我已經聽膩地精和他那些很像諜報電影的故事，但是心底還是有一絲絲的懷疑，的確，聯準會還**真的**有一座網

球場啊。

「現今，科技能做到很了不得的事，」地精說，「總統的科學顧問，唐諾·霍尼格（Donald Hornig）博士被指派任務，在美國找出更多黃金，最好是在聯邦政府的土地上。運用現代尖端技術，像是雷射，或是乏味的紅外線光譜分析儀（infrared spectrometers）、分光光度分析（spectrophotometric determination）等等，我不太懂的那些技術。或許能在緬因州或德州發現金礦，甚至誰知道呢？紐約中央公園說不定也有黃金。」

你有沒有聽到龐德電影配樂又在耳邊響起？

「美國財政部認為**金手指計畫**能夠拯救美國，但我不那麼認為。」地精繼續說，「雖然這會給你們一些時間，但最終，你不可能讓這些技術一直保密下去。再說，如果中央公園真的有黃金，那巴黎的布洛涅林苑（Bois de Boulogne）[168]也同樣有機會挖到黃金。如果處處都挖得到黃金，那問題還是沒解決，最後一盎司金價會剩下50美分。你們遲早必須面對現實，不要再扮演世界慈父的角色。你們可以領導世界，卻沒錢買下全世界。」

地精說完，就去外面的沙坑玩了，留下我獨自思索著剛剛他說的那些話。這當然都是地精單方面的看法，一定有其他的看法。那美國擁有的那些海外企業呢？如果法國想圖謀不軌，我們就要讓他們知道，我們有西姆卡汽車公司（Simca），還有克萊斯勒（Chrysler）。再者，還有10國集團（Group of Ten）

---

168 譯注：巴黎西邊的一片森林。

成員國所有的學者、國際貨幣基金（IMF）、財政部裡頭216位經濟學者，都在試圖解決這個問題。沒有哪個政府會引爆金融核爆，就連法國也不會。而現今的政府可是比所有投機客加起來還要強大。

真的是這樣嗎？那為什麼投機客前一年搜刮到的黃金會比所有主要大國都還多呢？

為了讓自己開心一點，我打給我最喜歡的一群操盤手，他們正忙著跟彼此交易。我告訴他們，我們最好要小心市場反轉了，現在天邊出現了一朵才手掌大的烏雲。那些偷來的電晶體收音機，會變成倫敦的黃金，然後透過巴基斯坦航空送到北京。我的朋友查理說我瘋了。

「醒醒吧，」他說，「我們昨天才買了一支股票，今天就漲了25％。你自己也買一點吧，讓自己開心點。享受一下、享受一下。」

「我剛剛才告訴你我們正要面臨黃金危機，」我回答，「而且這些都是來自11號黃金組織的可靠消息來源告訴我的，消息來源可是聯準會主席威廉・麥克切斯尼・馬丁的球童。」

「少胡思亂想了。」查理說，「買黃金的投機客早就存在，不過市場還是可以正常運作。再說，誰真正懂黃金啊？根本不懂的東西，你要從何操心起？」

第二十章

貨幣貶值的危機

　　蘇黎世地精真是能言善道又極度聰明的傢伙，我每隔一陣子就會跟他聯絡。上一次跟他的談話就是你剛讀到的內容，現在情況又有了更多發展。世界各國聯合起來，透過國際貨幣基金草擬了一份國際貨幣的藍圖。如果各國國會與議會都同意這個計畫，各國就能根據在國際貨幣基金這類國際銀行中的存款比例，享有特別提款權。看到各國合作的確振奮人心，因為各國集合起來，力量就能大過所有投機客，以及對貨幣問題採取避險策略的企業家。

　　但特別提款權只是提供更多時間來解決問題。問題仍然存在，沒有解決。真正的國際貨幣，也就是美元，還是存在國際收支逆差。危機繼續加深。1967年末的英鎊貶值，開啟了更加黑暗的篇章。如果我們不好好解決問題，真的有可能演變成，身上擁有超過100美元的美國人就無法離開美國本土。

除此之外，這也是國際性的問題。這是政府要負責人民福利的年代。人們想要的福利超出政府實際可以負擔的能力，而目前還沒有人想出可以從無到有滿足所有人期望的方法。這代表什麼意思呢？這表示當政府要在完全就業跟維持幣值之間做選擇時，通常都會選擇保障就業，犧牲幣值。因為貨幣不會投票。美國1946年的《完全就業法案》（*Full Employment Act*）就是代表。政府致力於保障就業，如果這代表政府必須要挹注資金到市場上才能做到，也在所不惜，如果錢不夠，就印新的錢。長期通膨是每個國家的政策，不管他們有沒有明說。

人民的福祉是高貴神聖的事，沒有人會反對保障就業。但是，用貨幣來增加工作似乎比提高生產力還要容易許多。中央政府很快就發現赤字的效用。我們很容易就採納凱因斯學派的論點，在不景氣的時候擴大政府支出。那樣的邏輯是有問題的，因為就算有廣泛的統計報告搭配電腦的高速運算，這種經濟模型還是不夠精確，中央政府很可能在錯的時間點執行錯誤的政策。

豐收的年分，並不是所有的收成都能放得進穀倉裡。你總是可以想到還有其他事情要做，所以政府只取凱因斯學派中相對方便的政策執行，不選難度高的政策執行。這是一個善於發明的國度，立基於一種無所不能、什麼都有可能的感覺上。（「十字軍精神的時代，」波士頓的詹森先生說，「就是虛幻的時代。」）

這跟股市到底有什麼關係？股市只是社會很小的一部分，

THE MONEY GAME
金錢遊戲

但因為股市能反映廣大群眾的心理,因此成為測試社會走向很好的試紙。股市是建立在信心之上,而信心則是建立在人人都能理性決策的這個概念上。過去幾百年間最長的景氣繁榮,就是在人人都相信君主安坐在王位上、1英鎊真的價值1英鎊、天堂還有神的存在,而且這些狀態會永遠持續下去。

短期來看,長期通膨適用於任何一種資產:股票、土地、古董、房地產、藝術品等等。如果你有價值100美元的債券,利息5%,但是支付本金的時候發現你的100美元債券價值只剩87美元,那你一定會轉向其他方式投資。如果有6,000億美元的債券投資流出,其中1,000億美元流入股票市場,那原來市值6,000億美元的股票市場就會受到額外增加的1,000億美元所左右。但隨之而來的是,集資會變得更困難,利率會上升,有些企業會因此受害,部分資金會回到高利率的短期債券,以這樣的狀態持續循環下去,在市場的大浪中不斷產生小小的漩渦。

長期來看,投資人所有的行為,不管是散戶還是法人、不管有沒有專業,大家都是根據一個信念,那就是領導階層知道自己在做什麼,我們的國家經濟是由理性的人理性管理。一旦失去這樣的信念,市場也會大受影響。不只會崩跌,還會跌到不復存在。美國的1930年到1933年就發生這種慘況,其他國家也曾發生。

一切都會垮掉嗎?在一個根植於信心的市場,大家都有共同的擔憂,不管這樣的擔憂掩藏得好不好。當然,真的有可能崩盤,原因就是失去信心,恐懼心理對於市場是毫無助益的,

資深投資人也會這麼告訴你，所以不能每天都在害怕。大多數在投資世界闖蕩的人都是見樹不見林。

所有投資人都在走鋼索，所以擔心金融危機的等級是氫彈還是鈽彈，根本沒有意義。

有一些人在尋找可以看出市場端倪的蛛絲馬跡，其中一個預兆就是白銀。我也是參與搜尋的其中一人，這裡可以分享一則好像是很久以前、但沒有發生很久的軼事。股市危機的第一階段已經發生，銀價終於跟一直以來的1.29美元脫鉤，我們目前還沒事，但很快就有更多事會發生，現在就先說這個故事。

你相信你錢包裡不只鈔票價值不同，連5元硬幣的價值都各不相同嗎？你會相信之所以很久沒看到銀幣或是50美分硬幣，是因為有人暗中在偷偷蒐集這些硬幣，等待時機準備**熔掉嗎**？更重要的是，當你發現一疊美元紙鈔的價值可能只有2美元、還有那些消失不見的50美分硬幣，是不是就會想起美國棒球名將薩奇・佩吉（Satchel Paige）的生存法則名言：「千萬別往後看，不然真的有可能被追上。」[169]這是不是風暴來臨的前兆？大災難的前夕？有一派分析師說，銀價上漲很正常，很多東西都在漲。也有另一派所謂的**先知**從這個現象中看見即將發生危機，就像是1929年一樣，道瓊指數慘跌，街角跟接濟廚房（soup kitchens）中開始有人在賣蘋果[170]。

---

169 譯注：這句話的意思是說，我們不能因為害怕而停止不做自己眼前該做的，否則便無法成功。
170 譯注：1930年代美國經濟大蕭條時代，國際蘋果運輸協會讓失業的紐約人可以在街角賣蘋果，此意象後來成為經濟大蕭條時代具象徵性的代表。

那位讓我嚇到趕快抓著一把紙鈔到聯準會的先知叫做詹姆士‧戴恩斯（James Dines）。戴恩斯先生是圖表分析師，你知道**他們**這種人的習慣。戴恩斯先生的每週技術線型分析報告前面都會有一段評論，論點非常像以色列先知，如果你有印象的話，他們往往擔憂出現在眼前的紛擾。對於那些偏離正道的王子與庶民，先知悲痛地說，主的憤怒會降臨在你身上。然後，當亞述人（Assyrians）或是那些斯基泰人（Scythians）開始侵略、屠城，將一切化為灰燼時，站在城牆上看見這一切的先知就會哀痛地說，主的憤怒已經降臨於我們身上了。

大難臨頭

戴恩斯先生也站在城牆上，就站在那鴻先知（Nahum）旁邊。他對情勢已經悲觀到必須自創一個副詞「unmeechingly」，來表達他有多悲觀。

大災難哪一天會降臨？戴恩斯先生問，心裡很確信災難已經臨頭。災難降臨時，人們會在街上哭泣、在高速公路上哀悼；戰車會焚燒成灰燼；銀行利率會升到7%，甚至8%；道瓊指數會跌到谷底；我們會深陷前所未見的危機之中。到底為什麼一定會發生災難？因為愚昧，人民與政府的愚昧，把黃金和白銀都拱手讓人，政客的不負責任與貨幣問題。5,000年以來，從來沒有一個政府可以抗拒讓貨幣貶值的誘惑。所以，將你的紙鈔換成銀幣、銀元券（silver certificates）、黃金和白銀類股。然後靜靜地等

待災難發生，就能看到下一隻浴火重生的鳳凰到底是什麼。

　　每週，戴恩斯先生都不斷針對被炒高的黃金價格、消失的白銀、即將大貶的英鎊跟美元，還有政府的無知提出警訊。黃金與白銀可以保值，而且會留存下來，它們的消失就代表有謹慎人士已經在蒐集，暗中為神的憤怒降臨的那一天做好準備。甚至有讀者會跟戴恩斯先生討論，到底米勒爾朝聖者（Millerite pilgrims）跟他們的錢都跑去哪裡了？有人說，傳說中的迦南之地（Land of Canaan）就是南非，在海的另一端有好多的黃金。

　　如果要談黃金的價格，那會是難以簡單回答的複雜問題，但基本上大家都同意白銀價格會上漲。不久前，礦業人士才找上睿智又令人敬畏的紐約證券分析師協會，只提出一個問題，那就是什麼時候會發生、會漲多少，但大家的判斷都不是金融風暴的預兆，而是跟銅價、鋁價上漲差不多的情況而已。不同的是，如果白銀價格上漲，全美國的舊硬幣，還有你口袋裡的美元紙鈔，就會比它們的面額更值錢。沒有人知道，如果發生這種事，會對大家的心理造成什麼影響。或許，如果先知們的預警真的說服了你，那麼人們對於政府的信任度就會降低，大家開始把黃金跟白銀藏在自己的床底下，股市正式進入冬眠期。

　　有一天，正當股市像電影《晴空血戰史》（*Twelve O'clock High*）[171]中的梅塞施密特式戰鬥機（Messerschmitts）一樣，

---

171 譯注：1949 年的美國電影，講述美國在加入二戰初期轟炸納粹占領的法國的故事。

從空中墜落、黑煙四起時，我突然想起先知說的話，於是我將印有銀元券的美元紙鈔全部攤在桌上，數量不多，大部分都是印有「聯邦準備券」（Federal Reserve Note）的1美元以及5美元紙鈔。總共有4億4,000萬美元的紙鈔上印有「持有人隨時可以向美國財政部兌換銀元1美元（或5美元）」的字樣，這可能會讓你以為可以常常看見這種紙鈔，但並非如此。我手上拿著19美元的紙鈔，往紐約聯邦準備銀行的堡壘前進。大家每天都把聯邦準備銀行掛在嘴上，但幾個人會真的跑去？於是我到了那裡，那個金錢的聖殿，手中握著19美元的紙鈔，要求要兌換成銀元。我告訴守衛，我是持有人，現在準備好要來兌換了。我想實際測試美國政府是否真的會信守承諾。守衛指示我往樓下走。

　　政府為什麼不該兌換給持有人呢？總有一天政府會停止兌換，因為到那時候，政府已經沒有白銀庫存了，所以先知才會這樣說。每一年，全世界都消耗掉比出產量多出1到2億的白銀，用在攝影、影印、電子產品，光是伊士曼柯達公司（Eastman Kodak）的使用量就已經超過白銀的總產出。正常情況來說，在自由市場中，價格會升高到使得供需兩方達到平衡。但是白銀價格是由美國財政部人為制定的，任何人都可以用一盎司1.29美元的價格買到白銀。財政部狂熱地鑄造帶有紅邊的硬幣，因為如果白銀價格超過1.38美元，銀幣本身的價值就會超過它的面額，而且理論上就不會剩下任何硬幣了；它們會流入地方的冶煉廠、大家都會把25美分的硬幣丟進爐子裡熔

掉，再拿去伊士曼柯達。目前財政部仍有6億2,000萬盎司的白銀，但是其中有4億4,000萬盎司是留給美鈔的，1億6,500萬是策略性儲備，所以鑄幣廠忙著鑄造非銀製的硬幣。總有一天，財政部必須要停止販售白銀。他們再也無法掩藏下去。突然間，美國總共18億5,000萬盎司的硬幣，全數流入工業熔爐裡，要不就是被裱框掛在牆上。這時候，你已經可以拿50美分的硬幣兌換到53美分，甚至更多了。

我站在窗前，左邊有一個箱子。我看到裡面有一捆一捆的銀元券。站在我前面的男人打開印有東京銀行（The Bank of Tokyo）的袋子，櫃檯人員數出大約價值10萬美元的鈔票。我向前站，再講了一遍持有人有權兌換的理論，我說我要用19張背面寫著能換取相同價值白銀的財政部發行紙鈔，兌換19銀元。承辦人員大笑，這不出我所料。可想而知，政府現在一定想留住僅存的銀幣，但我已經打定主意要拿到我的銀子。承辦人員請我去舊南街（Old South Street）的聯邦金屬化驗所（Federal Assay Office）。我離開前問了他們，都怎麼處置那一捆一捆的銀元券？燒掉啊，他說。

聯邦金屬化驗所是沙漠中的前哨站，就像辛德那夫堡（Fort Zinderneuf）[172]一樣，位於河邊，緊鄰魚市場、停車場和披薩餐廳，就在華爾街附近。我向門口的兩位警衛解釋我的目的。我是持有人，要兌換銀元。他們互看一眼：又來一個瘋

---

172 譯注：出自 1939 年的電影《萬世流芳》（*Beau Geste*），位於撒哈拉沙漠的某個地方，是法國外籍兵團的前哨站。

子。走到偌大的窗前，承辦人員攤開那19張美鈔，這次沒有任何廢話。另外一邊有一只裝滿沙子的大袋子，還有一個秤上寫著：最重可量至30萬盎司。

「19美元，」承辦人員說，「你可換到比15金衡盎司（Troy ounces）[173]少一點點。純銀。」

「就是這玩意兒啊。原來。」我說。白沙耶！

「就是這玩意兒。」承辦人員說，像做漢堡一樣地拿捏著分量。「每天都會有一兩隻跟你一樣的鳥兒，不知道你們到底在想什麼。」真是諷刺：最接近風暴核心的人往往感覺不到風暴。承辦人員量著100％的純銀，還不是標準純度（sterling）的92.5％喔。而他正把那些純銀裝進，等一等，塑膠袋裡。

「等一等，」我說，「美國政府兌換貨幣用的是這種塑膠袋？」

「塑膠袋怎麼了嗎？」承辦人員回答。

「起碼也要裝在印著老鷹的袋子裡吧？」我建議。

「我們按規定要換白銀給你，但沒規定一定要給你袋子。」承辦人員說。

好吧，一下下還可以接受。在白銀價格漲到1.5、2.5或3美元的時候，在華爾街拿著一整袋白銀到處走，可以證明用每盎司1.29美元兌換到白銀有多麼睿智。但是沒有很多人跑來兌換整袋白銀。我們知道，根據凱因斯最早的理論，我們需要

---

173 譯注：一金衡盎司等於 31.1048 公克。

採取行動。我已經採取古怪的行動，成功兌換到一袋白銀，但威脅仍然存在，預告著白銀價格很可能就會大跌。於是，我決定要賣掉這些兌換到的白銀，真要說的話，又是一個怪異的舉動。最方便的去處就是韓第與哈曼貴重金屬交易回收公司（Handy & Harman），最頂尖的精煉與買賣公司。韓第與哈曼每天都會重新估算白銀價格。每天的價錢都一樣，1.293美元，因為那是財政部控制的價位。我打電話去韓第與哈曼，很快被轉接到一位溫波先生（Mr. Wemple），我向他解釋我是白銀賣家。溫波先生是這間大公司的總裁兼財務長，他說他很樂意買我手上的白銀。他問，是什麼形式的白銀呢？銀條嗎？

「都裝在塑膠袋裡，」我說，「來自美國政府的白銀，百分之百純銀。現在趕快買，很快就會漲價了。」

溫波先生開始遲疑。「您想賣的白銀，數量大概是多少呢？」他問。

我告訴他，差不多快15盎司。溫波先生接著說：「1萬5,000盎司對我們來說數目有點少，我們通常喜歡以5萬盎司為單位，但……」我連忙解釋，只有15盎司，裝在塑膠袋裡。溫波先生開始懷疑為什麼祕書要幫他接這通電話。但他還是很有禮貌地向我解釋為什麼韓第與哈曼無法向我買入15盎司的白銀，因為光是簿記的費用就超過這個金額了。他會把我轉介給一位雅克布斯先生（Mr. Jacobus），雅克布斯先生在舊白銀部門工作，他們有做小額買賣。

雅克布斯先生也跟我講了同樣一番話，光是簿記費用就會

超過這個金額、重新鑄造又需要花多少成本，建議我存起來，再買1,300盎司，這樣就可以用銀條的形式存放。聽到這裡，我想知道的是，現在我手上拿著的金屬跟我們使用的貨幣等值，但是拿著這袋白銀卻可能會餓死。我該怎樣把它換成貨幣？雅克布斯先生說，韓第與哈曼公司通常是用每盎司60美分或70美分購買客戶拿來的舊銀子。如果我透過他辦理其他業務，他願意用每盎司1美元換給我。但每盎司換1美元的意思就是，我每盎司都損失29美分，所以我拒絕了。我告訴雅克布斯先生，要小心，財政部快沒有白銀庫存了，白銀價格很快就會飆漲。

「對呀，大家都說會漲。」雅克布斯先生開心地說，「在印度，大家沒有銀行帳戶，他們就在兩手手腕上各戴著3盎司的銀飾，當銀價上漲的時候，就把銀飾拆下來。光是印度，就總共有8億隻手腕啊，我都還沒提墨西哥呢。」

我問雅克布斯先生，他會不會擔心錢幣都被熔光，雅克布斯先生開心地說，韓第與哈曼公司專做精煉跟買賣白銀的生意，每年對白銀的需求都在上升，**他認為人們根本不會注意到銀幣漸漸都消失了，除了那些會互相競標彼此手上銀幣的少數人。如果真的有金融風暴，韓第與哈曼公司不但不會受影響，還會得利。**

所以，我手上有滿滿一個塑膠袋的銀子，耐心等待天譴降臨的那一天，但我已經不再繼續蒐集銀元券了。地鐵票的費用如果是15美分，當局就會警告大眾不要囤積，如果要漲價，也

會同時把舊的票淘汰。但後來地鐵票漲價時，票卻沒有換。不久之後，或許還會繼續往上漲，但沒有人在囤積地鐵票。這就像政府每年製作愈來愈多的吸菸有害警告標語，但吸菸人口仍年年上升。黃金還在，但白銀在消失，但就算先知們真的說對了，人們也不會花力氣去注意，最後先知們的下場是，阿摩斯（Amos）被放逐，耶利米（Jeremiah）被關進大牢，而以賽亞（Isaiah）則被鋸死。

根植於信心的市場

我還是保留那一袋銀子。你也知道，先知們真的說中了。他們說對了，但沒完全說對。一個春天的晚上，股市收市之後，財政部宣布，未來只會賣白銀給認證過的買家，而且開始限制出口。隔天，大家都陷入一陣慌亂，到處都買不到白銀。白銀期貨在10秒內暴衝，當天就緊急休市。

接下來一週內，白銀價格從1.29美元漲到1.5美元，再到1.75美元，財政部終於宣布要用競標的方式出售剩下的白銀，報紙上還找得到像右頁那樣的廣告。

所以，全美國的銀幣都流入工廠熔爐、收藏家跟博物館。你再也找不到銀元券了，銀幣跟50美分硬幣也都消失，只剩0.25美元的硬幣。全部的硬幣都被白銀以外的其他金屬代替，大家似乎都不在意。先知們料準白銀價格的變動，卻沒有預料到大家的反應。如果同樣的事發生在黃金上，先知的預言才會

> 廣徵銀元券，1美元、
> 5美元、10美元面額皆可。
>
> **以超過面額**
> # 40～55%
> **的價格收購**
>
> 開放10處街區兌換中心、
> 本地銀行就可處理跨城市轉帳。

引起注意。而且只有黃金價格真的飆漲，引發大眾恐慌與不滿情緒，導致大眾失去信心，金融大災難才會真正降臨。政府的愚昧可能導致黃金價格上漲，一旦愚昧的決策開始動搖大眾的信心，就可能引發金融危機。如果每個人都持續保持信心，黃金跟白銀價格怎麼改變都沒關係，就像銅跟鋁的價格會因為市場供需而變動一樣，頂多會有投機客會從中牟利。反之，一旦大眾失去信心，甚至不需要黃金價格上漲或下跌，災難還是會發生。

當美國財政部說一套、做一套的時候，或者銀價沒有像其承諾的一樣，維持1.29美元長達20年時，市場信心就會下降。金價或許會一直維持在一盎司35美元，但是有愈來愈多人開始懷疑。但即使是懷疑論者，也希望那些樂觀相信的人是對的。

PART V

你真的想要成為有錢人嗎？

THE MONEY GAME

第二十一章

你該不該加入這場金錢遊戲？

你真的想要成為有錢人嗎？

本書終於進入最後階段。我們已談過金錢遊戲的幾項規則、誰是玩家，以及那些玩家為什麼要加入。就像前面提過的，理由不盡然是小時候從天主教教理中學到要維護神聖不可侵犯的財產。驅使玩家加入更深層的理由是資本主義的本質，這點我們稍後馬上就會談到。

你**應該**要追求財富，這是整個國家價值觀的一部分。除非你遵從某些注定會貧窮的約定，例如成為神職人員、學者或教育工作者，或是公職人員，否則每個人都應該要追求財富。金錢就是社會的計分方式。這樣的社會氛圍已經行之有年，只有在少數經濟不景氣的時期，財富才會被質疑，而貧窮不再可恥。但多數時候，貧窮幾乎就等於犯罪。除了暴力犯罪，這是一個人會犯下最壞的罪。一個人可以犯下多數的罪而不被

懲罰，但他千萬不能破產，否則這會比說謊、虛報所得稅、不忠、姦淫、貪圖他人的牛及驢都還要嚴重。[174]

　　景氣繁榮時，追求財富的風氣會大行其道，這並非新鮮事。在上一波景氣大好的時期，大約是世紀交會之前，全美國最受歡迎的演講就是羅素・康維爾（Russell Conwell）的「鑽石就在你家後院」（Acres of Diamonds）。「那些鑽石，就是藏在你自家後院裡的財富，你應該努力挖掘！」康維爾疾聲呼籲。「我說，變有錢吧！變有錢吧！」同一時期，耶魯大學知名教授孫末楠（William Graham Sumner）也寫道：「這個時代的美國人，都可以透過投入產業、謹慎、節儉而累積資本，進而致富。」就連擔任美國聖公會主教長的勞倫斯主教也說過：「上帝跟富人同在，只有品德高尚的人會招來財富，物質的繁榮會使國家變得更為美好、更為歡樂、更為無私、更有基督精神。」難怪，當億萬富豪約翰・戴維森・洛克斐勒（John D. Rockefeller）被問到他龐大的資產時，他的回答是：「我的財富是神賜予的。」

　　如果神真的眷顧最有錢的銀行帳戶，那把管理金錢稱為遊戲，或許真的會冒犯到一些人。儘管近年來，遊戲這個詞已經被賽局理論、數學與電腦運算等重新定義。有人會說，金錢可是嚴肅的事業，也絕沒有像運動、歡樂的聚會、有趣的事和比賽的性質。然而，或許這樣的性質正是金錢最無害的成分。但

---

174 譯注：典故出自聖經出埃及記中的十誡部分內容。

一直以來都是這樣嗎？

　　讓我們回想留下許多至理名言的經濟學大師凱因斯。先不管凱因斯提出的革命性理論，我們稱凱因斯為大師，並不只因為他改變了經濟學史，而是因為他白手起家，靠著兼職在自己房間裡玩金錢遊戲而致富。支撐凱因斯成功經驗背後的思想，成為後來任何研究金錢遊戲不可或缺的一部分。在以下的討論中，我們必須感謝凱因斯的《一般理論》（*General Theory*）、《勸說集》（*Essays of Persuasion*），以及哈洛德爵士（Sir Roy Harrod）與海爾波納（Robert L. Heilbroner）對凱因斯的研究所帶來的啟發。

　　即使是透過二手資料，例如凱因斯的傳記作家，也可以感受到這股「生之喜悅」（joie de vivre）。〔沒有傳記作家提到凱因斯與李頓・斯特拉齊（Lytton Strachey）的地下情誼，也沒有把重點放在探討凱因斯的性向。〕凱因斯是經濟學家、劍橋學者，又是帶領英國藝文風向的布盧姆茲伯里派（Bloomsbury）核心人物，更娶了俄國芭蕾舞之父達基列夫（Diaghilev）旗下的當家芭蕾舞女星。同時，凱因斯也身兼保險公司董事、前衛藝術的贊助者。他討厭內線消息，每天早上都親自看財務報表與資產負債表，然後憑藉著自己的知識與直覺，用電話下指令。打完所有電話後，凱因斯的一天才剛剛開始。他不僅為自己賺進數百萬美元，也為劍橋國王學院管理資金，將學院的捐款收入提升 10 倍以上。

碰到敏感的國際外交事務，凱因斯是可靠的代名詞，但他正直的好名聲，並沒有讓他少掌握到歐洲重要政治人物的情婦、他們的古怪脾氣以及財務偏見。他收藏現代藝術作品，而且都是在還沒走紅之前買下，但他同時也是古典學者，擁有全世界最完整的牛頓手稿私人收藏。他經營劇院，更出任英格蘭銀行的董事。他交友廣闊，不僅認識美國前總統羅斯福、英國前首相邱吉爾，也認識蕭伯納和畢卡索。他玩起橋牌就像投機客，比起獲得合約，更在意過程是否引人入勝；他玩牌時就像統計學家，會計算玩兩局需要花多少時間。他說，他這輩子只後悔一件事——早知道就喝多一點香檳。

（寫下這段的海爾波納，顯然也是凱因斯迷。）而大師到底是怎麼看待金錢遊戲的？所有有目的的賺錢衝動都源自於千年來經濟學提到的資源稀少。然而，我們想致富，並不純粹只因為想解決資源稀少的問題。聖經傳道書中寫道：「貪愛銀子的，不因有銀子滿足；貪愛財富的，也不因得利知足。」[175] 有目的的投資者想得到什麼？「目的性，」凱因斯大師寫道，「就是關心我們的行為在久遠的未來所產生的效果，而不關心行為本身與立即對周遭環境產生的影響。有『目的』的人總是會藉由長期的關注，而為自己的行為塑造一個假性的永久性。他不愛自己的貓，而是愛貓生下的小貓；事實上，是只愛貓生下的

---

175 譯注：原文為 He that loveth silver shall not be satisfied with silver; nor he that loveth abundance with increase，中文翻譯取自聖經新譯本（CNV Traditional）。

下一代小貓，就這樣無窮盡地把自己的關愛推展到貓王國的盡頭。對他來說，永遠不會選今天的果醬，只有明天的果醬才是果醬。就這樣無限期延後享用果醬，而讓自身的行為達成某種永生不死。」

無法無止盡玩下去的遊戲

到了最後，我們努力想致富的衝動，不可能只是想獲得參與遊戲的成就感。財富的累積就像建造一座城市，其實源自於生命對抗死亡的古老遊戲。這裡的永生不死是假的，因為命運是注定的，我們最終都會死，所以一定會輸。這就是這場遠古遊戲的規則：你沒辦法一直玩下去。

在〈我們下下一代的經濟未來〉（The Economic Possibilities for our Grandchildren）這篇著名的預言文章中，凱因斯有些論述甚至可以讓他成為嬉皮之王，如果嬉皮們會讀凱因斯的著作，應該會稱他為花孩（flower-children）[176]大師與投機客大師。他寫道，未來「科學發展與複利終究會勝出」，所以關鍵問題會是，如何運用經濟上的自由，「活得更有智慧、更有品質。」在未來，他寫道，「我預見我們會有更大的自由，可以回頭重視宗教與傳統美德上的一些原則，例如貪婪是罪、放高利貸是不公義的行為、迷戀金錢令人厭惡。」

---

176 譯注：1960、1970 年代主張愛與和平的嬉皮，因為常戴著花或手持鮮花而有這樣的稱呼。

那些真正走在美德大道上的人，不會憂慮明天。我們會重新重視美德，甚於重視功利。我們會尊崇那些教導我們如何善用生命與時間的人，純粹享受萬物帶給我們的喜悅，欣賞田野裡不必勞動也不必紡織的百合花。[177]

在未來的千年，財富在社會上的重要性會降低，道德觀會改變，「我們終於可以擺脫糾纏我們長達200多年的許多假道德原則，這些假道德把很多人類最糟糕的特質奉為崇高品德。我們終於可以、也敢直接審視金錢動機的本質：

追求擁有金錢，跟追求金錢以達到存活與享受的目的是不一樣的。前者在本質上可以視為一種噁心的病態，一種應該交由心理疾病專家處理的病態傾向。

看完這些，你真的還想成為有錢人嗎？

讓我們為金錢遊戲的玩家們辯護，當凱因斯1937年心臟病發時，他唯二沒有放棄的活動，就是繼續編輯《經濟學期刊》（*Economic Journal*），以及每天固定半小時的交易。他自始至終，都是一名玩家。

「小心了！」凱因斯大師說，儘管他對下一個千年有那些預測，但時候仍未到。至少未來幾百年，我們還是要騙自己也

---

177 譯注：原文為 the lilies of the field who toil not, neither do they spin. 出自聖經馬太福音 6:28。中文翻譯譯取自聖經新譯本。

騙所有人：公平才是作弊、作弊才是公平。因為作弊很有用，照規則玩則往往會輸。貪婪、高利貸以及小心謹慎，還會對我們呼風喚雨一陣子，因為只有它們能引導我們走出經濟所需的隧道，得見天日。

現在你已經清楚有些事的本質，以及它們並非該有的狀態，或許你就可以決定是否要加入這場遊戲，或是保持距離。決定在你，當然還有很多其他事值得花時間與精力去做。

在重見天日之前，預祝你在這場遊戲中玩得愉快。

新商業周刊叢書　BW0685

金錢遊戲
巴菲特最早公開推薦，透析投資市場本質的永恆經典

原 文 書 名／The Money Game
作　　　者／亞當‧斯密（Adam Smith）
譯　　　者／蘇鵬元
企 劃 選 書／黃鈺雯
責 任 編 輯／黃鈺雯
版　　　權／吳亭儀、顏慧儀、江欣瑜、游晨瑋
行 銷 業 務／周佑潔、林秀津、林詩富、吳藝佳、吳淑華

總　編　輯／陳美靜
總　經　理／彭之琬
事業群總經理／黃淑貞
發　行　人／何飛鵬
法 律 顧 問／元禾法律事務所　王子文律師
出　　　版／商周出版　臺北市南港區昆陽街16號4樓
　　　　　　電話：(02)2500-7008　傳真：(02)2500-7579
　　　　　　E-mail：bwp.service@cite.com.tw
發　　　行／英屬蓋曼群島商家庭傳媒股份有限公司　城邦分公司
　　　　　　臺北市南港區昆陽街16號8樓
　　　　　　電話：(02)2500-0888　傳真：(02)2500-1938
　　　　　　讀者服務專線：0800-020-299　24小時傳真服務：(02)2517-0999
　　　　　　讀者服務信箱：service@readingclub.com.tw
　　　　　　劃撥帳號：19833503
　　　　　　戶名：英屬蓋曼群島商家庭傳媒股份有限公司城邦分公司
香 港 發 行 所／城邦(香港)出版集團有限公司
　　　　　　香港九龍土瓜灣土瓜灣道86號順聯工業大廈6樓A室
　　　　　　電話：(852)2508-6231　傳真：(852)2578-9337
　　　　　　E-mail：hkcite@biznetvigator.com
馬 新 發 行 所／城邦(馬新)出版集團
　　　　　　Cite (M) Sdn Bhd
　　　　　　41, Jalan Radin Anum, Bandar Baru Sri Petaling,
　　　　　　57000 Kuala Lumpur, Malaysia.
　　　　　　電話：(603)9057-8822　傳真：(603)9057-6622　email: services@cite.my

封 面 設 計／許晉維　　內文設計暨排版／無私設計‧洪偉傑　　印　刷／鴻霖印刷傳媒股份有限公司
經　銷　商／聯合發行股份有限公司　電話：(02)2917-8022　傳真：(02) 2911-0053
　　　　　　地址：新北市231新店區寶橋路235巷6弄6號2樓

ISBN／978-986-477-512-5　　版權所有‧翻印必究（Printed in Taiwan）
定價／420元

2018年（民107）9月初版
2024年（民113）8月初版10.8刷

國家圖書館出版品預行編目（CIP）數據

金錢遊戲：巴菲特最早公開推薦,透析投資市場本質
的永恆經典 / 亞當.斯密（Adam Smith）著；蘇鵬元
譯. -- 初版. -- 臺北市：商周出版：家庭傳媒城邦分
公司發行, 民107.09
　面；　公分. --（新商業周刊叢書；BW0685）
譯自：The Money Game
ISBN 978-986-477-512-5（平裝）

1.股票投資 2.投資技術 3.投資分析

563.53　　　　　　　　　　　　　　107011698

城邦讀書花園
www.cite.com.tw